너는 주의 완전한 딸이라

성경적 여성상의 허구를 버리고
복음적 자존감 갖기

너는 주의 완전한 딸이라

강호숙·박유미 지음

홍성사

추천의
글

동시대를 사는 사람들을 '동시대인'이라 부른다면, 오늘날 신실한 교회 언니들은 많은 경우 '동시대인'이 아니다. 유교 가부장제와 기독교 가부장제가 합류하여 만든 '참자매'의 이상을 '신적 질서'로 받아들이며 사는 여성들이 여전히 많기 때문이다. '참자매'의 이상이 가장 견고한 자리에서 배우고 사는 동안, 온 존재로 "왜요?"를 묻고 자유혼으로 "아니요!"를 외치며 하나님의 완전한 딸이 되기를 선택한 두 여성 신학자의 삶과 주장이, 이 책에 오롯이 담겨 있다. 당신이 신앙의 이름으로 아직 '19세기'를 살고 있다면, 일독을 권한다.

백소영
강남대학교 기독교학과 교수,
29기 한국여성신학회 회장

지금까지 한국교회는 성경적 창조질서라는 미명하에 여성들을 죄책감과 의무로 얽매는 고대적 가부장 질서를 강요해 왔다. 그러나 저자들은 자존감, 여성다움, 자유, 성, 비혼, 결혼, 출산, 페미니즘, 성 인지 감수성, 여성 안수, 평등, 시민의 삶과 같은 다양한 주제들을 통해 교회 여성들이 가부장제의 족쇄에서 벗어나 주체적이고 행복한 존재로 바로 서는 것이야말로 참된 하나님의 뜻임을 알려 주고 있다. 이 멋진 책이 한국교회의 모든 여성들이 '주의 완전한 딸'로 회복되고, 모든 남성들은 진정한 페미니스트로 거듭나는 마중물이 되리라 기대하면서 21세기를 살아가는 모든 그리스도인들, 특히 교회 남성 리더들의 일독을 강력히 권유한다.

정한욱
안과 전문의, 장로,
《믿음을 묻는 딸에게, 아빠가》저자

너는　　　　ㅡ ㅡ ㅡ　　　　주의

완전한　　　　ㅡ ㅡ ㅡ　　　　딸이라

강호숙의
들어가는
편지

박유미 선생님! 몇 해 전, 어느 교회 청년부에서 '기독 신앙과 성 윤리'를 주제로 특강을 한 적이 있었어요. 특강과 질의응답 시간이 모두 끝나고 짐을 챙기려는데, 어느 청년이 조용히 다가오더니, "저는 결혼은 하고 싶지만 아이는 낳고 싶진 않은데, 교회 권사님과 장로님이 그러면 안 된다고 하도 윽박질러서 이젠 결혼도 하지 말까 고민 중이에요"라며 하소연한 적이 있었어요. 그 여성에게 "결혼한 후 출산할지 말지는 남편과 아내 둘이서 결정할 일이지, 교회 기성세대들이 간섭할 일은 아니에요. 성경 말씀대로(창세기 2:24) 하나님께서는 '한 몸'인 남편과 아내가 합의해서 결정하는 걸 오히려 기뻐하실 겁니다"라고 답해 줬더니 기뻐하던 얼굴이 기억나네요.

　　어쩌다가 교회는 여성을 함부로 대하는 곳이 돼 버렸을까요? 언젠가 기독 언론에 실린 "젊은 그리스도인들, 연애·결혼·출산 포기하지 않았으면"이라는 기사를 읽고 화가 치밀었습니다. "혼전순결 지켜라", "야한 옷 입지 마라", "여자가 남자에게 복종하는 게 창조 질서다", "교회에서 잠잠하라"며 성경 구절 들이대면서 '정죄'와 '헌신'을 강조하던 교회가 저출산 시

대에 출산하라며 훈수를 늘어놓으니 양심이 없다는 생각이 들
어서요.

　　이런 글에서 심각하게 생각하는 부분은 '하나님의 선하
시고 온전하신 뜻'이 무엇인지 생각하고 순종하라는 식으로 끝
을 맺고 있어서죠. 교회 여성들은 이런 설교나 글로써 가스라이
팅당하면서 건강하지 못한 신앙을 갖게 될 위험성이 많으니까
요. 결혼에 대한 나름의 소신을 지닌 여성이 이런 설교나 칼럼
을 접하게 될 때, 혹여 자신의 행복만 추구하는 이기적이며 비
신앙적인 모습이라 여겨 쓸데없는 죄책감에 빠지지 않을지 걱
정되기도 하는군요.

　　왜 교회는 하나님의 형상으로 지음받은 존귀한 여성들의
자유와 정체성을 '가부장적 잣대'로 짓밟으며 힐난과 정죄를
일삼기에 급급한 걸까요? 왜 교회는 여성 각자의 고유함과 개
성을 무시하며, 사적인 생활 영역까지 침범하여 '이래라저래라'
간섭하고 통제하는 걸 기독 신앙이라고 박박 우기는 걸까요?
하여 우리가 '여성 안수'를 외치며 학문적인 글을 쓰며 강의도
해온 거잖아요. 여성 안수를 외치는 건 단지 목사라는 직위 문
제만 아니라, 여성의 자아실현과 정체성 문제, 그리고 기독 윤
리와 인간성 문제라고 확신했으니까요.

　　참! 저는 곧 합동 총회에 여성 안수를 촉구하는 발언을
하러 가는데, 몇 년 전에 박 선생님과 함께 총회 현장에서 "여
성 안수를 허하라"는 피켓을 들었던 기억이 나네요. 지금도 뇌
리에 남는 건 어느 목사가 "'여성 안수를 허해 주십시오'라고 공

손히 말해도 될까 말까 할 판에, '허하라'가 뭐냐?"고 거들먹거렸던 모습이었죠. 우리를 '여성 안수'를 구걸하는 자로 본 것 같아 씁쓸했죠. 우리가 속한 교단 총회 현장에서 피켓을 드는데도 왜 우리를 품어 줄 '교회'도, '학교'도, '교단'도 없는 걸까 한탄하며 얼마나 서러웠던지요.

　　30대인 저의 두 딸과 대화해 보면, 현재 교회가 말하는 훈계들은 50-60대 기성 남성들의 철 지난 경험에 기인한 거라서, 자신들의 신앙과는 전혀 관계가 없다고 생각하고 있더라구요. 아닌 게 아니라, 지금 성평등을 배운 MZ여성들은 성차별과 불통, 과도한 헌신 요구와 청년을 배제한 의사결정 구조에 회의를 느껴 교회를 떠나고 있지 않습니까! 어느 기사를 보니 청년 복음화율이 30퍼센트도 아니고 3퍼센트라고 하니 교회의 미래는 암울할 수밖에 없죠. 설상가상, 남성 목회자의 성범죄가 발생해도 이를 덮기에만 급급해하며 도리어 피해 여성을 '꽃뱀', '이단'으로 몰아 2차, 3차 피해를 주고 있구요. 작금의 교회는 세상의 빛과 소금은커녕, 우리 사회의 골칫거리로 전락했잖아요. 그런데도 교회는 여전히 젊은 여성을 향해 성경 구절을 들이대며, 가부장적이고 전근대적인 훈계만 늘어놓고 있으니…….

　　선생님! 그래서 그 이야기를 해보면 어떨까요? 우리처럼, 혹은 우리와는 또 다른 불모지에서 살아가고 있을 기독 여성들에게 우리가 교회에서 경험한 희로애락을 나누면서, 하나님의 존귀한 여성으로서 자유롭고 당당하게 신앙생활을 할 수 있도록 믿음, 소망, 사랑 이야기를 해보면 어떨까요? 조심스럽지만 위로의 편지가 되길 바라면서요.

　　이런 허심탄회한 고민과 이야기를 선생님과 나눌 수 있어서 참 다행입니다. 어떤지요?

박유미의
들어가는
편지

강호숙 선생님. 이렇게 같이 교회 여성들을 위해 글을 쓸 수 있어 참 좋습니다. 그동안 우리가 함께 이야기하고 고민하고 아파하고 싸웠던 문제들을 글로 풀어내며 우리의 후배들과 함께 나눌 수 있어서 기쁘네요. 하지만 한편으로는 어떤 말을 하면 도움이 될까 고민도 많이 되어요. 그래도 저와 강 선생님이 살아온 삶과 생각들이 후배들에게 도움이 될 거라는 마음입니다.

저도 교회가 유독 여성들에게만 많은 책임과 의무를 지우고 죄의식도 심어 주었다는 데 전적으로 동의해요. 여성의 옷차림이나 외모에 대한 지적부터 여성의 직업, 생각, 행동에 대한 설교나 충고를 가장한 간섭도 많고요. 심지어 자기 말대로 안 하면 결혼이나 연애가 힘들다는 발언까지 다양한 방법으로 통제하지요.

그런데 반대로 남성들의 옷차림이나 외모에 대한 지적은 거의 없으며 남성의 생각이나 행동을 통제하려는 간섭도 거의 없어요. 만일 여성이 남성에게 이런 부분들을 말하면 매력이 떨어진다거나 남자들이 좋아하지 않는다며 오히려 공격하지요. 까칠하다느니, 여자답지 못하다느니 은근슬쩍 여성의 잘못으로 돌리기도 해요. 심지어는 성경적이지 않다고 권위로 누르려고 하지요. 저도 청년부 시절에 까칠하다거나 여자답지 못하다는 말 참 많이 들었어요. 그때는 그것이 가스라이팅인지도 모르고 고민도 많이 했어요. 이런 여성에 대한 다양한 통제와 간섭이 30여 년이 지난 지금도 교회 후배들을 괴롭히고 있는 현실이 참 속상해요.

교회는 왜 이럴까요? 강 선생님 지적처럼 저도 남성 중심의 교회 문화가 핵심이라고 생각해요. 그리고 우리나라의 이런 남성 중심 문화의 가장 근본적인 원인은 조선시대부터 내려온 유교적 가부장주의를 성경적 관점이라고 혼동한 결과입니다.

선교사들과 신학자들이 소개한 서구 신학의 영향도 있었어요. 서구 교회도 여성들에 의해 페미니즘 운동이 일어나기 전까지 전통적으로 가부장적이었고 그 관점을 가지고 성경을 해석해 왔지요. 교회에서 신앙의 위인이라고 말하는 사람들도 여성 차별적 발언을 많이 했어요.

종교개혁자인 츠빙글리는 여성은 하나님의 형상이 아니라 남성의 형상이기 때문에 남편에게 복종해야 한다고 했어요. 그리고 칼뱅도 여성은 남성과 존재론적으로 평등하지만 남성이 여성을 다스려야 한다는 가부장적 관점은 그대로 가지고 있었지요. 이런 서구 교회의 전통과 한국의 유교사상이 만나 가부장적 관점이 곧 성경적 관점이라 생각하게 된 것이에요.

사실 저는 요즘 이런 말에 그다지 신경 쓰지 않거든요. 남성들이 원하는 좋은 여성, 이상적인 여성이 되는 것과 기독교 신앙과는 아무런 상관이 없으니까요. 나의 구원은 오직 예수 그리스도를 나의 주로 받아들이는 신앙에 달려 있지 나의 여성다운 외모와 행동과 태도에 달린 것이 아니잖아요.

　　저도 강 선생님처럼 요즘 교회를 보면 답답합니다. 해방과 구원과 기쁨과 은혜의 장소가 되어야 할 교회가 어쩌다 여성들에게 억압과 분노와 좌절을 주는 곳이 되었는지요. 아마도 이런 고민과 답답함은 우리 젊은 교회 여성들이 더 많이 느낄 것 같아요. 이런 답답한 마음에 함께 공감하고 위로하며 이제부터 문제들을 하나하나 이야기 나누도록 하죠. 우리의 대화가 후배들에게 도움이 되기를 희망합니다.

너는　　　－　－　－　　　주의

완전한　　　－　－　－　　　딸이라

난 왜
여자로
태어났을까

동네 산책을 하다 보면 풀밭에 피어난 작은 꽃들이 눈에 들어옵니다. 듬성듬성 피어 있는 꽃들은 어쩌면 저리도 기품 있게 따스한 위로를 건네는지. 저도 작은 꽃처럼 여러분에게 교회와 세상, 그리고 여성 이야기를 건네 보려 합니다.

저는 합동 교단에 속한 교회에서 신앙생활을 했고 총신대학교 신학대학원에서 신학을 공부했습니다. 이후로 교회에서 교역자로 일했고 신학교에서 강의도 했습니다. 저는 10대에 예수님을 처음 믿게 되었는데, 아버지는 제 신앙을 모질게 핍박하셨어요. 그 버거운 신앙생활을 꿋꿋하게 지켜 내며 맞이했던 20대는 혼란과 의심, 번민의 시간이었습니다. 교회에서 배운 신앙과 대학교에서 배운 학문이 충돌하는 것 같았거든요. 30대 중반에 신학을 공부하기 시작하면서 "하나님은 왜 나를 여성으로 지으셨을까?", "내가 어떻게 살아야 하나님이 기뻐하실까?"를 진지하게 질문하게 되었죠. 그때까지는 이 질문들이 제 삶을 가시밭길로 이끌 줄 몰랐습니다.

미로
속에서

남존여비를 '질서'이자 '진리'로 믿는 보수 교단에서 여성의 신앙적 정체성을 찾으려 고투했던 저는, 마치 출구를 찾을 수 없는 미로에 갇힌 듯 고독했습니다. 오랫동안 알고 지낸 교인들의 차가워진 눈빛을 경험하면서 서럽고 암담했더랬어요. 총신대에서도 박유미 박사가 "여성 안수 이뤄지게 해주십시오"라고 기도한 후에, 저도 여성 안수를 주장한다는 이유로 강의 예정이었던 "현대 사회와 여성" 과목을 폐강시켜 버리더군요. 신앙의 고향과도 같았던 모교에서 쫓겨나니 비자발적 가나안 교인이 되고 말았습니다. 당시 20대였던 첫째 딸과 단둘이 예배를 드렸던 첫날, 어찌나 막막하고 쓸쓸하던지요.

하지만 딸과 함께한 예배를 통해 기존 교회에서 경험하지 못한 하나님의 사랑과 위로를 느꼈고 자존감도 회복되었어요. 저는 이 예배를 '광야교회'라고 부릅니다. 돌이켜 보면 저는 광야에서 더 자유롭고 당당해질 수 있었어요. 장로인 남편도 지금은 함께 예배하며 어느 때보다 감사한 마음으로 신앙생활을 하고 있습니다.

글을 시작하며 듬성듬성 피어 있는 꽃을 이야기한 이유는 그 짧은 가을에 피어난 작고 연약한 꽃을 보며 '겸손'과 '자존감'을 생각했기 때문입니다. '겸손과 자존감은 충돌하는가?' 이것은 지금까지의 신앙 여정에서 가장 치열하게 고민하고 씨름했던 주제이기도 합니다. 포털 사이트에 검색해 보니 겸손은

"남을 존중하고 자기를 낮추는 태도", 자존감은 "자기의 장점을 자랑스러워하면서도 자기의 단점을 극복하기 위해 노력하려는 감정"이라고 나와 있더군요. '겸손'은 남을 존중하는 태도이고, '자존감'은 자신을 존중하는 감정인 것이죠.

　　기독교에 지대한 영향을 끼친 아우구스티누스도 "기독교의 덕목은 첫째도 겸손, 둘째도 겸손, 셋째도 겸손이다"라면서 겸손을 강조했잖아요. 성경도 하나님이 교만한 자를 물리치고 겸손한 자에게 은혜를 주신다고 말씀하고 있고요(야고보서 4:6). 그래서일까요? 저는 교회에서 '자존감'에 관한 설교를 들어 본 적이 없는 반면, '겸손'을 강조하는 설교는 수도 없이 들었어요. 그래서 자연스럽게 자존감은 겸손을 방해하는 '불필요한 감정'이라고 오해한 것 같아요.

이래라
저래라

그런데 이 오해에 다른 요인이 있음을 신학을 공부하면서 인식하기 시작했어요. 여러분도 한 번쯤은 겪어 봤을지 몰라요. 남성 목회자의 '겸손'에 관한 설교가 성경이 말하는 겸손이라기보다는 '목회자에게 공손히 대하는 것', '고분고분한 것'을 의미한다고 느껴진 경험요. 교회에서 겸손 설교를 들으면 들을수록 저는 자그마한 실수 하나에도 괴로워하고 죄책감으로 힘들어했습니다.

　　왜 그럴까 고민하다가 게리 시몬스와 토니 월터의 논문

[Gary Simmons and Tony Walter, "Spot the Men: The Relation of Faith and Gender," *The Third Way* 11(1988/4), 10–11]을 읽고 여성의 종교성과 죄책감 사이의 깊은 관련성에 실마리를 얻을 수 있었죠. 남성 목회자가 '겸손'을 설교하면 여성들은 자기 검열과 반성으로 이어지는데, 이때 불필요한 죄책감에 사로잡히는 경향이 많아진다는 겁니다. 그 예로 가정의 달 설교를 들 수 있어요. '가정을 위한 설교'라고 하나 사실은 여성에게 '화목한 가정을 위해 이래라저래라' 하는 훈계조의 설교인 경우가 많죠.

　　저는 시부모님과 함께 교회를 다녔을 때 아들을 출산해야 한다는 의무감을 심하게 느꼈습니다. 그런 상황에서 교회에 가면 위로는커녕 "아들 낳아라", "부모에게 순종해라"는 설교를 듣게 되었어요. 그때는 정말 하나님도 믿기 싫어지더라고요. 분노와 죄책감을 반복적으로 느끼면서 자존감은 밑바닥으로 떨어졌고요. 그래서 자살까지 생각할 정도로 심한 우울증을 앓았습니다. 그때의 저는 말로 표현할 수 없을 정도로 외롭고 위태로웠어요.

　　아이러니하지 않아요? 예수 그리스도가 이루신 구원의 은총으로 행복과 기쁨을 누려야 할 여성들이 남성 목회자의 설교를 들을수록 자아 존중감이 훼손되고 죄책감에 빠진다니요. 여성의 자존감을 회복시켜 주어야 할 교회가 왜 그 반대로 가고 있는 걸까요?

　　기독교 역사 속에서 남성적인 하나님 이미지가 전통적인 신관으로 자리 잡으면서, 안타깝게도 하나님의 형상으로 창조된 여성은 하나님의 이미지를 표출할 기회를 박탈당했어요. 강단에서 신적 권위를 내세우며 여성을 차별하는 남성 목회자의 설교를 계속 듣다 보면, 하나님도 마치 남성인 것처럼 '가스라이팅'되거든요. 그러니 남성 목회자로부터 겸손에 대해 설교를 들었을 때, 쉽게 죄책감을 느끼고 자존감은 점점 낮아질 수밖에 없겠죠. 그렇게 신앙의 주체성을 상실하면 아무리 신앙생활을 열심히 해도 자유와 행복을 누릴 수 없고요.

　　여기서 끝이 아닙니다. 이런 방식으로 훼손된 여성의 자존감은 하나님에 대한 이미지를 왜곡해요. 사실 하나님은 남성도 여성도 아닌, 인간의 성을 초월하신 분이시잖아요. 각자의 경험과 관계 방식에 따라 다르게 인식되는 분이시고요. 이러한 하나님 이미지는 자아 성취와 행복감뿐 아니라, 인간관계에서의 불안, 우울, 좌절, 소외 등 심리적 병리의 원인이 될 수도 있습니다. 기독 대학생 619명을 대상으로 조사한 결과, 자존감은 하나님의 이미지와 심리적 안녕감의 관계에서 부분적 매개효과를, 자율성과 환경에 대한 통제력 관계에서는 완전 매개효과를 보였다는 연구논문이 있어요[김지윤/황혜리, "하나님 이미지와 심리적 안녕감과의 관계: 자존감의 매개효과 검증", 〈한국상담학회〉 14(6), 2012].

　　그래서 겸손이라는 덕목도 누구의 관점으로 누구에게 설교하는가 물어야 해요. 설교자의 직위와 성별에 따라, 설교를 듣는 청중의 직위와 성별에 따라 겸손의 의미는 다르게 해석될 수밖에 없으니까요. 교회는 남녀불문 모든 사람을 차별하면 안된다고 말하지만, 안으로 들어가 보면 '남성의', '남성에 의한',

'남성을 위한' 법과 제도, 신학과 신앙적 체계가 견고해요. 그러니까 남성 목회자가 강단에서 외치는 겸손은 가치중립의 신앙적 덕목이 아니라, 남성 중심의 교회 권력 구조와 제도의 옷을 입은 언어가 돼 버리는 거죠.

빌립보서 2장 5-8절에서 이야기하는 대로 예수님이 보이신 기독교의 덕목은 성육신의 겸손입니다. 예수님이 보이신 겸손의 의미에 "남을 존중하고 자신을 낮추는 태도"라는 사전적 의미를 더하면, 겸손은 하나님과의 관계는 물론이고 인간관계에서 갖춰야 할 필수 덕목입니다. 저는 특별히 교회 안에서 겸손이라는 덕목은 남성 목회자에게 가장 요구된다고 봐요. 남성 목회자는 설교권, 인사권, 성례권, 축도권, 의사 결정권 모두를 행사하기 때문입니다. 교회의 이런 구조에는 남성 목회자가 우월감이나 특권의식을 느낄 수 있는 요소가 훨씬 많거든요.

내

존재만으로

숱한 질문과 시행착오 끝에 제가 내린 결론은 겸손과 자존감은 충돌하지 않는다는 것, 건강한 자존감을 가질 때 비로소 겸손의 덕목도 갖출 수 있다는 것입니다. 저는 자존감을 '하나님의 형상을 담은 자신을 존중하는 자기 이해'라고 봐요. 하나님의 사랑 안에서 자신의 가치를 발견하지 못한 사람은 겸손할수 없으니까요.

인기 드라마였던 〈스물다섯 스물하나〉의 오리지널 사운드트랙 중에 '존재만으로'라는 노래를 아시나요? 그 노래를 들으면 하나님은 존재만으로도 나를 기뻐하시며 잠잠히 사랑하시는 분이라는 말씀(스바냐 3:17)이 생각나더라고요. 소유와 행위, 결과에 따라 자신을 남과 비교하고 평가할 때가 많지만, 우리 자존감의 근거는 아무 조건 없이 존재만으로 기뻐하고 사랑해 주시는 하나님의 자비에 있어요.

간혹 '자존심'을 자존감으로 착각하는 교인들을 만납니다. 자존심은 소유, 성취, 외모, 지적 능력 등 비교 대상이 있어요. 자존심이 강하다는 건 결국 비교의식도 그만큼 강하다는 의미예요. 겸손한 크리스천이라면, 우월감과 열등감 사이에서 오락가락하는 자존심은 버리고, 어떠한 경우에도 자신을 사랑하고 존중하되 하나님의 사람으로 변화하려 노력하는 '자존감의 대가'가 되어야 하지 않을까요?

자존감과 관련해서 나누고 싶은 성경 말씀이 있어요. 마가복음 8장 34절입니다. "무리와 제자들을 불러 이르시되 누구든지 나를 따라오려거든 자기를 부인하고 자기 십자가를 지고 나를 따를 것이니라." 여성 성도들 가운데는 '자기 부인'을 '자기 비하' 또는 '자기 없음', '겸손'으로 착각하는 경우가 있어요. 여성으로 지으신 하나님의 뜻과 목적까지 포기하고서 말이에요. 하지만 마가복음 8장 34절에서의 '자기 부인'은 자신의 욕심과 뜻대로 살려는 '자기중심성'을 부인하라는 말씀이지, 주체성을 포기하라는 뜻이 아니에요. "하늘에 계신 우리

아버지여!" 늘 고백하는 주기도문의 '우리'는 '나'라는 주체들
이 모인 공동체를 일컫는 말이니까요. 예수를 따르는 여성이
란 그리스도의 십자가 복음에 감격한, 자존감 충만한 주체적
여성 아닐까요?

강철 자존감
수로보니게 여인

가정예배에서 마가복음 7장 24-30절 말씀을 나누었어요. 귀신
들린 어린 딸을 고쳐 달라고 간청한 수로보니게 여자의 이야
기지요. 수로보니게 여자를 '개' 취급하며 멸시와 수모를 준 예
수님의 태도는 당혹스럽습니다. 이방인이라는 이유로 그녀의
간곡한 요청을 거절하고 무시하며 수치심을 안겨 줬으니까요.

　　하지만 마지막 희망이었던 예수님에게조차 개 취급을
받았으나 포기하지 않았던 수로보니게 여자의 모습에서 저는
겸손과 자존감이 어떻게 어우러지는지 보았어요. 멸시와 수모
에 무너지지 않을 수 있었던 그녀의 원동력은 바로 '자존감'이
라고 생각해요.

　　그녀가 예수님께 "주여 옳습니다만 상 아래 개들도 아이
들이 먹던 부스러기를 먹나이다"라고 말한 데서, 예수님을 향
한 겸손한 태도와 주체성 둘 모두 잃지 않았음을 발견하게 됐
어요. 저는 깨달았습니다. 자존감은 모욕과 멸시를 회피하는
게 아니라 직면하는 것이며, 자기 존중과 겸손을 포기하지 않
는 태도라는 걸요! 더 나아가 소원을 포기하지 않는 당당함과

집요함까지! 이게 바로 겸손과 자존감을 지닌 멋진 여성의 모습이 아닐런지요!

아울러 여성과 대화를 금했던 유대 사회에서 관습과 가부장적 통념을 깨면서까지 수로보니게 여자와 놀라운 대화를 이어 간 예수님의 모습도 너무 멋지고요. 저는 본문을 '원거리 축사'의 기적 이야기나, 유대인과 이방인의 경계가 허물어졌다는 선교 차원의 교리적 내용보다는, 예수님이 수로보니게 여자를 동등한 대화의 주체로 여긴 '전복적인 사건'이라고 생각해요.

왜냐하면 유대 사회에서는 여자들을 '유혹하는 존재'로 여겨 남자들이 집 밖에서 여자와 대화하지 못하도록 규율로 만들어 놨기 때문입니다. 심지어 랍비들은 자기 아내와도 집 밖에서 대화하지 않았으니까요.

예수님이 수로보니게 여자와 대화하시는 모습을 보면 놀라워요. 확정된 말로 몰아붙이는 일방적 대화가 아니라, 결국엔 그녀의 말에 설득당하시고 신앙을 칭찬하시면서 간절한 소원을 들어주셨으니까요. 예수님이 수로보니게 여자와 대화하신 모습은 하나님나라의 포괄성과 인격성, 평등성을 드러낸 '복음적 대화법'이라고 봅니다.

기독 여성의 자존감은 예수님이 여성을 어떻게 대하셨는지 깨달았을 때 갖게 되는 '복음적 자존감'이라는 생각이 들어요. 그러니 우리도 수로보니게 여자처럼 무시와 차별에 무너지지 말아요. 여러분이 복음적 자존감을 가지고 당당하게 살아갈 때, 그녀의 믿음을 칭찬했던 우리 주님이 함께하실 테니까요.

가을 들판에 듬성듬성 피어 있는 작은 꽃들이 은은한 향기로 속삭이듯, 여러분에게 이렇게 말하고 싶어요. 하나님의 아름다움과 신비로움을 드러내는 소중하고도 독특한 존재인 여러분! 늘 당당하고 행복하세요!

교회만 가면
난
문제아가 되고

따뜻한 햇살이 비치는 아침에 커피 한 잔을 놓고 후배 여성들과 만나려고 하니 설렘과 걱정이 교차하네요. 제 이야기를 하며 소통할 수 있는 기회를 가져서 설레고, 혹시 제 말이 꼰대 같은 잔소리가 되지 않을까 걱정이 돼요. 그래도 여러분의 삶에 작은 도움이 되길 바라며 시작해 보려고 합니다.

저는 대대로 기독교 신앙을 가졌던 외가의 영향으로 어려서부터 교회를 다녔고 초등학교 6학년부터 합동 교단에 속한 현재 교회에 다니기 시작했어요. 그러다 성경을 더 알고 싶어 대학을 졸업하고 총신대 신대원에 입학하였고 그곳에서 구약으로 박사학위를 마치고 시간 강사로 10여 년 일했어요. 그리고 강 선생님이 언급한 여성 안수를 위한 기도로 총신과 이별하게 되었네요. 현재는 안양대 겸임교수로 있고 현재 교회에서 설교자로 사역하고 있어요.

일반 사회와 가정에서 여성이란 이유로 차별받지 않던 저는 총신에서 공부하고 강의하는 동안 많은 차별 속에서 지냈습니다. 그래서 성경의 여성을 가부장적 시각에서 왜곡시킨 것을 바로잡기 위해 학위를 마친 후 많은 노력을 기울였고 현재도 여성 목사, 여성 장로가 세워지도록 목소리를 내고 있습니다. 오늘 이렇게 여러분과 만난 것도 여성으로서 차별받고 이를 극복하려 몸부림쳤던 삶의 결과라고 생각하며 이제 저의 생각과 이야기를 하나하나 풀어 보도록 할게요.

자존감
해방일지

여러분과 먼저 이야기 나누고 싶은 주제는 자존감입니다. 한동안 유행했던 책 《나는 까칠하게 살기로 했다》와 드라마 〈나의 해방일지〉의 공통점은 무엇일까요? 그것은 자존감입니다. 《나는 까칠하게 살기로 했다》의 저자 양창순은 까칠함을 '자신을 존중하는 것'으로 정의하죠. 〈나의 해방일지〉에서 여주인공 염미정이 남주인공 구씨에게 요구한 것은 "나를 추앙하라"예요. '추앙하다'의 원래 뜻은 "신이나 사상을 높이 떠받들다"이지만 드라마에서는 자신의 자존감이 가득 찰 수 있게 자신을 존중하고 좋아해 달라는 의미로 사용하죠. 드라마가 진행되면서 염미정의 낮은 자존감이 구씨로 인해 점점 높아지는 모습을 볼 수 있어요.

이렇게 자존감은 우리 사회의 중요한 이슈이기에 책과 유튜브에서는 '자존감 낮은 사람의 특징', '자존감 높이는 방법' 등을 많이 소개합니다. 그 방법을 보면 자존감을 낮추는 사람과 거리 두기, 내 삶의 주인 되기, 있는 그대로의 자기 모습 인정하기, 자신을 긍정적으로 보기 등이에요. 이렇게 자존감을 많이 이야기하는 이유는 비교와 경쟁이 일상화된 사회 속에서 어떻게 하면 자신을 건강하게 지키며 살아갈 수 있는지 고민하기 때문이라고 생각돼요.

　　지금 여러분은 예전보다 덜 획일적인 시대를 살지만, SNS의 발달로 비교하기 쉽고 경쟁도 치열한 시대여서 어렸을 때부터 다른 사람의 눈을 많이 의식하고 살아온 세대라고 생각되어요. 물론 우리 세대도 당연히 다른 사람과 비교하고 다른 사람의 눈도 의식했지만, 지금은 비교 대상이 예전보다 더 많아진 것 같아요. 예전에는 나와 연결된 사람의 눈만 의식했다면 지금은 SNS상의 불특정 다수의 삶과 비교하며 의식하기 때문입니다. 이런 경쟁적인 삶이 자꾸 자존감을 떨어뜨리기에 자존감을 높이려고 관심을 두는 것 같습니다. 저는 이런 현상이 좋다고 생각합니다. 남의 기준에 휘둘리지 않고 자신의 고유 가치와 특징을 인정하고 자기 삶의 주인으로서 살아가는 모습은 성숙하고 멋진 삶이라고 여기기 때문입니다.

　　그런데 자존감 높이기를 기독교 신앙과 어떻게 연결시켜야 할지 고민되는 지점이 생깁니다. 자존감 높이기는 자신을 존중하고, 자기주장을 하고, 삶의 주도권을 갖는 것이라고 하는데 교회에서는 인간은 죄인이며, 자신을 비우고, 자기주장 대신 말씀과 지도자에게 순종하고, 항상 겸손하라고 가르치기 때문이죠. 이렇게 보면 자존감이 높은 사람과 교회에서 말하는 좋은 성도는 상반되는 것 같습니다. 특히 교회는 낮아짐, 겸손, 순종을 여자 성도의 미덕으로 설교하고 있기에 여성들이 갖는 고민은 더 커요.

교회만 가면
문제아

청년 시절 저는 자기주장이 강한 편이었어요. 겸손, 순종, 낮아짐과는 거리가 멀었고 이로 인해 교회 오빠들, 중고등부 전도사님, 청년 담당 사역자들과 갈등을 겪었지요. 제 생각에 이들이 요구하는 겸손이나 순종은 여자다운 유순한 성품으로 자신들의 말에 별 불평 없이 따라 주는 것이었어요. 이들은 성령의 아홉 가지 열매(사랑, 희락, 화평, 온유, 자비, 양선, 오래 참음, 충성, 절제)를 근거로 들기도 했고, 실제로 이 주제로 성경 공부를 하기도 했어요. '나는 왜 온유하지 못할까', '나는 왜 선배나 목사님들의 말에 순종하지 못할까', '나는 왜 마음속에 항상 불만이 생길까', '왜 나는 항상 나의 불만을 이야기해 갈등을 만들까', '나는 왜 교회 공동체를 불편하게 만들까' 등등 끊임없이 자책하곤 했습니다.

당시 교회에서는 저에 대해 일은 잘하지만 성격이 세고 까칠하다 평가하곤 했어요. 그래서 교회에 나가지 말까 심각하게 고민하기도 하였습니다. 왜냐하면 학교에서는 조용하고 원만하다는 말을 들었기에 교회는 나와 안 맞는 곳이며 교회만 가면 성격이 이상해지는 기분이 들었기 때문이죠. 당시 제가 썼던 일기를 보면 '교회에서 나는 왜 이렇게 문제가 많을까'에 대한 고민과 반성이 전부였어요.

대학교 3학년 때 성경 공부 모임이 생기고 청년부원들과 공부를 하였는데 이때 성경 내용을 깊이 알고 서로 이야기하는 시간을 가지면서 위기를 넘길 수 있었어요. 성경을 통해 저의 자존감을 갉아먹던 고민이 상당수 쓸데없다는 것을 깨달았기 때문이죠. 교회의 목회자와 남성들이 요구했던 순종이나 겸손, 여자다움은 하나님의 구원과 사랑과는 무관하며 하나님은 있는 그대로의 나를 사랑하심을 알게 되었어요. 이 말씀이 저에게 구원이었고 자존감 회복의 근거가 되었습니다.

또한 시간이 지나면서 갈등하던 선배들이 점점 사라지고 제가 선배가 되면서 교회에서 더는 성격이나 여자다움에 대해 말할 수 없는 분위기가 되었어요. 이런 변화에 3-4년이 걸린 것 같습니다. 이렇게 위기를 넘기고 여자 청년으로 남을 수 있었지만 교회 안에서 신앙으로 정체성을 찾고 자존감을 세워 나가는 시간이 쉽지 않았기에 다시 20대로 돌아가고 싶지는 않아요. 아마 이 글을 보는 분들 중에 20대도 있을 텐데 20대는 자신의 정체성과 위치를 찾아가는 시기이기 때문에 원래 쉽지 않은 시기예요. 요즘은 30대도 만만치 않은 것 같습니다만.

이런 힘든 시기를 보내는 후배들에게 아비가일을 소개하려고 합니다. 아비가일은 사무엘상 25장에서 나발의 아내로 나오는데 남편인 나발은 완고하고 악하지만 아비가일은 총명하고 아름답다고 성경 저자는 소개해요. 즉 나발은 어리석고 아비가일은 지혜롭다는 것이지요.

어리석은 남편 나발이 다윗의 분노를 일으켜 집안이 몰살당할 위기에 처하자 아비가일은 남편과 상의하지 않고 독단적으로 양식을 준비해서 다윗을 만나러 갑니다. 다윗을 만난 아비가일은 겸손하게 엎드려 절했지만 그녀의 말은 매우 예리했어요. 다윗이 나발을 죽이면 살인죄를 저지르는 것이며, 후에 왕이 될 때 문제가 될 것이라고 직설적으로 말합니다. 그리고 하나님이 다윗을 든든히 지키실 것이며 원수는 하나님이 심판하실 테니 직접 원수를 갚지 말라고 조언한 후 그가 반드시 왕이 되리라는 확신도 주었죠. 그 말을 들은 다윗은 하나님께서 아비가일을 통해 자신을 막으셨다고 고백하고 돌아갑니다.

아비가일은 나발이 술이 깬 다음 날 이 모든 사실을 알려 주었고 나발은 두려움에 사로잡혀 결국 하나님의 심판으로 죽게 되지요. 그리고 아비가일은 다윗의 아내가 됩니다. 이 이야기는 나발과 아비가일의 결말을 통해 어리석은 자는 죽음을 맞이하고 지혜로운 자는 생명을 얻는다는 잠언의 교훈을 보여 줍니다. 성경은 아비가일을 매우 긍정적으로 평가하고 있어요. 그렇기에 우리는 아비가일을 여자 성도의 한 모델로 볼 수 있습니다.

아비가일은 한 남자의 아내였지만 그에게 종속되지 않았어요. 나발이 가장이었지만 그의 결정이 잘못되었음을 안 순간 아비가일은 이를 바로잡기 위해 행동하죠. 그리고 이 일에 나발과 의논하지 않습니다. 위급한 상황에서 어리석은 나발을 설득하는 대신 무시를 선택합니다. 그런 그녀의 선택은 옳았고 다윗이 나발의 집에 도착하기 전에 길에서 만나 다윗을 설득할 수 있었어요.

그녀는 아내가 남편에게 순종하는 것을 당연한 가치로

여기던 시대에 남편의 결정과 반대로 행동했던 것이지요. 그녀는 자기 집을 구해야 한다는 책임감을 가졌고 자신의 판단이 하나님이 주신 지혜임을 확신하며 자기 생각대로 행동합니다. 그렇기에 다윗 앞에서도 당당할 수 있었어요.

아비가일 이야기가 성경에 기록된 것은 그녀의 지혜로운 행동이 그녀와 가족과 다윗의 명예를 구했다고 칭송하기 위해서입니다. 아비가일은 자신의 판단을 믿고 독립적으로 행동하는 자존감이 높은 인물이에요. 그렇기에 사회·문화적 관습을 뛰어넘어 단호하고 용감하게 행동할 수 있었습니다. 그 자존감의 근거는 그녀에게 지혜를 주신 하나님입니다. 하나님은 아비가일을 사랑하셨고 그에게 지혜를 주셨으며 하나님의 뜻을 알게 하셨습니다.

기독교인의 자존감은 외모나 능력이나 빈부, 애정 관계를 통해 높아지고 낮아지지 않습니다. 하나님이 나를 사랑하시고 예수 그리스도께서 나를 위해 죽으셨음을 믿음으로 나는 하나님의 귀한 딸이 되었다는 복음이 자존감의 근원이에요. 예수님이 나를 있는 모습 그대로 사랑하신다는 것을 깨달으면 자존감은 많이 회복됩니다.

왜 여자가
신대원에?!

제가 일반 사회나 교회보다 여성 차별이 심한 총신대 신대원을 다니면서도 대학 시절보다 덜 힘들었던 이유는 하나님의 사랑을 확신하였기 때문이에요. '왜 여자가 신대원에 왔냐?'며 끊임없이 정체성과 소명에 관한 질문을 받을 때도 하나님이 저를 신학으로 부르셨다는 믿음이 있었기에 흔들리지 않을 수 있었죠. 그러므로 자존감을 높이는 것은 성경적이며 내 모습 이대로 지으신 창조주 하나님을 인정하는 것입니다.

그런데 종종 교회에서 설교를 듣다 보면 자존감과 겸손이 충돌하는 듯해서 혼란스러울 때가 있어요. 하지만 두 주제는 서로 차원이 다릅니다. 자존감이 나에 대한 문제라면 겸손은 다른 존재를 향한 마음가짐과 태도의 문제입니다. 성경에서 말하는 겸손의 대상은 하나님과 다른 사람이에요.

먼저, 잠언에 따르면 겸손은 하나님을 경외하는 지혜로운 자의 태도이며 겸손한 자에게 하나님께서 은혜를 베푸신다고 했어요(잠언 3:34; 11:2; 15:33; 18:12). 신앙생활이란 나의 어리석음, 죄 등을 깨닫고 끊임없이 하나님의 도우심을 구하는 겸손한 삶의 여정이지요. 낮아짐이 없이는 하나님의 도우심과 은혜를 구할 수 없습니다. 그렇기에 인간은 누구나 하나님 앞에서 겸손해야 합니다. 그럴 때 하나님이 은혜로 채워 주시며, 회복되고 자존감이 높아지는 것이지요.

다른 한편으로 예수님도 자신을 겸손한 자라고 말씀하셨어요(마태복음 11:29). 사실 성경에서 겸손의 최고봉은 예수님입니다. 인간을 구원하기 위해 하나님이 인간의 몸으로 오셔서 십자가의 형벌을 당하신 것만큼 낮아지고 겸손한 모습이 어디 있을까요?

즉 예수님이 말씀하시는 겸손은 다른 사람의 유익을 위한 것입니다. 능력이 있고 힘이 있는 사람이 약한 사람에게 눈높이를 맞추고, 생각을 맞추고, 그를 위해 희생하는 모습이 바로 예수님이 보여 주신 겸손입니다. 그리고 그 모범을 따라 성도는 다른 사람을 겸손하게 섬기라고 권면합니다. 그러므로 겸손은 자존감과 충돌하는 게 아니라 상호적이에요. 하나님 앞에 나아가기 위해 겸손해야 하며 그로 인해 하나님의 은혜를 얻고, 은혜로 자존감이 회복된 사람이 겸손하게 다른 사람을 돕는 것이죠. 또한 이 모습은 남녀 구분 없이 모든 신앙인이 따라야 할 모범입니다.

그런데 교회는 유난히 여성에게 겸손을 강조하고 있죠. 목회자의 말을 따르지 않거나 성경 공부나 교회 일에서 자기주장을 하는 여자 교인에게 겸손하지 않다고 핀잔을 주기도 합니다. 그리고 주로 여성들에게 겸손하라고 하며 그것이 성경적이라고 가르치죠. 하지만 여성에게만 강요되는 겸손은 성경이 말하는 겸손이 아니에요. 이것은 유교적 관점으로 높은 자 앞에서 자신을 낮추고 따르는 복종을 말하는 것입니다. 겸손이라는 말로 포장된 복종과 행동의 억압은 성경적이 아니니 이런 말에 힘들어하거나 마음에 상처를 받을 필요 없습니다.

자존감이나 겸손의 문제를 다 아는 듯이 이야기하였지만 사실 자존감 문제에 대해 더 이상 신경 쓰지 않게 된 것은 50세가 넘어서입니다. 그전까지는 사람들의 눈을 따라 자존감이 많이 흔들렸어요. 학회에 한 번 다녀오면 '나는 왜 이렇게 공부를 못할까?', '나는 왜 좋은 논문을 못 쓸까?', '왜 나는 영어를 못할까?' 생각하며 자존감이 바닥을 치기도 하고 후배 박사가 전임교수가 되는 것을 보면서 여성에게는 너무 높은 교수직의 담 앞에서 '나는 왜 공부했을까?' 하는 좌절도 깊이 맛보았죠. 두 아이 키우고 살림하며 공부하느라 경쟁에서 뒤질 때도 자존감이 흔들렸어요. 사실 그런 순간은 살면서 셀 수도 없이 많았습니다.

그런데 그 많은 좌절과 끝 모를 바닥으로 떨어지는 아픔을 겪으며 많이 단단해졌어요. 원래 상당히 예민하고 걱정도 많고 울기도 잘 울었고 하나님에게 원망도 많이 했는데 이젠 제법 대범해졌고 걱정도 덜합니다. 그리고 하나님께 원망도 많이 안 합니다. 예수님 손을 잡고 그 시간을 견디고 버티다 보니 더 이상 다른 사람의 눈을 의식하지 않고 나답게 사는 시간을 만나게 되었기 때문이죠. 주변을 보아도 대부분 50대가 되면 어느 정도 자존감 문제에서 벗어나게 되는 것 같습니다.

정체성을 찾고 자존감을 회복하려는 후배들도 비록 힘들지만 예수님 손 붙잡고 이 힘든 시기를 잘 지나갔으면 좋겠습니다. 교회가 요구하는 여성다움은 신경 쓰지 말고, 젊은 시절을 예수님의 복음 안에서 나다움이 무엇인지 발견하고 단단해지고 성숙해지는 시간으로 만들어 가길 바랍니다.

여자가
말이야!

기독인들에게 '성경적'이라는 말은 양보할 수 없는 단어입니다. 저 역시 보수 교단에 오랫동안 머물면서 이 단어를 매우 좋아했으니까요.

　　그런데 '성경적'이라는 단어는 '누가' 규정하느냐에 따라 명칭도 의미도 달라지고 심지어 왜곡될 수 있습니다. 우리는 '성경적 남성성'이나 '성경적 남성관' 설교를 들어 본 적이 없습니다. 왜 '성경적 여성관'은 말하면서, '성경적 남성관'은 단어조차 쓰지 않을까요? 남성들의 관점으로 성경과 여성을 보고 있다는 걸 알려 주는 것이죠.

　　아브라함을 구속사의 관점에서 '열국의 아비'로 보면서도, 그의 아내 사라는 '열국의 어미'로 보지 않고, 단순히 남편에 복종한 '아내' 정도로만 설교한다는 겁니다. 와스디와 에스더 모두 아하수에로 왕의 명령에 불복종한 왕후임에도, 와스디는 비난하는 반면 에스더는 교회 체제를 위해 '죽으면 죽으리라' 헌신한 여성으로 여깁니다. 예수 부활의 첫 증인으로서 열한 사도에게 증언할 정도로(요한복음 20장) '사도 중 사도'라고까지 일컬을 만큼 중대한 역할을 감당한 막달라 마리아를 고작

'죄 많은 여인' 혹은 '창녀' 정도로 해석함으로써 여성의 복음적 역할과 여성 리더십을 축소해 버리니까요.

　　저는 '성경적'이라는 말에 '여성상'이나 '여성관'을 붙이는 건 많은 문제를 일으킨다고 보고 있어요. 왜냐하면 교인들은 '성경적'이라는 단어가 들어가면 묻지도 따지지도 않고 '진리'라고 인식하곤 하는데 하나님이 각자 독특하게 지으신 여성을 설교자가 집단화하여 획일적으로 규정해 버리는 순간, 교회 여성들의 신앙적 자유와 삶을 옥죄며 정죄하는 결과를 초래할 수 있기 때문입니다.

　　그래서 이번 편지에서는 교회에서 겪는 여성의 태도와 옷차림 관련 경험을 나누면서, 현재 남성 목회자들이 말하는 여성상은 과연 성경적인지, 그리고 여성 신학자가 보는 성경적 여성상은 무엇인지 나눠 보려 해요.

하나의
주체적 신앙

우선, 성경이 '특별 계시'인 이유를 얘기하고 싶어요. 성경을 '자연 계시'가 아니라 '특별 계시'라고 하는 건, 하나님나라 백성으로서 어떻게 살아야 할지 세상과는 다른 윤리와 태도를 보여 주니까요. 아이러니하게도, 교회는 성경 속 남성 인물을 해석할 땐 '하나님의 구속사'라는 특별 계시의 틀 안에서 해석하다가도, 여성 인물을 해석할 땐 '신앙 행위'보다는 남편에게 복종하는 아내로만 해석합니다.

　　구약성경 인물인 '한나'를 '현모양처'라고 설교하는 걸 들어 보셨죠? 저는 한나를 '현모양처'로 해석하는 게 '성경적'인지 의문이 들어요. 왜냐하면 사무엘상 1장과 2장을 자세히 읽어 보면, 한나는 '현모양처'와 거리가 멀어 보이거든요. 한나는 아들을 낳지 못한 괴로움과 원통함에 휩싸여(사무엘상 1:10-16), 남편 엘가나에게 순종적이지도 않았고, 서원을 지키기 위해 갓 젖 뗀 아들 사무엘을 엘리 제사장에게 바치는, 어찌 보면 어린 사무엘 입장으로 볼 때 신앙적 열심과 헌신에 이끌린 매정한 엄마일 수 있겠다는 생각이 들기 때문이에요.

　　사실 '현모양처'라는 여성상은 유교 가부장 사회에서 강조한 남녀 이중 잣대 윤리로서, 굳이 성경을 읽지 않아도 알 수 있는 거잖아요. 저는 성경에 나오는 인물을 살필 때는 최소한 그 사람이 하나님과의 관계에서 어떤 신앙적 삶의 태도를 보이며 살았는지 살펴야 한다고 생각해요. 그래서 '특별 계시'라고 말하는 거니까요.

　　저에게 한나는 아들을 낳아야 인정받는 이스라엘 가부장 사회에서 '불임'이라는 고통과 한계를 신앙으로 극복하여, 왕정 시대의 물꼬를 튼 독립적이고도 주체적인 믿음의 소유자예요. 그리고 가난한 자를 거름더미에서 일으키는 메시아 왕국을 예언한 지혜의 여성이기도 합니다. 안타까운 건 이처럼 하나님 앞에 단독자로 선 한나의 독립적인 여성상을 작금의 보수 기독교에선 '성경적 여성상'이라고 전혀 생각하지 않는다는 겁니다.

　　제 경험으로 볼 때, 남성이 신학을 공부하면 하나님의 부르심이라 여겨 지원과 격려를 아끼지 않으면서도, 여성이 신학을 공부하면 가정과 아이들을 팽개치는 '못된 엄마'라고 여겨 비난과 냉대를 보낸다는 거죠. 신학 공부의 열정과 여성을 향한 하나님의 부르심을 인정하지 않고, '사적인 욕망'을 지닌 여성으로 치부한다는 겁니다.

　　애나
　　볼 일이지?

신대원에서 신학을 공부할 때, 첫째 딸은 일곱 살, 둘째 딸은 세 살이었어요. 각각 교회 장로와 권사이셨던 시부모는 원하는 손자는 낳지 않고, 신학 공부한다고 저를 못마땅하게 여기셨어요. 교인들도 저를 "부모님 말씀에 순종하지 않는 못된 자부"로 여겼어요. 설상가상, 신대원에 함께 입학한 남자 전도사들도 "여자가 집에서 애나 볼 일이지, 왜 신대원에 기어들어 와서 남학생 한 명을 떨어뜨렸냐"며 비난의 화살을 쏘아붙이곤 했습니다.

　　아무도 내 편이 되어 주지 않는 신학의 길, 신학교조차 여성을 반기지 않는 이 매정하고 척박한 길에 겁도 없이 들어서 버린 저는 완전히 고립돼 버렸죠. 하지만 어쩌겠어요! 우선 매일 시험을 치르는 히브리어와 헬라어를 공부하느라 정신이 없었고, 가사 일에 두 딸을 돌보며 집 근처 교회에서 전도사 사역까지 하느라 너무 벅차고 정신이 없었어요. 그러면서도 엄마의 살뜰한 돌봄이 부족해서 두 딸에게 혹시 '그늘'로 남지 않을까 염려도 많이 했답니다.

　"자매들은 매력적인 옷을 입어서 남편에게 성적 매력을 어필해야 한다", "피아노 잘 치나? 사모감이네", "여자가 어디서", "여자는 그저 침묵하고 복종하는 존재야", "여자들은 안내할 때 한복 입어라" 등등의 설교를 들어 보신 적 있나요? 이런 설교에서 말하는 여성상이 '성경적'인 걸까요?

　전도사로 사역할 당시 설교했던 때가 생각납니다. 주일 오후 찬양 예배 설교 후 교인들과 인사를 나누고 있었는데, 어느 권사가 다가와 "왜 치마 정장을 입지 않고 바지 정장을 입고 설교하느냐?"고 못마땅한 표정으로 말하더군요. 그 당시 남자는 '위 강대상'에서, 여자는 '아래 강대상'에서 설교하는 것이 당연시되었던 시절이었어요.

　저는 아래 강대상에서 설교하면서 '성경을 하나님 말씀이라고 외치는 교회라면, 남자든 여자든 '성경의 권위'를 우선해야 할 터인데…… 여자가 하나님 말씀을 전할 때는 성경의 권위보다 남자의 권위가 더 위에 있다는 건가?'라는 물음을 갖곤 했습니다. 하지만 그 여자 권사는 제 옷차림을 마치 '성경적'이지 않은 것인 양 생각했던 것 같았어요. 교회가 말하는 '성경적 옷차림'이라는 외적인 편견에 갇히다 보니, 여성이 설교할 때 임하시는 말씀의 지혜와 은혜를 깨닫기 어렵겠다는 생각이 들어 안타까웠습니다.

　코로나19 팬데믹으로 모두가 고통스러운 시간을 보내고 있을 때, 기독교 언론에서 뜬금없이 "교회 다니는 여성들의

5가지 옷차림 원칙"이란 제목의 기사들을 쏟아 낸 적이 있었어요. 아마도 비대면 예배로 산만해진 교회 분위기를 우려하여, 여성의 옷차림을 통제해서 자유로운 분위기를 차단하려는 것 같았죠.

하지만 교회가 여성의 옷차림을 통제하는 데에는 여성을 '유혹자'로 인식하는 남성 중심의 시선이 깔려 있어서, 여성을 성적 대상으로 보면서 성 역할 분업도 강화하게 됩니다. 여성 옷차림에 대한 지나친 간섭은 남성 목회자가 여성을 성추행해도 오히려 여성의 옷차림이나 태도를 문제 삼아 피해 여성을 가해자로 몰게 되죠. 여성의 옷차림을 통제하는 설교는 여성의 성적 주체성과 권리를 침해하는 반인권적인 일이자 교회 공동체의 건전한 성문화를 해치는 독소가 될 수 있다고 봐요.

또 교회가 '성경적 여성상'이라는 설교로 여성의 태도를 지적할 때, 목회자나 학교로부터 부당한 일을 당한 여성이 오히려 비난받곤 한다는 겁니다. 제가 총신대에서 "현대 사회와 여성"을 7년간 강의해 왔는데, 학교는 '여성 안수'의 싹을 잘라 내려는 듯 절차를 무시하고 전화 통보로 폐강을 시켰어요. 저는 본교 출신 여성 강사를 부당하게 대우하는 학교의 성차별과 불의함을 더는 참고 싶지 않았어요. 왜 강의가 갑자기 박탈됐는지 학과 교무과에 물어보고, 학과장실과 총장실에 전화를 걸어 따졌습니다. 그리고 여성에게 신학박사학위를 수여함에도 '교수 임용'을 거부하는 학교의 성차별적인 관행을 문제 삼아 총장실에 내용증명을 보냈으며, 지방노동위원회에 '부당해고'

구제 신청을 하였습니다.

그러자 평소엔 여성 강사를 쳐다보지 않던 어느 남성 교수가 저에게 전화를 걸더니, "강 박사는 왜 이리 강성이고 다혈질이야?"라며 잠자코 있으라는 식으로 오히려 저의 태도를 문제 삼더군요. 하지만 저는 "네 맞아요. 저는 강성이고 다혈질입니다. 하나님께서 저에게 이런 성향을 주셨어요. 어쩌실 건데요!"라고 되받아쳤습니다. 그 교수는 총신에서 어떤 여성도 자신에게 이렇게 응수한 적이 없었던지 자못 놀라는 것 같았어요.

제가 총신과 합동에 머물면서 더는 참을 수 없다고 생각한 건, 남자 교수나 인사권자들은 성차별과 불의한 일을 저지르고도 자신들은 늘 '존경받는 존재'로 인식하면서, 여학생이나 여강사들은 바보처럼 참고 견뎌야 하는 존재로 생각하기 때문이에요. 교회에서 말하는 '여성상'이 '성경적'이지 않다고 보는 이유 중 하나는, 남성 목사나 신학 교수들은 여성들에게 '성경적 여성상'을 외치지만, 정작 자신들이야말로 성경의 말씀에서 벗어나 완악한 마음으로 도덕적 해이에 빠진다는 걸 보았기 때문입니다.

저는 여러분이 자신의 권리를 침해하고 함부로 간섭하며 불의를 저지르는 사람을 향해 '아뇨!'라고 말했으면 좋겠어요. 저는 그 일을 겪으면서 하나님의 위로와 확신을 얻게 되었습니다. 권리침해에 대해 저항하는 건 하나님의 형상을 입은 존재로서 자신의 존엄을 지키는 일이며, 불의와 악습에서 벗어나는 정의로운 일이니까요!

성경적
여성이란?!

여러분께 복음주의권에 속한 멋진 여성 레이첼 헬드 에반스를 소개하고 싶습니다. 그녀가 쓴 《성경적 여성으로 살아 본 1년》(비아토르, 2018)을 읽으면서 어쩜 제 생각과 똑같은지 위로를 얻었거든요. 저자는 1년 동안 교회가 말해 온 '성경적 여성상'을 옷차림(1년 동안 머리를 자르지 않음, 옷을 단정히 입음, 기도할 때 머리를 가림)과 태도(남편에게 순종, 집안일 하기, 온유 & 정숙한 성품, 교회에서 가르치지 않기)를 실천하여 살아 본 후에 다음과 같이 결론을 맺고 있어요.

> 성경은 여성성에 대한 한 가지 모델을 제시하지 않는다. 믿음의 여인이 되는 법에 있어서 '누구에게나 맞는(one-size-fits-all)' 공식 같은 게 있다는 생각은 신화다. …… 우리는 성경을 어떤 형용사로 바꾸어 다른 묵직한 말(이를테면 여성성, 결혼, 심지어 평등) 앞에 붙일 때, 우리 취향에 맞지 않는 성경의 부분을 무시하거나 평가절하하는 경향이 있다. …… 교회 지도자들은 여성성을 일종의 엄격한 역할 목록으로 만들려고 하지만, 역할은 문화에 따라 상대적이고 상황이 바뀌면 바뀌게 된다. 우리를 규정하는 것은 역할이 아니라 인격이다. …… 나는 리더십을 가져도 된다는 허락, 발언해도 된다는 허락, 내 역할 말고 다른 것에서 정체성을 찾아도 좋다는 허락, 나 자신이 되

어도 좋다는 허락, 여성이 되어도 좋다는 허락을 찾고 있었는데, 한 해를 마치면서 그것을 구할 필요가 전혀 없었다는 고요하고 자유로운 확신에 이르게 된 것이다. 그건 이미 주어진 거였다.

　　교회에서 말하는 '성경적 여성상'을 1년 동안 실천해 보고 난 후에 이렇게 당당한 결론을 내린 여성이 있다는 게 매우 놀라웠어요. 성경은 '누가', '어떻게' 읽고 해석하느냐에 따라 달라지게 마련이니까요. 저자의 말을 빌리자면, '성경이 뭐라고 말씀하는가'보다는, 성경 해석자인 '내가 무엇을 찾고 있는가'가 더 솔직한 질문이라는 거죠. 왜냐하면 누군가는 서로 모순되는 노예제도 찬성 혹은 노예제도 반대, 전쟁 옹호 혹은 전쟁 불가 본문을 찾아내어 현실에 적용하는 일들이 얼마든지 일어날 수 있으니까요.

　　오해는 마세요! 성경이 마치 '귀에 걸면 귀걸이, 코에 걸면 코걸이'라는 뜻은 아닙니다. 제가 강조하고 싶은 건 '성경적'이라는 단어를 사용할 땐 적어도 성경 해석자의 한계와 편견을 인정할 줄 알아야 하며, 타인의 성경 해석을 존중하는 열린 자세를 가져야 모든 사람에게 성경의 권위를 돌려줄 수 있고, 비로소 합의에 이르는 균형 잡힌 성경 해석에 이를 수 있다는 겁니다.

　　제가 "진리를 알지니 진리가 너희를 자유롭게 하리라"(요한복음 8:32)는 말씀을 좋아하는 이유는 '성경적 진리'는 '역할 규

정'을 따지는 게 아니라, 자신과 타인을 자유롭게 하는 '인격적
인 태도'를 보여 준다고 믿기 때문이에요. 복음서를 읽노라면,
예수님이 타인의 삶을 억압하며 강제하신 모습을 보질 못했어
요. 오히려 예수님은 유대 가부장 사회에서 천하게 취급당한,
이름도 가지지 못한 사마리아 여자에게 먼저 다가가 현실적 구
원을 선물하신 인격적이고 따뜻한 분이셨으니까요.

　　성경 속 여성들은 잠잠하지 않았고 과감히 도전했으며,
죽음의 위기 앞에서 신앙적 용기와 지혜의 빛을 보여 주었고,
가부장 사회질서를 깨뜨려 예수 그리스도의 부활의 첫 증인이
되었어요. 예수 그리스도를 믿는 기독인들에게 '성경적 진리'
는 자유와 기쁨 속에서 깨달아 이웃과 더불어 정의와 평화, 사
랑을 이루는 인격적인 방향으로 나아가게 만드는 변치 않는 하
나님나라의 가치라고 믿습니다.

　　성경에서 말하는 남녀 관계는 갈라디아서 3장 27-28절,
"누구든지 그리스도와 합하기 위하여 세례를 받은 자는 그리
스도로 옷 입었느니라 너희는 유대인이나 헬라인이나 종이나
자유인이나 남자나 여자나 다 그리스도 예수 안에서 하나이니
라"라는 말씀이 복음적 원리라고 봅니다. 기독인의 성품과 태
도 마찬가지죠. 온유와 절제, 사랑과 화평, 자비와 충성, 오
래 참음과 자비는 기독인들이 갖춰야 할 덕목이기에(갈라디아
서 5:22-23), 여성에게만 일방적으로 '참아라', '충성하라' 강제
할 순 없으니까요.

　　제가 생각하는 멋지고 아름다운 기독 여성상은 교회가

강요하는 획일화된 '여성상'에 끌려다니는 것이 아니에요. 오히려 자신만의 개성과 멋스러움을 맘껏 펼쳐 내는 여성이에요. 그러면서도 타인의 견해에 대해 포용적이고 열린 태도를 가진 여성이랍니다. 그러니 하나님으로부터 부여받은 개성과 에너지를 맘껏 발산하는 여성으로 살아갑시다!

너는

주의

2

3

4

6

8

7

완전한

10

19

딸이라

'참자매'는
그
어디에?

혹시 '참자매'라는 말을 들어 본 적이 있나요? 참자매는 모 대학선교단체에서 남학생이나 남성 지도자들이 여학생들에게 요구하는 여성상입니다. '화장을 잘하고, 여리여리하고, 키도 너무 크지 않고, 파인 옷을 입으면 안 되고, 성격은 품어 주고, 조신하고, 순종적이고, 반응 잘해 주고, 센 언어를 쓰지 않고, 형제를 세워 주고 인정해 주는 말을 잘하며, 수련회 때 방언으로 기도하지 않고, 눈물도 또르르 예쁘게 흘리며, 기타 사항으로 너무 많이 먹지 않고, 나이가 많지 않은 여성'의 의미로 사용된 말입니다.

여러분은 이게 무슨 헛소리냐 말할 거예요. 그런데 이것은 2017년 선교단체 여학생들과 간사들이 페미니즘을 공부한 이후 자신의 단체 안에 여성혐오와 차별의 용어가 난무한다는 것을 깨닫고 낸 책에 나온 내용이에요. 한 여성은 '덩치가 크다', '키가 크다', '목소리가 크다'라는 말을 들으며 자존감이 낮아지고 선교단체가 규정한 참자매에 속하지 않는다고 생각되어 참자매가 되기 위해 많은 노력을 했으며 조금이라도 작아 보이기 위해 어깨를 구부리고 다니고 목소리를 작게 내는 법도 찾아봤다고 고백합니다. 참 슬픈 고백이 아닐 수 없죠(《뉴스앤조이》, "'참자매'라는 코르셋을 벗어 버리자", 2017. 3. 9.). 이 책을 낸 선교단체 여성들은 남성의 시각으로 자신들을 보고 있었음을 깨달았다고 말합니다.

참 어이없고 황당해 보이지만 교회 안의 여자 청년들이 '참자매' 혹은 '여성스러움'이라는 틀에 맞추어 살려고 노력한 것은 자존심이 없거나 남성에게 잘 보이고 싶다는 생각 때문이 아니에요. 참자매나 여성스러운 여성이 되지 못하면 남자친구를 만들 수 없다거나 결혼을 못한다는 가스라이팅도 한몫했지만 이것도 점점 효력을 잃어 가는 중이에요. 참자매가 되려고 한 근본적인 이유는 순종적이고 얌전한 여성이 곧 성경적 여성상이라는 오래된 교회 교육 때문입니다.

참자매로 상징되는, 남성이 원하는 여성적 모습이 신앙이 좋은 모습이라고 오랫동안 교육받았기에 인내와 자기 부인이라는 신앙적 용어로 자신의 본성을 누르며 노력한 것이지요. 이들은 참자매가 되는 것이 성숙한 신앙인이 되는 것이라 여겼기에 그런 노력을 한 것입니다. 그러므로 우리는 이런 코르셋을 깨기 위해 얌전하고 수수하며 순종적이고 청순가련형인 여성이 성경적 여성인지 의문을 가질 필요가 있습니다.

성경적 (여성의) 옷차림

여성의 외모나 옷차림에 대한 논란은 최근에도 있었어요. 강호숙 선생님도 언급한 사건으로 2021년 10월에 "크리스천 패션 디자이너가 말하는 '크리스천 여성의 5가지 옷차림의 원칙'"이라는 기사(〈기독일보〉, 2021. 10. 13.)가 기독교계 신문 여기저기에 실린 적이 있었습니다. 그 다섯 가지는 첫째, 단정하게 옷을 입어야 한다(디모데전서 2:9-10), 둘째, 내면의 아름다움이 중요하다(베드로전서 3:2-5), 셋째, 여성은 항상 자기 성별에 맞는 옷을 입어야 한다(신명기 22:5), 넷째, 자신의 옷차림에 분별력이 있어야 한다(잠언 11:22), 다섯째, 능력과 존귀로 옷 입어야 한다(잠언 31:25)입니다.

　성경 구절 몇 개를 문자적으로 인용하여 기독교 여성의 옷차림은 이러해야 한다고 주장한 글이지요. 성경 구절을 근거로 한 주장이라 언뜻 보면 성경적인 듯 보입니다. 이렇게 성경 구절 몇 개를 인용하여 성경적이라고 들이미는 것은 유독 여성을 통제하려는 입장에서 많이 사용됩니다. 하지만 이런 방식의 성경 인용은 성경에 무지한 행동이에요. 위에서 인용한 구절 중에 세 개의 예를 들어 왜 그런지 알아볼게요.

　첫째로 디모데전서 2장 9-10절은 문맥으로 볼 때 8-10절을 하나의 단위로 읽어야 합니다. 이 단락은 예배의 질서 권고로 8절에서 남성들에게 분노와 다툼 없이 거룩한 손을 들어 기도하라고 하지요. 당시 에베소 교회 남성들은 곳곳에서 분쟁과 싸움을 일삼았던 것 같습니다. 그런데 심지어 예배와 기도 시에도 이런 무례하고 폭력적인 행동으로 예배와 교회에 혼란을 주자 바울은 남성들에게 평화롭게 예배하고 기도하라고 권고하지요. 그리고 9-10절은 여성들에게 주는 권고로 여성들이 예배하러 올 때 값비싼 옷과 장신구로 자신의 부와 우월한 지위를 자랑하여 공동체에 위화감을 조성한 것 같습니다. 그렇기에 단정하고 소박한 모습으로 예배에 참여할 것을 권고한 것이죠.

이런 문맥에서 볼 때 예배 공동체에 혼란과 위화감을 줄 정도의 다툼과 복장을 주의해 달라고 한 것이지 남성다움이나 여성다움을 말하려는 것이 아니에요. 만일 당시 에베소 교회 여성들의 다툼이 심했고, 남성들은 화려하고 사치스러운 복장으로 예배에 왔다면 바울은 반대로 권면했을 것입니다. 그러므로 디모데전서 2장의 권면은 남녀 모두가 예배를 평화롭고도 은혜롭게 드리기 위해 적절한 태도와 질서와 복장을 갖추라는 전체적 맥락 속에서 해석해야 해요.

두 번째 예로 기사에서는 잠언 31장 25절의 "능력과 존귀로 옷을 삼고"를 문자적으로 인용하면서 "여성이 남성에게 잘 보이고 싶어서 화려하고 섹시한 옷을 입을 필요가 없으며 능력과 존귀로 옷 입어야 한다"고 말합니다. 이 주장도 25절만 따로 떼서 보면 아주 틀린 말은 아니에요. 하지만 이 본문의 주인공인 유능한 여자(현숙한 아내)는 능력과 존귀로 옷 입을 뿐 아니라 세마포와 자색 옷도 입습니다(잠언 31:22).

유능한 여자는 자기 손으로 부와 권세를 이루고 그에 어울리는 가장 값비싸고 아름다운 옷인 세마포와 자색 옷을 입었지요. 구약에서 자색 옷은 왕이 입는 가장 고급스럽고 값비싼 옷을 가리킵니다. 그러므로 유능한 여자는 화려하고 비싼 옷으로 자신의 부와 권위를 드러내고 있는 것이지요. 이것은 여성은 수수한 옷을 입어야 한다는 내용과 반대되는 듯 보입니다. 하지만 이 둘은 상황이 다른 것입니다. 예배 시에 공동체를 위해 수수한 옷을 입을 수 있지만 일상에서 필요하면 화려하고 고급스러운 옷도 입을 수 있다는 말씀이에요. 이것은 상황과 자유의 문제이지 규범의 문제가 아니며 남녀의 문제도 아닙니다.

세 번째 예를 볼게요. 기사에서는 신명기 22장 5절을 근거로 여성은 항상 자기 성별에 맞는 옷을 입어야 한다고 합니다. 그런데 이어지는 11절은 양털과 베실로 섞어 짠 옷을 입지 말라 하였고 12절에서는 너희가 입는 겉옷의 네 귀에는 술을 달아야 한다고 말하고 있어요. 5절만 보면 문제점이 보이지 않지만 22장을 전체적으로 보면 5절을 문자적으로 읽을 때의 문제점을 발견할 수 있어요. 5절을 문자적으로 지키려면 11절과 12절도 문자적으로 지켜야 일관성 있는 본문 읽기가 됩니다.

그런데 혼방 옷과 옷 술의 규례는 무시하면서 성별에 맞는 옷, 그것도 여성에게만 성별에 맞는 옷을 입어야 한다고 규정하는 것은 '여성 한정 선택적 문자주의 해석'이라고 할 수 있어요. 모두 지키거나 모두 안 지키는 것이 일관성 있는 성경 읽기입니다. 그리고 요즘처럼 남녀 구별 없이 옷을 입는 시대에 여성에게만 여성의 옷을 입으라고 한다면 명백한 여성 차별이에요. 이 세 개의 예는 성경 구절 몇 개를 문맥과 상관없이 따와서 규범화하는 것이 얼마나 심각한 문제와 오류를 가져오는지 잘 보여 주고 있습니다.

　　이런 잘못된 해석이 유독 여성과 관련된 본문 해석에서 많이 나타나는데 그 이유는 여성 차별의 시각을 가진 남성 목회자나 교회 남성들이 몇몇 구절을 문자적으로 가져와 자기 생각을 지지하는 근거 구절로 삼기 때문입니다. 전체의 문맥을 따라 성경을 읽고 그것에 자기 생각을 맞추는 것이 아니라 자기 생각에 성경을 맞추는 해석이에요. 이것이 이른바 '성경적'이라는 말의 실상이에요. 그러므로 성경적이라며 여성을 차별하거나 조종하려는 말에 겁먹거나 고민할 필요가 없습니다.

백기를 든
남자 청년들

　　저의 청년 시절에도 여자 청년들의 옷차림과 꾸미는 문제로 청년회가 시끌시끌한 적이 있어요. 지금으로부터 약 30여 년 전의 일이죠. 당시 교회는 어른 100여 명 정도에 청년이 20-30명 정도 되었고, 청년회가 활발했어요. 그런데 수수한 모습을 좋아하는 남자 후배와 꾸미는 것을 좋아하는 여자 후배가 사귀다가 문제가 되었지요. 남자 후배가 꾸미는 것이 성경적이지 않다고 하면서 뭐라고 하니 정말 그런지 여자 후배가 저와 여자 청년들에게 물은 것입니다. 이 일로 청년회는 둘로 나뉘었어요. 여자들의 복장과 치장은 수수한 것이 좋다는 편과 여자들이 결정할 문제니 참견하지 말라는 편으로 나뉘었습니다.

꼭 남자 대 여자의 대결은 아니었지만 강경하게 여자의 복장을 규정하려는 몇몇 남자 청년들은 위에 언급된 구절들을 들이대며 강경한 태도를 보였고 이로 인해 갈등은 점점 심해졌지요. 말이 안 통하자 어떤 여자 청년은 오기로 화장을 안 하고 교회에 오기도 하고, 어떤 여자 청년은 손톱을 새빨갛게 칠하고 오기도 하고, 일부는 이런 고리타분한 교회에 오기 싫다며 청년회 모임에 나오지 않으면서 반발하기 시작했습니다.

갈등이 심해지며 청년회가 깨질 위기에 처하자 결국 강경한 태도를 보이던 남자 청년들이 백기를 들었습니다. 자신들 때문에 청년회에 분란이 생기고 일부 여자 청년들이 교회를 나오지 않게 되니 무엇이 중요한지 다시 생각하며 여자 청년들의 주장에 귀를 기울이게 된 것입니다. 3개월 이상 갔던 이 갈등의 결론은 여자들의 옷차림과 꾸밈은 여자의 자유이므로 간섭하지 말아야 한다는 것이었어요. 이런 당연한 결론을 내리기 위해 우리 청년회는 긴 갈등을 겪었지요. 그리고 그 후배 커플은 결국 헤어졌습니다.

당시에 좋은 지도자가 있었다면 별 갈등 없이 지나갈 수 있는 문제였어요. 그 당시 저도 성경을 잘 모르니 성경적이란 말에 기죽었고 동기 남자는 보수적인 강경파여서 서로 지독히 싸우기만 했었지요. 여담이지만 저랑 싸우던 동기 남자는 현재 여성 안수 운동을 가장 많이 도와주는 좋은 친구 목사로 변했습니다. 결국 지나고 보니 별것 아닌 문제였는데 말이죠.

　　지금 생각해 보면 그렇게 싸우며 청년들 스스로 문제를 해결할 수 있었던 것도 복인 것 같아요. 아이러니하게 당시 청년회에 담당 교역자가 없었기에 이런 토론이 가능했죠. 만일 권위적이고 가부장적인 교역자가 강압적으로 여자들 복장을 규정하고 그것이 성경적이라고 가르쳤다면 어떻게 되었을까요? 아마도 상당히 다른 결과를 가져왔을 겁니다. 상당수가 반발하여 나가거나 숨죽이고 순응하며 청년회는 힘을 잃어 갔을 것 같습니다. 지금의 많은 교회처럼 말이죠.

　　그래서 답답합니다. 저의 청년 시절 이야기는 그냥 흘러간 옛이야기로 남아야 했어요. 그런데 1980년대 이야기가 2017년, 2021년 그리고 지금까지 계속해서 살아남아 여성들을 통제하고 억압하며 힘들게 하고 있으니 말이죠. 정말 교회는 아직도 무엇이 중한지 모르는 걸까요 아니면 모르는 척하는 걸까요?

　　다시 참자매 논란의 마지막에서 제기했던 질문으로 돌아가 보아요. 화장을 잘하며, 기도할 때 방언도 안 하고, 눈물도 또로록 예쁘게 흘리며, 키도 적당하고, 목소리는 작고, 남자를 세워 주고, 말을 잘 들어 주며, 밥은 많이 안 먹는 참자매는 정말 성경적 여성상인가요? 이 질문에 대답하려면 성경이 말하고 있는 여성들의 모습을 살펴보아야 합니다.

　　그런데 제가 아는 범위에서 화장을 잘한 여자는 이세벨(열왕기하 9:30)밖에 없고 술 취한 여자처럼 울고불고하며 기도하던 여성인 한나는 있어도 눈물을 또로록 예쁘게 흘린 여성도, 키가 언급되거나 목소리의 크기가 언급된 여성도 성경에는 없어요. 남성을 비판하고 충고하는 여성(드보라, 아비가일)은 있어도 남성을 세워 주고 말 잘 들어 주는 여성은 거의 없습니다. 마리아가 예수님 발 앞에서 예수님의 말씀을 들은 건 남자의 말을 잘 들어 준 것이 아니라 열심히 스승의 말씀을 경청한 것이니 여기에 해당하지 않아요. 대신 아내인 한나의 말을 잘 들어 준 엘가나와 룻의 말을 잘 들어 준 보아스는 있습니다. 그리고 밥을 많이 안 먹는 여성은 먹을 게 없어서 굶는 여성 말고는 없으며, 바울은 남녀가 방언 기도하는 것을 부정적으로 보지도 않았어요. 이렇게 성경에 등장하지 않는 성경적 여성상은 어디서 온 걸까요?

성경에는 없지만 참자매 이미지는 저에게 매우 익숙합니다. 제가 어릴 때 많이 보던 1970-80년대 순정만화에 나오는 여주인공, 청춘 영화나 드라마에 나오는 청순가련형 여주인공, 혹은 대학 시절 유행하던 변진섭의 노래 〈희망사항〉에 나오는 '청바지가 잘 어울리는 여자' 이미지가 여기에 겹칩니다. 참자매 규정이 언제부터 생겨났는지 모르지만 그런 규정을 만든 남성들은 1970-80년대 감성을 가졌다는 건 짐작할 수 있어요. 즉 1970-80년대 남성의 희망사항을 가지고 지금의 여성들을 통제하려 했던 것이지요. 이것이 바로 한국 교회가 여성들에게 강요하던 참자매, 즉 성경적 여성상의 실상입니다.

야엘의

팔뚝미

그러면 진짜 성경 속 여성들은 어떤 모습일까요? 일단 성경 속 여성은 몇 가지 특징으로 재구성될 수 없어요. 성경 속 여성들은 하나하나가 개성과 특징, 역할과 신앙이 다르기에 '성경적 여성상'이라는 하나의 틀로 묶는 것이 불가능합니다.《오늘 다시 만나는 구약 여성》(헵시바, 2022)에서 제가 30명의 구약 여성을 다루었는데 이들은 모두 달랐거든요. 남편 말 듣다가 다른 남자의 아내가 될 뻔했으나 후에는 남편에게 하갈과 이스마엘을 내보내라고 강요한 사라, 부모를 떠나 하나님을 선택했지만 후에 남편을 속이고 야곱이 복을 받게 한 리브가, 아름다운 외모로 남편의 사랑을 받은 라헬과 평범한 외모지만 하나님의 긍휼과 사랑을 받은 레아, 시아버지를 속이고 자신의 권리를 쟁취한 다말 등 족장의 아내 혹은 여족장들만 보더라도 개성과 특징이 다 달랐지요. 이들이 믿음의 조상이 될 수 있었던 이유는 하나님의 선택과 도우심과 그들의 용기 때문이지 외모나 순종적인 성품 때문이 아닙니다.

　한 인물만 더 이야기하려고 해요. 성경에서 '가장 복 받은 여성'으로 불린 야엘이 있습니다. 드보라는 야엘을 장막에 거하는 여성 중에 가장 복 받은 여성이라고 노래합니다(사사기 5:24). 그런데 야엘이 한 일은 장막 말뚝과 방망이로 가나안 군대장관 시스라의 관자놀이를 찍어 죽인 것이에요. 이른바 '여성스러운' 행동과는 거리가 멀죠. 2000년에 석사 논문으로 사사기 5장 드보라의 노래를 썼는데 어느 신대원에서 이 논문으로 강의를 한 후 질문을 받은 적이 있었어요. 그런데 당시 모두 남자였던 학생들은 어떻게 여자가 망치로 남자를 잔인하게 쳐 죽일 수 있냐고 주로 질문했었죠. 당시 남학생들의 정서상 야엘이 여호와를 위해 싸운 영웅이자 가장 복 받은 여자라는 성경의 평가를 받아들일 수 없었어요. 그들은 야엘을 잔인하고 무서운 여자로 평가했습니다. 성경이나 본인의 설명과 무관하게 그들은 끝까지 그 이미지를 고수했고 저는 그들의 고정관념을 깨지 못했습니다.

그런데 최근에 야엘 이야기를 하면 남학생들도 전혀 다른 반응을 보입니다. 이방 여자이며 가정주부임에도 여호와 편에 서서 이스라엘의 적을 죽인 용감한 야엘, 영웅적 야엘로 인정합니다. 야엘은 믿음의 모범을 보여 주는 긍정적인 인물로 서서히 설교되고 있답니다. 남편은 시스라 측과 평화를 유지하고 있었지만 야엘은 자신의 장막 근처로 도망 온 시스라를 남편과 상의 없이 죽입니다. 독립적으로 판단하고 행동한 것이죠. 그녀의 외모는 성경에 안 나오지만 대부분의 화가는 그녀를 매우 건장하게 그립니다. 팔마 일 지오반니(Palma il Giovane)의 그림을 보면 건장한 어깨와 등을 강조하여 언뜻 보면 남자 군인처럼 보여요. 그리고 다른 그림들도 대부분 팔뚝만큼은 군대 장관인 시스라의 팔뚝과 거의 같은 두께로 그립니다. 건장한 팔뚝으로 망치를 들고 말뚝을 시스라의 머리에 박고 있는 이미지가 바로 성경이 우리에게 보여 주는 영웅 야엘의 모습이며 여성의 모습입니다.

누군가 성경적 여성은 이러이러해야 한다고 말할 때, 성경에는 야엘 같은 여성도 있음을 기억하고 그런 말에 휘둘리지 말라고 말하고 싶어요. 성경적 여성상이라는 허구는 버리고 자유롭게 하나님이 주신 나다운 모습으로 하나님의 부르심에 응답하며 살아가면 된다고 생각해요. 있는 모습 그대로를 사랑하지 못하는 인간의 말은 버리고, 있는 모습 그대로 사랑하시는 하나님의 말씀을 따라 자신 있게 살아가기를 희망합니다.

홀로서기
신앙을
아나요?

'홀로서기' 신앙에 대해 들어 본 적 있나요? 교회는 예수 그리스도를 믿는 사람들의 모임이니 '함께하기' 신앙을 더 강조해 왔어요. 기독교 부흥을 이끈 존 웨슬리도 "혼자서는 그리스도인이 될 수 없다"라고 하면서 함께하기 신앙을 강조했죠. 전도서는 "한 사람이면 패하지만 두 사람은 능히 감당할 것"(전도서 4:12)이라 했고, 바울은 우리가 하나님이 거하실 처소가 되기 위해 예수 안에서 함께 지어져 가는 존재라고 말하면서 함께하기 신앙을 강조했어요(에베소서 2:22).

저 역시 함께하기 신앙을 부인하지 않습니다. 하지만 함께하기 신앙이 각자의 홀로서기 신앙을 존중한 상태에서 합의된 신앙을 말하는 건지, 강요에 의한 건지는 따져 봐야 한다고 생각해요. 특히 여성의 홀로서기 신앙을 인정하는 상태에서 함께하기 신앙으로 작동하는지 살펴봐야겠죠. 안타깝게도 교회는 대체로 여성의 홀로서기 신앙을 반기지 않아요. 왜 그럴까 생각해 보면, 아마도 성경 속 여성을 가부장적 구속사 관점에서 '주연'이 아닌 '조연'으로 읽어 왔기 때문이지 싶어요.

그래서 이번 편지에선 특별히 여성의 '홀로서기' 신앙에 대해 말하려 합니다. 제 신앙 경험으로 말씀드리자면, 홀로서기 신앙으로 오롯이 설 때 자신을 지켜 낼 수 있었고 행복한 신앙생활을 하게 되었거든요. 저는 여성의 홀로서기 신앙은 여성 스스로가 주체적으로 성경을 읽을 때 획득할 수 있다고 생각해요. 남성이 규정하는 신앙과 정체성에 끌려다니는 여성은 행복하기 어렵거든요. 교회의 불평등하고도 부당한 처우에 대해 문제의식을 품고 저항하는 건 하나님의 형상을 입은 주체자로서 마땅한 일이니까요. 그래서 성경 속 여성의 홀로서기 신앙의 모습이 어떠한지 리브가와 슬로브핫의 다섯 딸을 통해 살펴보고, 여성의 홀로서기 신앙이 여성끼리의 연대나 남성과의 연대로 얼마나 멋지게 함께하기 신앙을 보여 주는지 이야기 나누려 합니다.

얘는
내 딸이 아니오

제가 홀로서기 신앙의 싹을 틔운 때는 고등학교 시절 같아요. 교회에 다니는 걸 못마땅하게 여긴 아버지가 "하나님 아버지를 선택할지, 나를 선택할지 이제 결정해라!"라며 추궁하더니 갑자기 저를 끌고 교회로 가셨어요. 마침 수요 저녁 예배가 끝난 후 목사님이 교인들을 배웅하고 있었는데, 아버지는 목사님에게 "얘는 내 딸이 아니니, 당신이 키우시오"라는 한마디를 남기고 집으로 가 버리셨어요. 그런데 목사님은 저에게 "당분간 교회에 나오지 말라"며 훈방조치를 하는 게 아니겠어요!

그 후로 몇 주 동안 예배당 종소리가 울릴 때면, 성경책과 찬송가를 펴들고 집에서 혼자 예배를 드렸습니다. 몇 주가 지나자, 주일마다 그리도 철저히 감시했던 아버지가 슬그머니 밖으로 나가셨어요. 저는 이때다 싶어 실내화를 신고 부리나케 교회로 달려가 예배를 드렸는데, 목사님은 회중 가운데 있는 나를 보더니 "우리 교회에 신앙 좋은 학생이 있어요"라며 자랑하듯 설교했어요. 기분 별로였어요. 하마터면 목사님 때문에 영영 교회를 다니지 못할 수도 있었는데, 일말의 책임감도 없이 천연덕스럽게 신앙을 말해서요. 하지만 이런 일을 경험한 후부터 '목사의 말이라고 다 순종하는 게 아니구나'라는 신앙적 맷집을 키웠던 것 같아요.

기독 인문학 연구원에서 몇 년간 "여성의 눈으로 성경 읽기" 강좌를 진행한 적이 있었어요. 성경은 남성의 구원 역사만 보여 주는 책이 아니라, 여성의 구원의 역사도 함께 보여 주는 책입니다. 창세기만 보더라도 어마어마한 천지창조에 대해선 겨우 한두 장을 할애하고, 나머지는 아담과 하와, 아브라함과 사라, 이삭과 리브가, 야곱과 레아와 라헬, 요셉 같은 인물들의 삶을 길게 서술하면서, 부부관계의 갈등과 삶의 애환, 후손과 관련된 계시와 신앙, 차별과 소외 가운데 있었던 여성들이 어떻게 하나님 구원의 뜻과 신앙을 드러내고 있는지 보여 주고 있죠.

저는 성경 속 여성 인물 가운데 사라와 리브가, 레아와 라헬, 슬로브핫의 다섯 딸, 모세 살리기 프로젝트에 참여한 여성들(어머니 요게벳, 누이 미리암, 히브리 산파 십브라와 부아, 바로의 딸), 미리암과 십보라, 라합과 룻, 드보라 사사와 한나, 에스더와 여선지자 훌다, 예수의 어머니 마리아와 막달라 마리아, 마르다와 마리아, 사마리아 여자, 욥바의 여제자 다비다, 루디아, 브리스길라와 유니아, 뵈뵈 집사를 다루었어요.

　　여성의 눈으로 성경 속 여성 인물들을 살피며 깨달은 건, 이 여성들의 신앙적 행위는 누구의 강요가 아니라, 직관과 민첩함, 모험심과 따뜻한 성품을 가지고, 주체적이며 독립적인 신앙적 결단으로 행동했다는 거였어요. 예를 들어 예수를 출산한 엄마 마리아, 로마 군병의 삼엄함 속에서 꿋꿋이 따라가 십자가와 부활의 첫 증인이 된 막달라 마리아의 신앙적 행보를 보면, 여성들은 남성 제자들의 허락을 받은 게 아니라, 예수를 향한 사랑과 주체적인 헌신으로 그리스도의 성육신과 생애, 그리고 십자가와 부활의 진정한 증인이 되었음을 알 수 있으니까요.

반짝이는 여성

리브가

여러분께 성경 속 여성 가운데 주체성이 강하고 적극적인 여성인 리브가를 소개하고 싶어요. 100세에 얻은 아브라함의 아들 이삭의 신붓감을 찾을 때, 예전처럼 하나님이 직접 계시하시지 않고 왜 아브라함이 늙은 종에게 맡기는 불안한 방식을 택했을까 질문하면서 창세기 24장을 읽었어요. 우선 늙은 종이 아는 사람 하나 없이 막막한 메소포타미아 나홀의 성에서 이삭의 신붓감을 두고 하나님께 절박하게 기도한 내용에 눈길이 가더군요. 저는 하나님께서 찾는 '천만인의 어미'가 될 수 있는 자격은 이웃에게 친절을 베풀며 다른 생명체까지 돌보는 따뜻한 마음씨를 지닌 사람이라는 걸 드러내려는 의도로 읽었어요.

두 번째로는 리브가의 주체적이며 적극적인 성격이 눈에 들어왔어요. 리브가는 부모나 오빠의 의견에 고분고분 순응하는 수동적이기만 한 여성이 아니었습니다. 오히려 생면부지 늙은 종의 얘기를 듣고서, 가족과 이별을 감수하면서까지 자신의 결혼에 대해 주도적으로 선택할 정도로 추진력 있는 여성이라는 걸 보게 되었어요. 그러나 이삭은 리브가의 모습과 대조적으로, 자신의 신부가 될 사람을 그저 기다리며 묵상하는 것 외엔 아무런 행동도 하지 않은 소극적이며 수동적인 남성이었어요.

지금까지 교회는 남성 인물 중심으로 성경을 읽어 왔기 때문에, 오히려 가족과 이별하면서까지 모험을 감행하면서 이삭을 선택한 리브가의 주체적이며 결단력 있는 '홀로서기' 신앙에 별로 주목하지 못했어요. 하지만 리브가는 결혼 후에 쌍둥이를 임신했을 때도 직접 하나님께 기도할 정도로 호기심 많고 적극적인 모습을 보여 줍니다. 남편 이삭이 장자를 축복하려 할 때, 차남 야곱을 에서로 분장시켜 축복을 받게 하려는 주도성과 민첩성을 보이기도 했어요.

이처럼 '천만인의 어미'가 된 리브가는 남편 이삭을 위해 들러리 서는 조연이 아니라, 자신의 인생과 신앙에 주인공이 되어 당당히 헤쳐 나가 영롱하고도 찬란한 신앙의 빛을 비추는 여성입니다.

　　여성의 눈으로 성경 읽기에서 얻은 이러한 깨달음은 저의 '홀로서기' 신앙에 대해 자부심과 굳건함을 불어넣어 주었고, 여성 신학적 연구에 새로운 의미와 도전을 주었어요. 간혹 교회에서 상처받은 젊은 여성들이 찾아와 고민을 털어놓을 때, 저는 '홀로서기' 신앙을 독려하곤 한답니다. 대부분 교회가 여성의 홀로서기 신앙을 인정하지 않고 무조건 참고 헌신하라는 식으로 밀어붙이기 때문에, 교회의 젊은 여성들의 고민이 자신의 주체성과 소신을 지키려는 저항의 몸부림 같아 보이기 때문이에요.

딸들에게도
달라!

이제 여성의 홀로서기 신앙과 함께하기 신앙을 보여 준 성경 본문을 소개하고 싶어요. 바로 민수기 27장 1-11절에 나오는 슬로브핫의 다섯 딸(말라, 노아, 호글라, 밀가, 디르사) 이야기입니다. 이 본문은 여성의 홀로서기 신앙이 무엇인지 알려 주는 동시에, 다섯 여성의 연대와 아버지 슬로브핫과 남성 모세와의 협력으로 이룬 함께하기 신앙의 감동과 도전도 선사한다고 보기 때문이에요.

본문을 설명하면 이렇습니다. 가나안 땅으로의 입성을 앞두고 두 차례 인구 조사를 통해 땅을 분배받는 과정에서, 슬로브핫의 딸들은 각 지파 중 20세 이상의 남자에게만 땅을 분배하는 상속법으로 인해 땅을 받지 못할 운명에 처합니다. 이에 그녀들은 모세와 제사장, 족장들과 온 회중 앞으로 나아가 자신들에게도 기업을 달라고 요청하게 되죠. 모세는 이들의 호소를 무시하지 않고 하나님께 아뢰었는데, 하나님께서는 "슬로브핫 딸들의 말이 옳으니 너는 반드시 그들의 아버지의 형제 중에서 그들에게 기업을 주어 받게 하되 그 아버지의 기업을 그들에게 돌릴지니라"(민수기 27:7)라고 응답하셨어요. '율례'(미쉬파트)라는 단어는 하나님에 의해 공적으로 선언된 판결을 가리키는데, 슬로브핫 딸들의 문제 제기로 여성에게도 상속하라는 새로운 율례가 탄생했다는 건 구약에서도 보기 드문 개혁적인 일이라 할 수 있죠.

저는 슬로브핫의 딸들이 당시 남자에게만 허락되었던 상속법을 포기하지 않고, 모세를 위시한 족장과 제사장, 즉 어마어마한 남성 지도자들이 모여 있는 회막 문에 당당하게 나아가 여자라서 배제당하는 억울함을 호소하며 권리를 주장한 용기 있는 행동은 오늘날에도 압권이라고 생각해요. 왜냐면 현재 보수 교단(합동, 합신, 고신)은 '여성 안수 반대'를 만고불변의 진리로 삼아 '금녀의 공간'으로 못 박아 놓았기 때문이에요.

얼마 전, 지인한테서 문자를 받았어요. 교회에 기부금 영수증 신청을 하려고 교적 시스템에 들어가 확인해 보니까, 자신은 남편 중심의 교적부에 '아내'로만 등록되어 있음을 알게 되어 황당했다는군요. 가족관계증명서는 본인 중심으로 가족관

계를 확인할 수 있건만 교회는 아직도 수십 년 전 세상에 갇힌
것 같다면서, 교적 시스템 시정을 요구하려 한다는 내용이었어
요. 저는 가부장적인 교회의 시스템이 부당하다고 생각하는 여
성들이 연대하면 교회가 더 빨리 변화할 거라는 생각이 들었어
요. 남성적 신관과 가부장적 질서가 우세했던 모세 시대에 슬로
브핫의 다섯 딸이 당돌하게 상속을 요구했을 때, 하나님이 '옳
다'고 편을 들어주셔서 새로운 상속법이 제정되었다고 한다면,
오늘날 교회 여성은 더 당당하게 여성의 자율과 권리, 요구와
소신을 외쳐야 하리라 생각해요. 여성의 외침과 연대는 여성만
을 위한 게 아니라, 인간의 존엄과 정의를 지켜 내는 일이며, 궁
극적으론 평화와 인간성을 도모하는 길이니까요.

　　　저는 슬로브핫의 다섯 딸이 남성 지도자들만 모이는 회
막에 나아가 당당하게 요구한 용기가 어디서 났을지 궁금했어
요. 아마도 모세 앞에서 아버지의 삶을 변증하는 모습을 볼 때
(민수기 27:3-4), 딸만 둔 아버지 슬로브핫이 딸들의 결혼과 상속
에 대해 권리를 주장하도록 가정교육을 했으리라 추측해 봅니
다. 아들이 없어 기업도 상속받지 못할 다섯 딸의 앞날을 생각
했을 터이니까요. 그렇기에 가부장 이스라엘 사회에서 슬로브
핫의 다섯 딸이 "땅을 달라"고 요구한 일은 기죽지 않고 자신
의 요구를 드러내도록 멋지게 키운 아버지 슬로브핫이 있어서
가능했겠죠.

　　　그리고 저는 모세가 보여 준 열린 지도력에도 주목하게
됩니다. 슬로브핫 딸들의 사연을 들은 모세는 "여자들이 어디

서 땅을 달라고 해!"라며 남성적 신관과 여성관에 매여 당장 거절할 수도 있었음에도, 딸들의 사연을 하나님 앞으로 가져가는 모습을 보여 주었기 때문이죠. 하나님께 부여받은 진정한 권위란 하나님 앞에 있는 모든 사람을 존중하여 그들의 목소리를 들으려는 열린 마음에서 나온다는 걸 깨달았어요. 아울러 딸들의 당당한 요구를 '의롭다' 인정하신 하나님을 보게 되어 매우 기뻤어요.

슬로브핫 딸들의 홀로서기 신앙으로부터 나온 당당한 외침과 연대는 모세의 열린 리더십과 조화를 이뤄, 함께하기 신앙의 상승작용을 이룸으로써 가부장적인 상속법의 개혁을 이루었어요. 이 말씀은 지금 우리에게 전율과 도전을 가져다 줍니다.

꽃을 피워 봐요,
참 좋아요

나태주 시인의 시 〈풀꽃〉을 아나요? 시인은 "자세히 보아야 예쁘다 오래 보아야 사랑스럽다 너도 그렇다 …… 이름을 알고 나면 이웃이 되고 색깔을 알고 나면 친구가 되고 …… 기죽지 말고 살아 봐 꽃을 피워 봐 참 좋아"라고 말해요. 이 시에서도 홀로서기 신앙과 함께하기 신앙의 향기가 나는 듯해요.

고린도전서 12장은 제가 참 좋아하는 말씀이에요. 바울은 우리 각자를 '그리스도의 몸'이요 '지체의 각 부분'으로 보면서, 함께 고통을 받으며 함께 즐거워할 공동체로 말하고 있기 때문이에요(고린도전서 12:26). 특히 그리스도의 몸인 공동체의 특징은 "머리 부분이라고 해서 우월하다고 보는 게 아니라, 몸의 약한 지체를 도리어 요긴하게 보며, 더욱 존귀를 더해 주는"(고린도전서 12:22-24)이라는 말씀이 너무 좋거든요. 이는 "아픈 부분이 몸의 중심"이라는 말과 일맥상통하죠. 이 얼마나 멋지고 전복적인 하나님나라 공동체의 모습인지요!

　우리 각자는 하나님 앞에서 우월하든 열등하든 상관없이, 마치 '모자이크'의 한 조각처럼 빠져선 안 될 소중하고 독특한 존재로서 홀로서기 신앙이 필요함을 알려 주고 있어요. 동시에, 모자이크 조각들이 맞춰지는 것처럼 함께하기 신앙이 될때, 비로소 하나님이 의도하신 아름답고 오색찬란한 전체 그림이 완성될 수 있음을 알려 주니까요.

　교회가 여성의 성경 읽기와 홀로서기 신앙을 반기는 날이 속히 오면 좋겠어요. 그래서 성경 속 여성들이 이스라엘 구원의 역사와 예수 그리스도를 위해 어떻게 주체적인 헌신과 도전을 보여 줬는지, 남녀의 함께하기 신앙으로 어떻게 하나님나라 복음의 급진성과 평등성, 인격성을 보여 줬는지 열린 마음으로 서로를 바라보며 함께하는 공동체가 되기를 간절히 바라게 됩니다.

하나님께,
직접,
나아가세요

우리는 대부분 교회 공동체를 통해 신앙생활을 시작하지요. 부모님의 손을 잡고 가든, 친구나 이웃의 전도로 가든 대부분 누군가의 손을 잡고 교회에 발을 들여놓으며 함께 교회 생활을 하며 신앙을 키워 갑니다. 내 믿음이 흔들리면 교회 구성원의 도움과 기도로 극복하기도 하고 내가 다른 사람의 믿음을 붙잡아 주기도 하며 서로 성장합니다. 그렇게 지내다 보면 때론 어렵고 힘든 일을 털어놓고 기도하며 가족보다 가깝게 의지하기도 하죠. 그렇기에 칼뱅은 교회를 '성도를 양육하는 어머니'라고 표현하였습니다.

저도 한 교회에서 40년 넘게 신앙생활을 해왔기 때문에 교회 공동체 안에서 함께 누리는 은혜와 유익을 잘 알고 있습니다. 교회에서 남편을 만나 결혼하고 아이를 낳고 키우며 신학 공부를 했지요. 그렇기에 나이 많은 장로님, 권사님은 저의 부모님 같고, 그분들도 부모님과 같은 마음으로 제가 신학 박사인 것을 자랑스러워하시며 저의 설교도 열심히 들어 주시고 응원해 주십니다. 이렇게 저는 교회 공동체가 주는 유익을 누리며 신앙생활을 하고 있어요. 하지만 처음부터 자연스럽게 이루어진 것은 아니었기에 저의 경험을 이야기해 보려 합니다.

나의
홀로서기

함께 성경 공부하며 비슷한 색깔의 신앙을 가졌던 청년들은 취직하고 결혼하며 흩어졌고, 저는 장년부로 이동하면서 상황이 많이 달라졌습니다. 이때 저는 신대원을 졸업하자마자 결혼하고 대학원에서 석·박사 공부를 하고 있었기에 전업주부가 대부분인 장년부의 목장 모임이나 교회 활동 참여가 불편해지기 시작했어요. 공부하고, 살림하고, 아이들 키우고, 때때로 강의도 하면서 정신이 없는 시기였기에 교회 모임이나 예배에 다 참석하기 어려워지자 교인들과 틈이 생기기 시작했어요. 예배 참여와 모임 참여가 곧 신앙과 헌신의 척도로 여겨지는 분위기에서 불성실한 참여자인 저를 보는 시선이 그다지 곱지 않았기 때문이죠. 게다가 신학을 하고 있는 사람이 교회 활동에 열성을 보이지 않으니 더욱 그랬던 것 같아요. 그런데 이런 생각은 저도 마찬가지였습니다. 신학생은 다른 사람에게 모범을 보여야 한다는 생각이 스스로를 더 힘들게 했었죠.

　　당시 담임목사님은 제가 신학 공부를 하는 상황을 알고 있었지만 못 본 척하고 있었기에 상황 극복에 도움이 되지 않았습니다. 이런 상황은 박사학위를 따고 강사로 활동할 때까지 계속되었어요. 오랫동안 편안하고 익숙했던 교회가 신학 공부를 하고 장년부로 넘어가면서 상당히 불편한 곳이 된 이 상황이 참 힘들었어요.

하지만 신학교에서도 불편하기는 마찬가지였습니다. 제가 공부하던 1990년대와 2000년대에는 총신에서 석·박사 과정에 있는 여자 선배가 전혀 없었기에 이런 상황에서 어떻게 하는 게 좋은지 조언을 받을 수 없었어요. 주변에는 전부 남자 목사들뿐이어서 제 상황을 이해하고 조언하는 데 한계가 많았지요. 그들은 주로 교회와 목회자 입장에서 이야기하기에 학업과 살림과 육아를 병행하며 평신도로 교회 생활을 하는 저의 삶을 이해할 수 없었기 때문이에요.

일부는 남편이 벌어다 준 돈으로 공부하는 팔자 편한 여자가 무슨 불평이냐는 반응을 보였고, 일부는 길이 보이지 않는 총신에서 박사 공부를 한다고 아등바등하는 저를 이해할 수 없다는 반응을 보였지요. 아주 소수만이 저의 공부를 지지해 주었습니다. 평범하게 교회 안에서 신앙생활을 하던 저는 남들과 다른 삶을 선택한 덕분에 교회와 학교 공동체에서 불편하고 외로운 시간을 보내야 했습니다.

이때부터 홀로서기의 긴 여정을 걷게 됩니다. 처음에는 마치 익숙한 고향을 떠나 광야를 헤매는 것처럼 막막하기도 하고 서글프기도 했어요. '신앙은 무엇인가?', '하나님과 예수님은 어떤 분이신가?', '구원은 어떻게 받을 수 있는가?' 등 신앙의 가장 근본적인 물음에서 홀로서기를 시작한 것 같았어요. 비록 교회가 기대하는 아내와 어머니와 성도의 모습이 아니어도 여전히 사랑받는 하나님의 자녀임을 확인하고 싶었기 때

문이에요. 분주한 삶이라 기도하는 시간을 많이 갖기 힘들었
지만 그래도 마음이 불편하고 불안해지면 하나님께 기도하며
그 시간을 보냈습니다. 참 많이 울었고 왜 이런 어려운 길을 가
게 하셨냐며 원망을 하기도 했어요. 그리고 하나님은 그 기도
에 다양한 방법으로 응답하시며 저를 사랑하신다는 확신을 주
셨지요.

　　그리고 하나님은 이 시기를 나 홀로 다 감당하게 하지 않
으셨습니다. 교회와 학교에서 고립감을 느낄 때 가족들이 저의
힘이 되어 주었어요. 특히 양가 어머님들이 제가 공부하고 강의
하는 동안 아이들을 봐주시며 저의 일을 지지해 주셨어요. 두
분 어머니는 늘 비판적인 시선 속에서 살아가던 저에게 아무 말
도 하지 않고 귀한 일 한다고 격려해 주셨어요. 두 분이 안 계
셨으면 그 전쟁 같은 나날을 어찌 보냈을지 상상이 안 됩니다.

　　두 분의 도움이 하나님의 손길이었음을 친정엄마의 고
백을 통해 분명히 알게 되었는데 가장 바쁘고 힘든 시기에 엄마
네 옆 동으로 이사하여 도움을 많이 받을 수 있었죠. 박사 과정
이 끝나고 아이들도 어느 정도 크자 엄마는 그곳을 떠나셨는데
이사하시면서 저에게 이제 자신의 임무가 끝났기에 하나님이
이사를 허락하신 것 같다고 하시더군요. 사실 여러 번 이사하려
는 마음을 먹었는데 그때마다 이사하지 못한 건 하나님이 너의
공부를 위해 그러신 것 같다고 말씀하셨어요. 혼자라고 생각했
던 시간도 하나님과 도와주는 사람과 동행하며 제가 더 단단해
져 가던 시간이었습니다.

다른 생각과 질문이
중요해요

저의 홀로서기를 이야기한 것은 신앙이 꼭 교회 안에서만, 목사님의 말씀에 순종함을 통해서만 생기거나 성장하는 게 아님을 말하고 싶어서예요. 교회 공동체나 목사님의 양육이 신앙에 중요한 부분을 차지하지만 어느 정도 신앙이 성장하면 자신의 눈으로 성경을 보게 되고, 스스로 하나님을 대면하는 시간과 맞닥뜨리게 됩니다.

학교와 사회에서 배운 남녀평등의 가치관이나 자기 일에 관한 생각이 교회의 분위기나 목사님의 설교와 부딪칠 때 여성들은 심한 갈등에 빠지지요. 처음에는 본인이 틀렸다고 생각하고 목사님의 생각에 맞추어 보려고 합니다. 특히 교회에서 자란 착한 교인인 경우, 목사님의 말씀과 다르게 생각하는 것 자체를 불신앙으로 생각하기 때문이지요.

하지만 목사도 한 사람의 성경 해석자이자 신앙인입니다. 신학을 전문적으로 공부했기에 일반 교인들보다 성경을 많이 알고 신앙적 체험도 많고 영적 분별력도 좋을 가능성이 많습니다. 그러나 목사가 성경을 모두 안다거나 하나님의 뜻을 전부 아는 것은 아닙니다. 본인의 배움과 경험을 통해 알 수 있을 뿐이지요.

모든 인간이 가진 한계를 목사도 가지고 있어요. 그렇기에 목사는 내 모든 문제에 정답을 알려 주는 척척박사도 아니고 내 인생 전체를 인도하는 사람도 아닙니다. 다만 내가 하나님을 더 알 수 있도록 성경 말씀을 알려 주고 인생의 답을 찾을 수 있도록 조언해 주는 조력자일 뿐입니다. 내 인생은 하나님께서 나에게 주신 숙제이기에 결국 내가 길을 찾고 답을 찾으면서 걸어가야 해요. 하나님께서 내주신 인생의 숙제는 사람마다 다르기에 그 답은 결국 스스로 찾을 수밖에 없습니다. 그러므로 홀로서기는 장성한 어른이 되기 위해 반드시 거쳐야 할 단계입니다.

홀로서기는 다른 생각이나 질문에서 시작합니다. 설교를 듣거나 성경 공부를 하면서 생기는 의문, 이상한 느낌, 이해하지 못함, 다른 생각이 틀렸다거나 나쁘다고 생각할 필요가 없어요. 이런 의문과 다른 생각은 지극히 자연스럽습니다. 질문했는데 목사님이나 전도사님이 대답을 못할 수도 있고, 쓸데없는 질문한다고 면박을 줄 수도 있지만 그 질문들이 바로 홀로서기 신앙의 시작점이기에 매우 소중합니다.

교회 내에서 답을 못 얻으면 책이나 강좌나 자료들을 찾아 가며 스스로 공부하고 하나씩 답을 찾아 나가면 되어요. 요즘은 믿을 만한 단체와 교수들이 다양한 성경 강좌나 신앙 강좌를 개설하여 교육받을 수 있는 기회를 제공합니다. 물론 이단인지 건전한 곳인지 확인은 필수입니다. 이렇게 적극적으로 질문하고 답을 찾는 것이 단단한 음식을 먹는 성숙한 어른의 신앙으로 성장하는 과정이며 성경이 우리에게 바라는 모습입니다(히브리서 5:14).

구약에서 홀로서기를 훌륭히 한 인물이 있는데 한나입니다. 한나는 보통 좋은 어머니 모델로 이야기되지만 다른 관점에서 보면 신앙의 홀로서기를 통해 새 시대의 문을 연 인물이에 요. 한나도 불임인 여성의 운명을 당시 관습대로 따라 살았죠. 불임을 하나님의 저주로 보는 관습에 눌려 남편이 두 번째 부인 을 맞는 것도 받아들여야 했고, 두 번째 부인인 브닌나의 괴롭 힘에 속수무책으로 당하며 지내야 했어요. 이런 삶이 한나에겐 고통이었지만 당시 사람들은 애도 못 낳은 여자가 남편에게 쫓 겨나지 않은 것만으로도 다행이니 감사하며 살라고 하였을 것 입니다. 남편인 엘가나도 한나에게 자신의 사랑으로 만족하며 살면 안 되겠냐고 설득합니다(사무엘상 1:8).

하지만 한나는 남편의 사랑만으로는 해결되지 않는 고 통과 갈증이 있었어요. 그것은 자신이 정말 하나님의 저주를 받은 죄인이냐는 문제였습니다. 그녀는 불임을 단지 어머니가 되지 못하는 차원이 아니라 하나님과의 관계 문제로 보았기에, 자신을 극진히 사랑하는 남편의 호의에 만족하지 못하고 직접 하나님께 나아가 부르짖었습니다. 그리고 아들을 주시면 하나 님께 바치겠다고 서원합니다.

원래 결혼한 여자의 서원은 남편의 승인이 있어야 가능 한데 한나는 남편과 상의하지 않고 아들을 바치겠다고 합니 다. 아들을 바치겠다는 서원은, 한나의 주된 관심사가 아들 자 체이거나 아들로 인해 얻을 수 있는 사회적 평판이나 노후 대 책이 아니라 하나님의 응답에 있음을 보여 줍니다. 아들은 하 나님이 기도를 들으시고 응답하셨다는 결과일 뿐이에요. 한나 는 출산을 통해 자신이 저주받은 사람이 아님을 확인하고 싶었던 것입니다.

그러나 이런 한나의 기도도 대제사장에게 이해받지 못했죠. 한나의 상황을 모르는 대제사장은 한나가 울며 기도하는 모습을 술주정으로 보았습니다. 한나의 상태를 피상적으로 보았기 때문에 일상적인 권면을 한 것입니다. 이에 한나는 자신의 상황을 설명하였고 상황을 이해한 엘리 대제사장은 한나가 아들을 낳을 것이라는 올바른 권면을 줍니다. 그리고 한나는 아들 사무엘을 낳은 후에 서원대로 사무엘을 하나님께 바치고 평생 성막에서 봉사하며 살게 하죠. 귀하게 얻은 아들을 품에 끼고 사는 평범한 삶을 버리고 서원대로 어린 아들을 하나님께 바치는 믿음의 모습을 보여 줍니다. 쉽지 않았겠지만 불임의 고통과 기도와 임신과 출산과 양육의 시간을 지나며 한나는 하나님이 자신을 사랑하시고 함께하신다는 사실을 확인했기에 하나님을 믿고 어린 아들을 하나님께 바친 것이에요.

한나는 당시의 관습으로 보았을 때 이해하기 어려운 인물이었지만 성경 저자는 하나님께 부르짖고 응답받고 서원을 지킨 믿음의 인물로 평가하며 그녀의 신앙과 경험을 노래한 내용을 남겼습니다. 즉 인생을 역전시키는 하나님을 고백한 한나의 노래는 홀로서기 신앙의 결과물입니다. 그러나 그 결과물은 개인의 영역을 넘어 이스라엘 공동체 전체를 향한 메시지로 확대되어 사무엘서의 주제가 되었지요. 이것은 홀로서기 신앙이 개인만이 아니라 공동체를 위한 것이라는 사실을 의미합니다.

중심을
잡으세요

신앙의 홀로서기를 한다고 해서 독불장군처럼 행동하거나 교회나 공동체를 반드시 떠나야 한다는 말은 아니에요. 현재 교회가 너무 힘들면 상황이 좋은 곳으로 옮기는 방법도 생각해 볼 수 있어요. 새로운 곳에서 좋은 공동체를 만나 신앙생활을 하는 것도 하나님의 은혜이지요.

하지만 교회에 문제가 있다고 해서 신앙생활을 시작한 곳, 내가 시간과 노력을 바쳐 헌신한 곳, 함께 울고 웃으며 서로의 힘이 되어 주던 공동체를 떠나는 일이 쉽지 않음을 우리는 압니다. 복잡한 인간관계와 오랫동안 함께한 유대감을 그렇게 무 자르듯 끊기가 쉽지 않기 때문이죠. 그렇다고 교회를 완전히 떠나는 것은 신앙을 유지하는 자체가 어려워질 수 있기 때문에 더 어려워요.

그러므로 홀로서기 신앙의 궁극적 목적은 교회와 공동체 안에서 건강한 교제를 나누고 신앙생활을 하며 교회와 공동체를 긍정적인 방향으로 변화시키는 데 있다고 생각합니다. 이렇게 홀로서기 신앙은 함께하기 신앙으로 발전해 나가야 하지 않을까요?

이때 함께하는 신앙은 홀로서기 이전의 신앙과는 다른 모습입니다. 이전에는 목회자나 상황, 교인들에게 의존하며 휘둘리는 신앙이었다면 함께하는 신앙은 자기 신앙의 중심을 잡고, 다른 사람들의 말을 받아들이면서도 비판적인 시각을 잃

지 않으며, 서로 돕고 사랑하는 건강한 관계를 만드는 신앙이
니까요.

　　신앙은 하나님을 믿고 구원을 받는 개인적인 면과, 내 이
웃을 사랑하고 어려운 이웃을 돕는 공동체적인 면이 있습니다.
이 둘은 동전의 양면입니다. 십계명도 우리에게 하나님 사랑
(1-4계명)과 이웃 사랑(5-10계명)이 함께 가야 한다고 말하며, 예
수님도 이웃을 돕는 것이 하나님을 사랑하는 것이라고 말씀하
고 계세요(마태복음 25:36-40). 홀로서기 신앙은 함께하기 신앙으
로 나아가야 합니다.

　　예수님은 30세에 공생애를 시작했을 때 제일 먼저 광야
로 나가 40일을 홀로 금식하셨어요. 백성들에게 하나님나라를
전하시기 전, 하나님과 교제하며 소명을 확인하셨고 그 후에는
늘 백성들과 함께하시며 음식을 나누고 말씀을 나누고 삶을 나
누셨지요. 이런 예수님의 모습이 홀로서기와 함께하기 신앙의
모델이라고 생각합니다.

　　다시 제 이야기로 돌아와 볼게요. 긴 홀로서기의 시간을
보내고 박사학위도 따고, 강의도 하면서 교회에서 저를 바라보
는 시선이 많이 바뀌었습니다. 참고로 합동 교단은 신학을 한
여성에게 안수를 주지 않기 때문에 저는 교회에서 집사로 있어
요. 시간이 되면 목장 모임도 가고 놀러도 가고 성가대를 하며
교회 공동체에 참여합니다. 한편으로는 설교도 하고 성경 공부
도 인도합니다.

　　이렇게 저는 교회 일원으로 제가 배운 신학을 교회 공동

체를 위해 사용하고 있어요. 교인들도 저를 교회 밖에서 활동하는 교수이자 신학자로 보지만 교회 내에서는 한 명의 교인으로 생각합니다. 일반적인 교인 모습은 아니지만 오랫동안 나를 보아 온 저희 교인들은 이제 저를 있는 그대로 인정해 주고 있죠. 물론 아직도 불편해하는 교인도 있지만 별로 신경 쓰지 않습니다. 남과 좀 다른 생각과 삶이 틀린 게 아님을 알기 때문이죠.

　　우리가 어떤 상황에 있든 먼저 하나님과 온전한 관계를 맺는 홀로서기 신앙을 세운다면 공동체와도 건강한 관계를 맺을 수 있는 길이 열리지 않을까 기대해 봅니다.

너는 — — — 주의

완전한 — — — 딸이라

지금 여기,
우리
안에

'자유'라고 하면 프랭클린 J. 샤프너 감독의 명작 〈빠삐용〉이 생각납니다. 마지막 장면에서 늙은 죄수가 포기하지 않고 절벽에서 바다로 떨어져 헤엄을 쳐서 탈출하는 모습은, 한 인간의 자유에 대한 갈망이 현실의 벽을 훌쩍 뛰어넘는다는 깊은 울림을 보여 주고 있어요. 1775년 미국이 영국과 독립 전쟁을 벌이기 전 패트릭 헨리가 의회에서 한 명연설 "자유가 아니면 죽음을 달라!"도 생각납니다. 그에게 자유란 신께 호소하며 목숨을 바쳐 투쟁할 때, 평화와 함께 주어지는 것이었으니까요.

요즘 자유의 본래 의미가 사라지는 듯해 마음이 헛헛해집니다. '자유'라는 단어는 권력자가 아니라, 힘없는 자에게 필요한 단어라고 보거든요. 자유란 뭘까요? 노엄 촘스키를 잇는 인지언어학자인 조지 레이코프(George Lakoff)에 따르면, 자유는 '~으로부터의 자유'와 '~을 향한 자유'라는 핵심 구조 위에 세워진 '논쟁적 개념'이라고 합니다. 왜냐하면 '~으로부터의 자유'와 '~을 향한 자유' 사이에 자유의 출발점과 지향점, 자유의 실현 방법 등에서 수많은 견해가 엇갈리기 때문이라네요. 남자가 생각하는 자유와 여자가 생각하는 자유, 권력가가 생각

하는 자유와 시민이 생각하는 자유는 다르고 논쟁적일 수밖에
없으니까요.

양심의 주재는
하나님뿐이시라

그렇다면 기독 신앙에서 자유는 어떤 의미가 있을까요? 성경
전체의 흐름을 보면, 하나님의 구원 역사와 '자유'는 불가분의
관계임을 알게 됩니다. 구약에서는 지도자 모세를 통해 하나님
께서 이스라엘 백성을 이집트에서 해방한 출애굽 사건이 대표
적이라 할 수 있죠. 신약에서는 예수께서 가난한 자에게 복음
을 전하고, 포로 된 자와 눌린 자를 자유롭게 하러 이 세상에 오
셨음을 말씀하고 있으니까요(누가복음 4:18). 바울은 "그리스도
께서 우리를 자유롭게 하려고 자유를 주셨으니 그러므로 굳세
게 서서 다시는 종의 멍에를 메지 말라"며 율법의 종이 아니라,
사랑으로써 역사하는 믿음을 좇아 살라고 말씀하고 있습니다
(갈라디아서 5:1).

　　저는 요한복음 8장 32절 말씀, "진리를 알지니 진리가 너
희를 자유롭게 하리라"를 좋아하는데요. "내 말에 거하면 참 내
제자가 되고"라는 말씀의 연장선에서 당시 바리새인들이나 종
교 지도자들이 규정한 무거운 율법에서의 자유를 말씀하고 있
다고 볼 수 있겠어요. 독일성서공회 해설성경은 32절을 "진리
는 그리스도 안에서 접근 가능한 하나님의 현실을 뜻한다. 이
마지막 실제를 알고 거기에 결합함으로써 자유롭게 된다. 즉 모

든 반신적인 결박들과 그것들로부터 생기는 어두운 충동들로부터 해방된다"라면서, 진리와 자유의 관계를 설명합니다. 마르틴 루터가 작사·작곡한 찬송가〈내 주는 강한 성이요〉3절을 보면 "친척과 재물과 명예와 생명을 다 빼앗긴대도, 진리는 살아서 그 나라 영원하리라"라고 되어 있어요. 요한복음 8장 32절과 독일성서공회 해설, 그리고 마르틴 루터가 만든 찬송가를 통해 얻은 깨달음은 진리를 아는 자의 자유로움이란 현재 기승을 부리는 것 같지만 곧 사라질 불의와 불화, 미움과 악덕에 매이는 종이 되지 않으며, 하나님의 현존에 민감해지고, 현실에서 정의와 공평, 사랑과 평화를 지향하는 모습이라는 겁니다.

대한예수교장로회 합동총회가 2019년에 발행한《헌법 개정판》제1장 1조에는 "양심의 주재는 하나님뿐이시라, 그가 양심의 자유를 주사 신앙과 예배에 대하여 성경에 위반되거나 과분한 교훈과 명령을 받지 않게 하셨나니 그러므로 일반 인류는 종교에 관계되는 모든 사건에 대하여 속박을 받지 않고, 각기 양심대로 판단할 권리가 있은즉 누구든지 이 권리를 침해하지 못한다"라고 쓰여 있어요. 교회 헌법의 원리에서 '양심의 자유'를 첫 번째로 언급한 건, 남녀 모두 하나님의 형상을 입은 존엄하고 독특한 존재이기 때문에 누구도 속박할 수 없다는 의미일 겁니다.

17세기 교육신학자인 코메니우스(J.A.Comenius)는 창조주 하나님의 인격적 성품을 그대로 모사한 존재로서 인간이 하나님의 형상이며, 특히 하나님의 형상론에서 '자유의지'를 중요하게 보았어요. 그도 그럴 것이, 자유와 선택을 행사할 수 있는 주체적인 존재가 되어야 비로소 인격적인 존재라고 말할 수 있잖아요. 동시에 인간은 관계적인 존재로서 정의와 사랑, 절제와 평화를 이룰 윤리적 책임이 있는 존재이니까요.

여자는 잠잠하라?

그렇다면 과연 교회는 여성에게도 양심의 자유와 더불어 신앙적 자유를 주었는가 질문하게 됩니다. 45여 년 동안 제 경험으로 볼 때, 교회는 여성이 하나님께 받은 양심의 자유와 주체성을 인정하기보다 오히려 통제하거나 정죄하는 데 급급했던 것 같아요.

여러분은 "교회에서 여자는 잠잠하라", "하나님의 은혜에 감사해야지 웬 불평이 많아!", "여자는 무조건 참고 순종하는 거야", "여자가 정숙해야지", "여자는 결혼해서 애 낳아" 등의 설교를 들을 때 어떻게 대처했나요? 저는 강단에서 가부장적 설교를 들을 때, 무척 화가 나서 견딜 수 없어 설교 도중에 뛰쳐나가고 싶을 때가 많았어요. 그래서 생각해 낸 방법은 설교를 듣지 않고, 제가 읽고 싶은 성경을 읽는 거였어요. 하지만 이건 임시방편일 뿐 해결이 되지 않더군요.

그래서 최종적으로 선택한 것은 학문적 글쓰기와 강의, 그리고 직접 행동에 나서서 적극 외치는 거였어요. 말은 쉬워 보이는데 갈등과 번뇌, 그리고 비난과 왕따 속에서 외로움과 위태로움의 순간들이 있었습니다. 그럼에도 주님의 진리로 자유를 가진 자는 추상적인 개념에만 머무는 게 아니라, 자유의지를 갖고서 행동에 옮기는 자라는 확신으로 용기를 냈어요.

　　총신대 채플 시간에 당시 총장이었던 목사가 설교단에 올라, 예배에 참석한 모든 사람에게 '아멘'을 하도록 강요한 적이 있어요. 신앙과도 관련 없는 하찮은 말을 하면서 왜 저리 '아멘'을 강요하는 걸까 생각이 들어 무척 불편하고 화가 났더랬어요. '아멘'은 마음에서 진심으로 우러나와 "진실로 그러합니다. 그대로 이뤄지길 원합니다"라는 뜻으로 화답하는 거잖아요. '아멘'은 누구도 강요하거나 침범할 수 없는 신앙적 자유의 영역이니까요.

　　그때 제가 맨 앞자리에 앉아 있었거든요. '아멘'을 하지 않으면, 쉽게 노출되는 상황이었어요. 순간 망설였으나 소신대로 끝까지 하지 않았어요. 그 일을 겪은 후, 진리를 알고 자유로움을 누린다는 것도 저항과 투쟁을 통해서 얻어지는 고단한 일이라는 걸 다시금 깨닫게 되더군요.

~으로부터의
자유

조지 레이코프가 말한 '~으로부터의 자유'와 '~을 향한 자유'라는 두 핵심 틀을 가지고, 교회가 지금껏 여성을 통제하거나 억압했던 설교나 지침을 살펴면서, 여성들이 하나님을 믿는 신앙에서 어떤 자유가 필요한지 나누고 싶어요. 우선 '~으로부터의 자유'는 교회가 여성에게 일방적으로 통제해 왔던 것들로부터의 자유라고 말하고 싶어요. 몇 가지 예를 들면 '잠잠하라'로부터의 자유, 즉 '말할 자유'를 비롯해서 '은혜와 순종을 강요받지 않을 자유', '참지 않을 자유', 그리고 '결혼과 출산을 하지 않을 자유'라고 말해 주고 싶어요. 이 외에도 '~으로부터의 자유'는 많겠죠.

　철학자 가다머(Hans-Georg Gadamer)에 의하면, 인간이 언어를 쓴다는 건 대화적 존재요 소통적 존재라는 뜻입니다. 인간은 각자의 경험과 이해를 언어로써 표출하며, 합리적인 의사소통으로 풍성한 진리와 합의에 이른다는 겁니다. 보수적 교회가 여성에게 "잠잠하라" 하는 속내는 말을 하지 말라는 뜻이 아니라, '목사 되지 마라', '설교하지 말라'는 것이죠. 이는 여성의 정체성과 역할을 일방적으로 규정하여 통제하려는 거예요.

　그런데 고린도전서 14장 34절에서 "교회에서 여자는 잠잠하라"라는 말씀은 바울 시대에도 여자들이 예언하고 방언에 가담하여 계시 방편의 전달자로 역할을 했다는 상황을 말하거든요. 현재는 계시가 완성되어 더는 예언과 방언이 필요 없는 시대이지만, 고린도교회 시대는 성경이 완성되기 이전이었는데 여성도 남성과 똑같이 하나님의 계시를 전달하는 자였음을 알 수 있어요. 그러니 남녀평등과 여성 인권이 중요하게 대두되는 21세기에는 더욱 여성 리더십을 활성화해야 하는 거잖아요.

　안타깝게도 지금의 보수 교단은 고린도교회의 상황을 무시하고, 여전히 남성 중심의 직분 제도에 천착하여 여성에게

'잠잠하라' 하는 것이죠. 교회에서 여성이 찬양은 할 수 있지만, 진리의 말씀을 설교하지 말라는 것은 마치 일제가 식민지 치하에서 우리의 언어를 말살한 모양과 똑같다고 봐요. 언어를 뺏긴 민족이나 인간은 누군가의 종이나 마찬가지니까요.

　　하나님과 대화하는 여성이 교회에서는 설교하지 못한다는 게 말이 되나요? 여성의 언어는 여성이 경험한 하나님의 이해와 이미지를 표출하는 도구이니 이제부터는 말할 자유를 누리면 좋겠어요. 또한 여성이 이해하고 경험한 하나님과 신앙을 표출할 수 있어야 균형 있고 온전한 진리에 이를 수 있으니까요.

　　개신교는 중세 로마가톨릭의 성직자 중심주의를 벗어나 하나님의 형상을 입은 모든 신자는 제사장이 될 수 있다는 직분의 평등사상과 인간성 회복을 선언한 종교개혁의 만인사제설 정신에 기초하고 있잖아요. 종교개혁의 세 가지 정신인 '오직 성경', '오직 은혜', '오직 믿음'이 21세기 눈높이에 맞게 적용되려면, '여성이 주체가 되어 읽는 성경', '여성이 발견한 믿음', '여성이 하나님께 받은 은혜'를 말할 필요가 있어요. 안타깝게도 종교개혁의 후손을 자처하는 개신교에서 하나님의 은혜와 믿음을 말하는 자들은 여전히 남성이라는 거지요.

　　제가 잘 아는 여전도사님이 박사과정을 할 때 지도교수가 말을 번복해서 그 부분을 질문했더니, 교수 왈, "내가 지도교수가 되어 박사논문 지도하는 걸 하나님의 은혜로 알고 무조건 감사하라"라고 했대요. 그 말을 전해 들은 저는 어이가 없었어요. 하나님의 은혜라고 고백하는 건 당사자가 마음에서 우러나와 할 수 있는 것인데, 교수가 하나님과의 일대일 관계에 끼어들어 은혜를 강요할 수 없다고 보기 때문이지요. '순종'이라는 말도 내 자유의지로 하는 것이지, 남이 강요한다면 그게 어떻게 순종이라고 할 수 있겠어요! 이는 그리스도께서 친히 십자가에서 몸을 내어 주시고 값을 치르심으로 우리에게 주신 자유를 침해하는 심각한 죄입니다.

아울러 '결혼과 출산을 하지 않을 자유'도 누리라고 말하고 싶어요. 여성 각자는 자신의 성적 권리와 자유 속에서 자신의 인생과 신앙적 소신을 맘껏 펼칠 수 있어야 해요. 여성을 창조하신 하나님께서 여성 각자의 색깔을 드러내며 행복하게 살기 바라실 테니까요.

~을 향한 자유

'~을 향한 자유'는 여러분 각자가 깨달은 '정의'와 '공평', '사랑'과 '평화'와 같은 하나님나라 가치들을 갈망하는 진리 추구의 자유라고 말할 수 있습니다. 마태복음 6장 33절, "너희는 먼저 그의 나라와 그의 의를 구하라 그리하면 이 모든 것을 너희에게 더하시리라"는 말씀과 마태복음 5장의 산상설교도 '~을 향한 자유'를 보여 주고 있어요.

신학자 리델보스(Herman Nicolaas Ridderbos)에 따르면, 팔복 가운데 앞의 네 가지 복(심령의 가난, 애통, 온유, 의에 주리고 목마름)은 비참한 상황을 살면서도 꿋꿋한 신앙적 자세를 취하는 자들이 복되다 선언하는 것이고, 뒤의 네 가지 복(긍휼, 마음의 청결, 화평, 의를 위해 핍박받음)은 인간관계에서 특정한 윤리적 태도를 보이는 사람이 복되다 선언한 것이라고 말합니다.

솔직히 말해서, 산상수훈의 '팔복'을 실천하기란 너무 어렵죠. 예수님이 감내한 비방과 미움, 배고픔과 가난, 핍박과 따돌림, 멸시와 조롱, 극한의 외로움과 십자가의 죽음 같은 고통과 난관의 벽이 기다리고 있을지도 모르니까요. '~을 향한 자유'는 선뜻 행하기가 쉽지 않지만 매우 값진 자유임은 분명해요. 하나님나라가 언제 임하냐며 바리새인들이 때를 묻자 예수님은 "여기 있다 저기 있다고도 못하리니 하나님의 나라는 너희 안에 있다"(누가복음 17:20-21)라고 대답하셨어요. 하나님나라를 향한 자유는 우리의 손이 닿을 수 없는 영역이 아니라, 바로 '지금 여기', 그리고 '우리 안'에서 이뤄 나가는 것임을 알려 줍니다.

저는 우리가 현재 삶에서 당하는 차별과 부당함, 불공평함과 강요에 문제를 제기하며 저항하는 일은 사랑과 평화, 정의와 자기 결정권과 같은 하나님나라 가치를 향한 자유의 투쟁이라고 생각해요. 〈울지마 톤즈〉 보셨나요? 고(故) 이태석 신부가 사랑하는 어머니를 포함해서 형제자매 모두가 반대함에도, 아프리카 수단 남부 톤즈에 가서 학교를 세우고 상처받은 원주민을 치료하며 헌신하다가 48세에 암으로 세상을 떠나죠. 학생들이 슬피 우는 모습을 보니 울컥했어요. 아마도 이태석 신부가 보여 준 건 '사랑의 실천을 향한 자유'였다는 생각이 들어요.

　　총신대를 졸업한 여학생으로부터 연락이 왔습니다. 그 학생은 목회자가 되려는 소명이 있었대요. 그래서 총신대 교수와 진로 상담을 하려는데, 그 교수가 아내를 대동하더니 "어머니 역할을 해야 한다"라고 훈계를 늘어놔서 너무 속상했다고 하더군요. 몇 년이 흘렀지만 마음을 털어놓을 사람이 없었다네요. 저는 그 학생에게 이제 더는 그 교수의 말 때문에 울지 말고, 소신대로 나아가라고 얘기해 줬습니다. 현재는 목사 안수가 이뤄지는 교단 신대원에 들어가서 신학을 공부하고 있어요.

　　이 여학생에게 '~을 향한 자유'는 아마도 복음적 사명과 진리에 대한 갈망을 향한 자유라는 생각이 듭니다. 이처럼 '~을 향한 자유'는 각자에게 주신 소명일 수도 있겠고, 복음을 향한 헌신과 열정일 수도 있겠고, 누군가에겐 '정의'와 '사랑의 실천'일 수도 있겠다 싶습니다.

　　저는 "천국은 마치 밭에 감추인 보화와 같으니 사람이 이를 발견한 후 숨겨 두고 기뻐하여 돌아가서 자기의 소유를 다 팔아 그 밭을 사느니라"(마태복음 13:44)라는 말씀에 나오는 '사람'이 '여성'이라고 상상해 보고 싶어요. 주체적 신앙으로 매일매일 돈을 모아 결국 보화가 감춰진 그 밭을 산 여성은 '하늘의 보화를 향한 자유'를 보여 줍니다. 자유가 없으면 진리의 보화를 발견할 수 없겠죠. 주체적이고 자유로운 여성이 감춰진 하늘의 보화를 발견할 수 있으며, 자기의 모든 걸 아낌없이 쏟아부어 헌신할 수 있으니까요. 신앙적 자유를 갈망하는 여러분에게 하나님의 은혜와 자비가 충만하길!

자유는
선물이죠

길거리를 지나다 보면 종종 교회 건물에 "진리가 너희를 자유하게 하리라"라는 현수막이나 간판이 붙은 것을 볼 수 있습니다. 그런데 교회에 가면 자유를 맛보나요? 교회가 다른 어떤 곳보다 자유롭게 생각하고 말하고 활동할 수 있는 곳인가요? 교회 안에서 진정한 해방을 경험하고 있나요?

요즘 젊은 여성들에게 교회에 대해 어떻게 생각하느냐 물으면 대부분 대답이 '답답하다'입니다. 이유는 두 가지인데 첫째는 하나님의 은혜보다는 성도의 의무인 공예배 참석, 헌금, 교회 행사 참여 등을 강조하기 때문이에요. 성실히 예배에 참여하고 교회와 이웃을 위해 헌금도 잘하면 좋은 것이며 자발적으로 기쁜 마음으로 하면 하나님께서 기뻐하실 겁니다. 하지만 답답함을 느끼는 이유는 강요하기 때문이지요. 심지어 예배에 빠지거나 헌금을 하지 않으면 사고가 나거나 병에 걸린다는 발언을 들으면 답답함을 넘어 두려움에 사로잡히게 됩니다. 이렇게 공포를 주는 것이 복음이 말하는 자유일까요?

답답함을 느끼는 또 하나의 이유는 시대에 뒤떨어지는 가부장적 문화 때문입니다. 아직도 여성 차별이 당연시되는 문화가 자리를 잡고 있으며 성희롱이나 성범죄도 심각하게 여기지 않으니까요. 한 목사와 대화를 나눈 적이 있는데 자신이 설교를 하면 그날 저녁에 딸이 설교에서 "여자가"라는 말이나 성차별적 발언을 하지 말라고 지적하며, 회사에서 그렇게 말하면 큰일 나는데 어떻게 설교에서 그런 말을 하냐며 답답해했다고 토로하더군요. 이 따님의 말이 요즘 여성들의 심정을 잘 대변하는 것 같아요.

'원래 복음은 답답하고 자유를 억압하는 것인가?', '진리가 너희를 자유하게 한다는 예수님의 말씀은 거짓인가?', '죄에서의 자유는 영적인 부분에만 한정된 자유인가?' 등 의문이 생기는데 선교 초기 복음은 그렇지 않았어요.

교회가
해방구였다고?

드라마 〈조선 정신과 의사 유세풍〉을 보면 신랑 얼굴도 한 번 못 본 청상과부가 열녀문을 얻으려는 시집에서 여러 번 죽을 고비를 넘긴 후 마침내 옷고름을 자르며 시집과 완전히 인연을 끊는 장면이 나와요. 이 장면은 여성에게 씌어진 유교의 굴레를 끊어내고 자유를 찾는 상징적인 의미가 있지요. 드라마이기에 가능한 상황이지 실제 조선 시대는 윤리나 법도라는 명목으로 여성의 삶을 심하게 억압하던 시대입니다. 이 상황에서 기독교가 전파되었을 때 기독교에 가장 열광한 이들은 바로 억압당하던 여성들이었어요. 여성도 남성과 같은 사람이며 하나님의 사랑받는 존재이자 동등하게 구원받을 수 있다는 복음의 해방적 메시지는 정말 복된 소식이었기 때문이지요.

지금의 기준에서 본다면 당시 교회 여성은 여전히 차별받고 남성에게 종속된 삶이었지만 당시 여성의 입장에서 보면 교회의 복음은 유교의 굴레를 끊는 획기적인 사상이었어요. 변변한 이름도 없고 교육도 받지 못하고 사회 활동도 못하던 문화 속에서 이름을 불러 주고 글을 가르치고 교육을 시켜 준 교회는 그녀들에게 해방구였던 것이지요. 또한 교회에서 교육받은 여성들은 전도부인과 매서인(쪽복음서를 팔러 다니던 사람)으로 활동하며 여성들에게 복음도 전하고 성경을 읽을 수 있도록 한글 교육도 하였습니다.

이런 해방감은 사실 현재까지도 이어지고 있어요. 현재도 설문조사를 해보면 70대 이상의 교회 권사님들 중에는 교회가 사회나 가정보다 여성을 존중한다고 생각하는 비율이 높아요. 교회에서는 누구누구 엄마가 아니라 자신의 이름으로 불리고 직분을 맡을 수 있고 일한 정도에 따라 존경과 찬사가 주어지며 어느 정도 가정을 벗어나 사회적 활동이 가능하고 자신을 지지하는 공동체를 가질 수 있기 때문이지요. 그 세대분들은 그 정도도 충분히 해방적이라고 생각하고 있답니다.

그런데 이전 시대 여성에게는 해방과 자유의 공간이었던 교회가 요즘 젊은 여성에겐 더 이상 자유의 공간으로 생각되지 않아요. 오히려 시대착오적 사상이 가득한 억압의 공간으로 여겨지지요. 왜 그렇게 되었을까요? 여성을 열등한 존재로 차별하는 가부장 문화가 아직도 지속되고 있기 때문입니다.

예전에 총신 신대원에서 강의를 한 적이 있는데 그곳은 여성은 목사가 될 수 없었기에 여성은 박사학위를 따더라도 교수가 될 수 없었어요. 시간 강사를 하더라도 전공과목이나 신학은 가르칠 수 없고 오직 히브리어 같은 언어만 가르칠 수 있다고 제한했어요. 그 근거는 여자가 남자를 가르쳐서는 안 된다는 디모데전서 2장 12절 때문인데 정작 디모데전서 2장에서는 언어는 가르쳐도 되고 신학은 가르치면 안 된다는 말은 나오지 않아요. 그러니 유권해석을 통해 신학은 제한하고 언어는 허용하는 편법을 쓴 것이지요. 사실 히브리어를 가르치다 보면 자연스럽게 신학도 가르치게 되는데 완전히 눈 가리고 아웅한 것이지요.

모두 가르쳐도 된다고 허용하거나 아니면 모두 안 된다고 제한하는 게 원칙인데 모자란 강사 수요를 맞추고 여성을 차별한다는 비난을 피하기 위해 이런 편법을 쓴 것이지요. 한 번은 지도 교수님이 수술을 하는 관계로 제가 전공과목을 대신 강의하였는데 이것이 다른 교수의 귀에 들어가 3주 예정 강의를 2주 만에 끝내야 하는 일도 있었어요.

이렇게 제가 공부한 학교는 여자라서 못할 일이 많았고 여성의 수도 많지 않았기에 말하는 것부터 시작해서 옷, 행동거지, 심지어 동료 남자 교수를 만나 이야기 나누는 것까지 신경 쓰고 조심해야 할 일이 너무 많았어요. 그렇게 몇 년을 지내다 보니 옷은 점점 튀지 않는 회색이나 감색을 입게 되고, 액세

서리도 최대한 눈에 띄지 않는 것을 고르게 되며, 가능한 한 학교에 머무는 시간과 다른 교수 만나는 시간을 줄이게 되었지요. 여자 강사가 많지도 않은 상황에서 남성 중심적 분위기에 압도되어 스스로 자기 검열을 하며 점점 위축되어 갔어요.

어느 날 학교에서 집으로 오는 차 안에서 타임머신을 타고 조선 시대를 벗어나 현대로 가고 있다는 생각이 들었어요. 학교만 벗어나면 여자라서 못하는 일도 별로 없고, 여자라서 말 조심할 상황도 별로 없고, 어떤 옷을 입든 화장을 어떻게 하건 신경 쓰는 사람도 없고, 제가 하고 싶은 일을 해도 불이익 줄 사람도 별로 없었기 때문이지요. 오히려 여자이기 때문에 옷이나 말 등 행동거지에 신경 써야 하고 신학 대신 언어만 강의해야 한다고 하면 딴 세상 이야기라며 비웃는 세상 속에서 저는 살고 있었지요. 왜냐하면 주위 사람들에게 이런 이야기를 하면 말도 안 된다며 놀라곤 했기 때문이에요. 이렇게 몇 년을 조선 시대에서 현대로, 현대에서 조선 시대로 시간여행을 하며 살았답니다.

제가 느꼈던 시대의 간극이 바로 젊은 여성들이 교회에서 느끼는 답답함의 원인입니다. 현재 한국은 그동안 사회 질서의 기반이 되었던 가부장적인 유교 문화에서 많이 벗어나고 있으며 특히 남녀 차별 부분은 정책적으로 많이 개선되었지요. 이렇게 사회는 가부장제의 큰 축의 하나였던 남녀 차별을 없애고 남녀평등으로 변해 가는 중입니다. 그리고 초·중·고교에서는 이에 맞는 교육을 시행하고 있으며 사회 각 분야에서 남녀 차별을 없애기 위해 노력하고 있습니다. 그런데 유독 교회는 이런 변화를 따라가지 못하고 여전히 남성 중심의 가부장제가 성경의 근본정신이라 믿고 여성 차별을 성경의 진리라 생각하며 다른 세상에서 사는 것이지요.

진리일까
전통일까

교회가 말하는 진리는 무엇일까요? 우리가 경험한 차별과 억압이 복음의 진리일까요? 진리가 너희를 자유하게 한다는데 제가 학교에서 경험했던 억눌림, 현재 젊은 여성들이 교회에서 느끼는 답답함은 무엇이었을까요? 그동안은 이런 문제를 제기하면 여성들이 진리를 순종적으로 받아들이지 못했기 때문이며, 이런 억압을 느끼는 자체가 잘못되었다면서 여성의 경험을 잘못으로 몰아갔었지요. 하지만 성경을 보면 교회에서 자유를 못 느끼는 것은 여성의 잘못이 아니라 진리에 대한 잘못된 해석 때문임을 알 수 있습니다.

　　요한복음 8장은 예수님께서 바리새인들과 유대인들에게 자신이 그들이 기다려 온 메시아이며 하나님의 아들이심을 밝히는 장면이에요. 자신이 하나님의 아들이며 하나님께서 주신 말씀을 전달하고 있다고 말하자 많은 유대인이 이런 예수님의 말씀을 그대로 믿었지요. 그러자 예수님은 그들이 내 말을 믿고 따르면 내 제자가 될 것이며 그렇게 되면 진리를 알 수 있게 되고 그러면 자유를 얻으리라고 말씀하셨습니다. 하지만 일부 유대인들은 이런 예수님의 말씀을 거부합니다. 자신들은 종이 된 적이 없는데 어떻게 자유롭게 되냐며 예수님의 말씀에 반박하면서요. 이에 예수님은 죄를 짓는 자도 죄의 종이라며 이들에게 자유를 줄 수 있는 이는 오직 아들인 예수님 자신밖에 없다고 말씀하셨어요.

여기서 예수님께서 말씀하신 죄는 예수님을 거부한 죄입니다. 당시 유대인들은 자신들이 하나님의 선택을 받은 특별한 민족이자 아브라함의 자손임을 매우 자랑스럽게 여겼어요. 그들은 아브라함의 자손이면 하나님의 자녀 신분을 보장받을 수 있다고 생각하는 심각한 영적 교만에 빠져 있었지요. 그리고 자신들이 생각하는 방식으로 메시아가 올 것이라 기대했습니다. 그렇기에 이들은 자기가 원하는 모습의 메시아가 아니라고 예수님을 거부하였고 이런 유대인들을 향해 예수님은 죄의 종이라고 하신 것입니다.

여기서 진리는 유대인의 자부심이나 자신들이 원하는 메시아가 아니라 자신들의 눈앞에 있는 예수님이 하나님의 아들임을 믿는 것입니다. 그리고 자유는 종의 신분에서 벗어나 자유민인 자녀가 되는 것으로, 여기서는 진정한 아브라함의 자손인 하나님의 자녀가 되는 것을 의미해요. 이 본문의 의미를 요약하면 진리가 너희를 자유하게 한다는 것은 예수님께서 전하신 하나님 말씀의 진정한 의미를 알 때 잘못된 전통이나 관습에서 벗어나서 하나님의 자녀가 된다는 의미입니다. 결국 성경이 말하는 자유란 하나님의 자녀로 하나님 말씀을 따라 사는 것이지요.

그런데 하나님의 말씀을 따라 하나님의 자녀로 산다는 것은 얼핏 속박으로 보여요. 그동안 교회는 하나님의 말씀을 내세우며 여성을 차별하고 억압하는 말들을 많이 했기 때문이지요. 그러나 교회에서 여성을 차별하고 억압하는 말들은 진리가 아닌 잘못된 전통입니다. 창세기 1장 27절은 남녀 모두 하나님의 형상으로 지어진 동등한 존재라고 분명히 밝히고 있어요. 그리고 창세기 2장 18절도 남성과 여성은 서로 마주보며 도와주는 동등한 존재라고 말하고 있어요.

'돕는 배필'의 히브리어 '에제르 케네게도'를 직역하면 '서로 마주 보고 돕는 자'라는 뜻입니다. 이 두 구절이 하나님이 창조 시 규정하신 남녀의 관계이며 인간관계의 원형이에요. 하나님은 인간 모두에게 자유의지를 주셨고 자유롭게 하나님과 교제하고 이웃을 사랑하고 서로 도우며 세상 만물을 지혜롭게 관리하는 존재로 만드셨어요. 하지만 타락 후 남녀는 서로를 지배하기 위해 싸웠고 그 결과 남성 중심의 가부장적 문화가 생겨나면서 여성이 억압당하게 되었어요. 그러므로 다른 사람을 억압하고 속박하는 것은 하나님의 원래 창조 의도가 아니라 타락의 결과이지요.

이렇게 타락한 세상에서 관습과 권력과 제도의 노예가 된 인간을 하나님은 계속해서 구원하셔서 자유로운 상태로 만들어 주셨어요. 그 대표적인 구원 사건이 출애굽입니다. 알다시피 출애굽은 애굽에서 노예 생활을 하던 이스라엘을 구하셔서 자유를 주신 사건으로 구원의 원형이지요. 예수님도 잘못된 전통에 사로잡혀 서로를 미워하고 억압하는 유대인들과 사람들에게 자유를 주시기 위해 화목제물이 되셨지요. 이렇게 억압에서 벗어나 하나님의 형상을 회복한 하나님의 자녀로 살아가는 것이 자유의 의미입니다.

　　구원을 받아 자유롭게 되었으니 아무 기준 없이 내 마음대로 살아도 된다는 의미는 아니에요. 십계명이나 예수님과 사도 바울이 언급한 기독교인의 덕목은 우리의 방종을 막고 그리스도인답게 살게 하는 규율이며 이것을 지키는 일은 중요합니다. 하지만 성경의 기록이 모두 규율은 아니며, 죄로 여겨지는 것과 자유의 영역에 해당하는 것이 구분되어요. 사도 바울은 구원받은 사람들은 사회적 관습에서 자유롭다는 것을 인정하였지만 교회가 욕을 먹어 전도의 문이 막히거나 연약한 성도가 시험에 드는 일을 막기 위해 자신에게 주어진 자유를 제한하였다고 고백합니다.

　　그 하나의 예가 여성들이 머리에 수건을 쓰는 문제예요. 여성의 사회 활동이 제한된 시절이지만 바울은 고린도교회의 예배에서 여성이 기도나 예언, 즉 말씀 전하는 일을 금지하지 않았습니다. 대신 머리에 수건만 쓰라는 요청을 하지요. 당시 고린도교회 여성들은 복음을 듣고 사회 관습을 벗어나는 해방을 맛보았고, 해방감의 표시로 머리에 쓰던 수건을 벗어 던지고 예배에 참석하곤 하였어요.

　　그런데 당시 고린도지역은 머리에 수건을 안 쓰는 여자

를 성매매 여성으로 생각했기에 교회의 평판에 안 좋은 영향을 미치게 되었답니다. 그래서 바울은 예배에서 순서를 맡은 여성만큼은 머리에 수건을 써 달라고 요청한 것이에요. 그리고 그것은 당시 고린도교회의 문화였기에 현재 교회는 아무도 여성에게 수건을 쓰라고 말하지 않아요.

　　이렇게 우리를 답답하게 만드는 것은 복음의 본질이 아니라 문화적인 차이에서 오는 것입니다. 제가 학교에서 느꼈던 답답함, 여러분이 교회에서 느끼는 답답함은 교회가 변화된 사회를 따라가지 못하고 여전히 과거 시대에 머물러 있기 때문에 생긴 것이에요. 그러므로 답답함을 느끼는 것은 저의 잘못도 여러분의 잘못도 아닌 교회의 잘못입니다.

　　교회가 옛 전통과 기득권을 내려놓고 자유와 평등의 가치를 증진하는 방향으로 움직이는 사회의 변화를 부지런히 따라가지 못했기 때문이에요. 그러므로 우리는 자유를 느끼지 못하는 데 대한 죄책감을 내려놓고 어떻게 하면 하나님이 주신 자유를 누릴 수 있을지 고민하였으면 합니다. 즉 머리를 맞대고 더 자유로운 교회를 위한 대안을 마련해 보자는 것이지요.

진리가 우리를
자유케

이 글을 쓰면서 '나는 자유로운가?'라는 질문을 자신에게 계속하게 됩니다. 지금은 학교가 주던 답답함에서 벗어났지만 여전히 합동 교단 안에서 활동하고 있기에 총신 교수들이나 합동 목사들에게서 완전히 자유롭기는 어려운 실정이지요. 더욱이 다니고 있는 교회가 합동 소속이라 교단의 영향력에서 완전히 벗어나기는 힘들지요. 그러나 지금은 전보다 많은 자유를 누리고 있으며 소신 발언도 하며 나만의 목소리를 내기도 합니다.

　복음은 남녀를 구별하거나 차별하지 않으며 특히 구원 방식이 남녀 간에 다르지 않습니다. 여성은 예수님을 믿는 믿음에 더해 여성다워야 구원받고 남성은 예수님만 믿으면 구원받는 게 아니지요. 그냥 둘 다 예수님을 믿으면 구원받는 것입니다. 이 단순한 진리가 나를 자유롭게 했습니다. 진리는 이렇게 단순한데 그동안 여성에게는 구원과 함께 다른 짐을 많이 부과하였기에 답답함을 느꼈던 것이지요.

　그렇다고 제가 하고 싶은 말과 행동을 다하는 완전한 자유인은 아니에요. 여전히 조심하는 것도 많고 남의 말에 영향도 잘 받고 자기 검열도 잘합니다. 그 이유는 두 가지인데 첫째는 이웃에게 덕이 되지 않거나 믿음이 연약한 성도에게 상처를 주는 행동을 하고 싶지 않아서입니다. 예를 들면 굳이 교회에 너무 좋은 옷은 입고 가지 않는다거나 교회에서는 교회 비판을 자제하는 것 등이에요.

　두 번째는 전략적인 면입니다. 여성 안수 운동을 하다 보니 구설수에 오르면 불리하게 작용하기에 이를 차단하기 위해서 자제하는 것이지요. 하지만 이 두 가지 모두 내 의지와 상관없이 강압적으로 자유를 억제당하는 것이 아닙니다. 사도 바울이 자신은 우상에게 바쳐진 고기를 먹는 게 전혀 문제 되지 않는다고 생각하지만 믿음이 연약한 성도를 위해 자제하기로 한 것처럼 스스로 선택하였기 때문이지요. 이처럼 의무나 강압이 아닌 선택할 자유를 가지고 있기에 자유롭지 않지만 자유롭다고 말하는 것입니다.

　　　자유는 복음의 핵심이며 기독교인은 하나님께 자유를 선물로 받았습니다. 그렇기에 진리가 우리를 자유하게 합니다. 여러분도 지금 답답함을 느끼는 부분이 무엇인지 왜 복음 안에서 자유를 맛보지 못하는지 스스로 생각하는 시간을 가지면서 자유를 방해하는 짐들을 하나씩 내려놓기를 바랍니다. 그래서 우리 모두 복음의 자유를 누리며 살아가요.

남자에게는
애물단지,
여자에게는?

인간은 하나님의 형상을 따라 남자와 여자로 창조된 존재들이
잖아요(창세기 1:26-27). 하나님은 남자와 여자를 각기 다른 몸으
로 만듦으로써 성을 각인시켜 놓으셨죠. 신학자 루이스 스미
즈(Lewis Smedes)는 성을 좋게 봐야 할 이유에 대해 다음 세 가지
를 말합니다. 첫째, 몸을 지닌 인간으로 만드신 것은 하나님의
의도이며, 둘째, 성은 우리 안에 있는 하나님의 형상의 일부인
사회성과 관련 있기 때문이고, 셋째, 하나님 형상의 일부로서
친밀한 교제를 원하는 인간의 욕구이기 때문이라고 말입니다.
　　복음주의 성 윤리학자 스탠리 그렌츠(Stanley J. Grenz)는 "인
간의 성은 인간 존재를 내포하는 것으로서 생물학적, 심리학
적, 문화적, 사회적, 영적인 모든 것이다. 성은 몸인 동시에 정
신이며, 인격인 동시에 교제다. 한 인간이 되는 건 성적 존재가
되는 것"이라고 정의를 내렸습니다. 스미즈와 그렌츠가 내린
정의를 보면 어떤 생각이 드나요? 저 나름대로 결론을 내리자
면, 성(性)이란 하나님의 형상의 일부인 사회성과 친밀성을 갈
망하는 인간의 본성이요, 남녀가 동등하게 사랑의 행위를 함으
로써 인류 존속과 문화, 그리고 궁극적으로 하나님의 형상을

반영하는 인간 됨의 요소라는 겁니다. 그래서 성적인 존재로서의 자유와 책임, 성적 에너지와 친밀감은 하나님의 충만을 경험하게 하며 인간성을 형성해 간다고 할 수 있겠죠.

화남금녀의
다른 사랑

성평등 강사인 김황수진은 성은 자연스러운 것이라고 말합니다. 즉 성에 대한 욕구는 먹고 싶은 욕구, 자고 싶은 욕구와 같이 누구에게나 자연스럽게 존재한다는 것이죠. 그녀는 '좋은 성'(건전한 성), '나쁜 성'이 있는 게 아니라, 성에 대한 다양한 선택에 대해 존중하고 회피하지 않아야 '행복한 성'이 될 수 있다고 하면서, 순결 교육보다는 성적 자기 결정권 교육이 필요하다고 말했답니다.

　　저는 연애 경험이 별로 없어요. 저의 20대는 지금보다 연애와 스킨십에 닫혀 있던 때라 참 재미없게 살았어요. 그게 일종의 한이 되어서인지(?) "현대 사회와 여성" 과목을 강의할 때, "여러분! 맘껏 연애할 수 있을 때, 연애 많이 하세요"라고 강조하곤 했답니다. 지금도 그 시절에 맘껏 연애하지 못한 아쉬움이 남아서인지 로맨스 영화나 드라마를 선호하죠.

　　여성이 생각하는 연애와 스킨십은 남성과는 심리적으로도 많이 다른 것 같아요. 존 그레이가 쓴 베스트셀러《화성에서 온 남자 금성에서 온 여자》라는 책을 보면 남성의 사랑에 대한 욕구는 신뢰와 인정, 감사와 찬미, 찬성과 격려라면, 여성의 사랑에 대한 욕구는 관심과 이해, 존중과 헌신, 공감과 확신이라고 했지요. 남녀의 사랑에 대한 욕구가 연애와 스킨십에서도 다르게 표현된다고 볼 수 있겠습니다.

여성 인류학자인 낸시 초더로(Nancy Chodorow)는 남성이 여성보다 성적인 충동을 쉽게 느끼는 이유를 정신분석학적으로 접근했어요. 이른바 남성의 '감정의 성기화'(genitalization)라는 이론입니다. 여자아이는 어릴 때부터 엄마의 돌봄 속에서 감정의 친밀도에 익숙해져 다양하고 섬세하게 감정이 발전하지만, 남자아이는 독립 지향성으로 감정의 세밀한 발달 과정을 거치지 못한 채, 속도위반의 성적 친밀도로 치닫는 경우가 많다는 겁니다. 즉 여성은 감정의 10단계를 단계적으로 밟아 나가는 대신, 남성은 1단계와 마지막 10단계의 성적인 감정만 발달해 있어서 곧장 성적인 관계로 연결될 소지가 크다는 것이죠.

남성들은 연애 시작과 동시에 스킨십을 원하는 반면에, 여성들은 연애가 어느 정도 진행된 후에 스킨십을 원하는 것 같아요. 가부장제하에서 형성된 이중적 성 윤리가 연애와 스킨십에서도 작동하고 있다는 걸 간과할 순 없겠죠. 이런 가부장적 이중 성 윤리는 여성의 본능을 통제하거나 억압하면서 죄책감을 유발하는 기제가 되고 있기 때문이에요. 즉 남성은 성적 자기 결정권자로서 성적 본능이 강하다고 보면서, 여성에게는 성적 자기 결정권과 성적 본능을 허락하지 않는 남성 본위의 성 윤리라는 것이죠. 남성에게는 관대하면서 여성에게는 엄중한 잣대를 들이대는 일이야말로 하나님께서 성을 선물로 주신 신비와 은혜를 함부로 여기는 악습이라고 생각합니다.

　　요즘 젊은 남녀 사이에선 '선 섹스, 후 연애'라는 말도 심심찮게 들립니다. 저는 이런 연애 문화가 '좋다, 나쁘다'를 떠나서, 남녀 각자 성적 자기 결정권을 놓치지 말아야 한다는 걸 말하고 싶어요. '행복한 성문화센터장' 배정원 교수가 이렇게 말했어요. "우리 사회가 성을 이상하게 다루고 있어요. 성을 오직 '섹스'로만 풀고 있으니 젊은이들은 연애를 모르고 어른들은 소비하는 섹스, 폭력적인 섹스에만 몰입하며 인간성을 잃어 가고 있어요"라고. 저도 이 말에 동의하게 돼요. 현대는 성의 기능을 출산, 쾌락, 낭만, 대화, 더 나아가 자기 초월을 시도하는 것으로 보는 추세거든요. 하물며 하나님이 성을 만드셨다고 믿는 기독교는 성에 대해 창의적이고 포괄적인 이해를 펼쳐 주어야 합니다. 하지만 기독교인들 역시 예외가 아닌 것 같아 안타까워요. 교회는 하나님이 만드신 성을 인간의 모든 삶 속에 적용하여 공적으로 펼쳐 내기보다는, 남녀질서라는 가부장 우물 안에서 혼전순결만 읊어 대며 여성의 성을 통제하기에 급급하니까요.

　　왜 그럴까요? 이는 2천여 년의 교회사에서 남성 교부들과 남성 신학자들이 여성을 '열등한 존재', '종속된 존재', 심지어 '위험하거나 사악한 존재'(음녀, 유혹자)로 보면서 성을 배타하거나 수단화하는 극단으로 치우쳐 왔기 때문입니다. 예를 들어 볼까요? 기독교 신학에 큰 영향을 미쳤다는 아우구스티누스는 성 쾌락을 원죄로 보았어요. 그러다 보니 성행위는 단지 자녀 생산 목적으로 협소해져 버렸습니다. 이는 아우구스티누스가 회심하기 전에 타락한 경험이 있었기 때문으로 보여요. 어쨌든 그의 성 이해는 여성의 성을 억압하게 되었고 여성 혐오에 크나큰 영향을 미치게 되어, 중세 신학자 토마스 아퀴나스로 이어지면서 결국 '마녀사냥'이 일어난답니다.

성 이해와 관련해선 루터와 칼뱅 같은 종교개혁자들도 마찬가지죠. 이들은 성적 쾌락을 인정하긴 했지만, 가부장적 관점에서 성 윤리를 해석했고 마녀사냥이 18세기까지 이어지는 동안 100만 명가량의 여성이 고문과 화형으로 무자비하게 죽었어요.

현대 신학자 한스 퀑(Hans Küng)은 《그리스도교 여성사》에서, "마녀사냥은 가부장제와 여성 혐오라는 이데올로기가 남성 중심의 교회구조와 제도로서 취해졌기에 발생했다. (중략) 마녀사냥은 악마론을 신학적으로 발전시킨 스콜라 신학자들과 교황 인노첸시오 8세, 마녀재판을 합법적인 법으로 만들어 시행하도록 승인한 황제 카를 5세와 국가권력, 그리고 물고문 및 바늘고문 등으로 여성들을 잔인하게 고문한 종교 재판가들, 뜬소문으로 기계적 권위에 동조한 교인들 탓이다"라고 말했습니다.

지금도 마찬가지입니다. 저는 한국 교회가 사회보다 훨씬 뒤떨어진 가부장적인 성 윤리와 관념을 유지하고 있는 이유는, 남성들이 권력과 언어를 독점하면서 '성과 사랑'을 말하고 있기 때문이라고 봐요. 여기에는 여성의 성 정체성과 성 역할, 그리고 성 습관과 옷차림 및 태도를 통제하며, 여성을 성적 대상화하는 위험이 도사립니다. 종교 심리학자인 권수영 박사는 남성 목회자들의 성적 일탈이 빈번한 이유는 성차별적인 성 윤리에 있다고 하면서, "아무래도 종교인, 특히 남성에게 성은 하나님이 준 애물단지가 될 판이다"라고 일침을 가했어요.

사랑은
죽음같이 강하다

성경은 성과 사랑에 대해 어떻게 말하고 있을까요? 구약성경을 보면 가부장 이스라엘의 구원 역사 속에서 여성은 전적으로 남편과 아들에 의해 평가되었고, 아내는 재산의 일부로 여겨져 법적으로나 경제적으로 권리행사를 하지 못했어요. 또한 여성은 남성의 후손인 아들을 낳아야만 인정받을 수 있는 존재였죠. 그렇다 보니 고대 근동 사회에서 연애와 사랑은 성행위 자체보다 후손, 곧 아들을 얻기 위한 것으로 보입니다.

창세기를 보면 야곱이 라헬과 연애했다는 이야기가 나오지만(창세기 29:18, 20), 남성적 관점의 종족 번식에 초점을 둔 점은 같아요. 잠언을 보면 여성을 현모양처나 음녀라는 이분법으로 설정하여 칭찬하거나 낙인찍어 버리는 가부장적 시선이 강하게 나타납니다. 호세아서와 에스겔서를 보면 남편 대신에 외인과 사통하여 간음하는 음란한 아내로 여자를 묘사하거나(호세아 2:2-7), 타락한 이스라엘을 '음란에 빠진 벌거벗은 여성'으로 비유하는 것에서(에스겔 16장), 여성의 에로티시즘과 섹슈얼리티를 부정적으로 묘사하고 있음을 볼 수 있습니다.

　　그런데 구약성경에서 여성이 주도적으로 연애하고 구혼하는 전복적 모습이 나타나는데, 바로 '아가서'예요. 아가서를 예수님과 교회와의 관계로 곧바로 해석함으로써, 여성이 성적 행위의 주체자로 그려진 아가서의 풍성한 에로티시즘을 놓쳐버린 아쉬움이 있어요. 그런데 신약학자 차정식 교수는《성서의 에로티시즘》에서, 아가서는 남녀의 성애를 화려하게 노래하면서도 그것의 목표는 성실한 어머니나 아내가 아니라 사랑 그 자체이며, 에로틱한 열정의 과정에서 여성의 몸 표현은 난폭한 유혹의 언어들이라기보다 예찬의 정제된 문학적 표현 형식에 가깝다고 보고 있습니다.

　　특히 "사랑은 죽음같이 강하고 투기는 음부같이 잔혹하며 불같이 일어나니 그 기세가 여호와의 불과 같으니라"(아가서 8:6)라는 말씀에서 에로스의 정점에서 신적인 사랑을 묘사하는 특질이 간파된다는 점은 통찰을 줍니다. '연애=섹스'로 보는 현 세태에서 아가서의 사랑 노래는 남녀의 충만한 사랑을 넘어 아가페의 향연으로 나아가도록 이끌어 주는 것만 같습니다.

　　저는 기독 신앙에서 성이 매우 중요하다고 생각해요. 왜냐하면 성이 아니고선 '사랑'을 이해할 방도가 없다고 보기 때문이죠. 에덴동산에서 아담은 하나님이 만든 하와를 보자마자, "이는 내 뼈 중의 뼈요 살 중의 살이라"(창세기 2:23)라고 탄성을 지르잖아요. 학자들은 이를 친밀함의 극치를 보여 주는 표현이라고 말합니다. 여기서 하나님의 형상에 속하는 사회성과 친밀성이 발현되는 것이니까요. 남녀의 에로스에서 사랑의 이해와 감각 경험이 없다면, 하나님 사랑인 아가페를 어찌 이해할 수 있겠어요.

　　우리는 기독교의 두 계명인 '하나님 사랑과 이웃 사랑'에서 아가페가 먼저라고 생각할 수 있겠지만, 보이지 않는 하나님을 사랑한다는 개념은 인간 편에서 볼 때 에로스의 개념에서 빌려 올 수밖에 없잖아요. 에로스가 인간 사랑의 출발점이라면, 아가페는 인간 사랑의 목표이자 종착지이니까요. 그래서 연애와 스킨십은 성적인 존재인 남녀 각자에게 성적 자기 결정권이 인정되는 게 기본이 되어야 합니다.

　　메리 에반스(Mary J. Evans)는 "성이란 인간 됨을 구성하는 기본요소이자 인간성과 관련되는 것으로서, 존중과 동등한 관계에서 다양성과 연합, 상호보완을 이뤄 가야 한다"고 말했습니다. 스킨십은 손잡기, 가벼운 포옹, 뽀뽀, 키스, 성관계로 봐야겠죠. 에반스의 말을 스킨십에 적용해 보면, 첫째, 남녀 누구에게나 성적 자기 결정권을 인정하는 상태에서 자발적인 행위여야 하며, 둘째, 서로 합의한 상태에서 만족을 느껴야 하며, 셋째, 서로의 자존감을 북돋아 주며 죄의식을 느끼지 않도록 자기 결정에 책임을 질 수 있는 선에서 얼마든지 가능하다고 봅니다.

남자는
원래 이런가?

여기서 성적 자기 결정권과 관련하여 교회의 혼전순결 강요와 "남성은 성 본능을 절제하기 어렵다"는 말이 왜 잘못되었는지 언급하고 싶어요. 남성 목사들이 강단에서 혼전순결을 강조하는 설교를 하면 여성은 죄책감으로 건강하지 못한 신앙생활을 하게 되며, 연애와 스킨십이 자포자기로 이어지기 쉽기 때문이에요. 목사들이 젊은이들의 연애와 스킨십에 대해 가타부타할 권리는 없다고 봐요. 남녀 모두 성적인 존재로서 성적 자기 결정권과 이에 대한 책임을 질 수 있다면 말이죠.

　　남성 목사들이 혼전순결을 강조하는 것은 여성들의 성을 통제함으로써 육체적·정신적·신앙적으로 종속시키는 일종의 가스라이팅이라고 봐요. 그런데 혼전순결 강요가 오히려 남성 목사들을 쉽게 성범죄에 빠뜨리지 않나 싶습니다. 그동안 혼전순결을 외치면서 여성들에게 죄책감과 부정적인 성 관념을 주입해 놓고선, 정작 목사들은 가부장적 교회법과 체제 안에서 도덕적 해이에 빠져 교회 여성들을 성추행, 성폭행하기 쉬운 구조에 빠졌으니까요.

　　기독교 반성폭력센터(기반센)가 발표한 "성폭력에 대한 인식"을 보면, '가벼운 성적 농담이나 신체 접촉도 성희롱이다'와 '단톡방, 문자 메시지, SNS 등에 상대의 외모에 대해 언급하는 것도 성희롱일 수 있다'는 항목에 대해서 60-65세 남성의 비동의율이 높았으나 '남자는 성 충동이 일어나면 통제할 수 없다'와 '성폭력은 노출이 심한 옷차림 때문'이라는 항목에 대해선 동의율이 높게 나타났음을 알 수 있답니다.

　　이러한 설문 결과는 의사 결정권을 갖는 나이의 남성들이 성추행과 성희롱 같은 성폭력 유형에 대한 인식이 부족한 상태에서, 여성 교인을 존중하지 않는 성행동을 정당화하거나, 오히려 성폭력에 대한 책임을 여성에게 돌리면서 가해 목사의 편만 드는 '성범죄 은닉 시스템'이 쉽게 가동되는 교회 구조의 위험성을 보여 준다고 할 수 있어요.

　교인들의 모범이 되어야 하는 직분자가 "남성은 성 본능을 절제하기 어렵다"고 말한다는 건 성서에서 무수히 강조하는 "간음하지 말라", "몸은 음란을 위하지 않고 오직 주를 위하며 주는 몸을 위하시느니라"(고린도전서 6:13)라는 하나님의 말씀을 정면으로 부정하는 일이라고 봅니다. 게다가 "성령의 열매는 사랑과 희락과 화평과 오래 참음과 자비와 양선과 충성과 온유와 절제"(갈라디아서 5:22-23)로서, 이는 성 습관에서도 그대로 나타나야 할 덕목이요 지켜야 할 성령의 법이기 때문이죠.

　교회의 남성들은 여성의 성적 자기 결정권에 참견하지 말고, 기독인의 신앙과 양심에 따라 자신의 성 욕망과 성 습관을 절제하고 성찰하여 교회의 모범이 되도록 노력해야 합니다. 잊지 마세요. 그 누구도 진리라는 이름으로, 혹은 기독교 교리라는 이름으로, 신앙과 순종의 이름으로라도 여성의 성을 억압하거나 착취할 수 없음을요!

　기독 신앙에서 성과 사랑이 얼마나 중요한지, 특히 몸으로 발현되는 사랑의 행위가 "네 이웃을 네 몸과 같이 사랑하라"는 기독 윤리 차원과 몸의 부활을 믿는 부활 신앙에서도 중요하다고 청년들을 대상으로 강의한 적이 있었습니다. 강의가 끝나고 한 남자 청년이 "여자친구가 있는데, 저에게 잘 맞춰 주는 편입니다. 여자들이 이래야 하지 않나요?"라고 질문을 했더랬어요. 저는 그 청년에게 "연애 상대인 여성이 자신에게 맞는 스타일이라고 해서, 모든 여성이 똑같이 그럴 필요는 없어요. 자신에게 맞는 파트너와 뜨겁게 연애하시고, 다른 사람들의 연애 스타일은 존중해 주면 되죠"라고 답했던 기억이 납니다. 연애와 스킨십 스타일도 각자 다 다르므로, 연애와 스킨십의 정석은 없다고 보는 게 맞다 싶어요. 다만 연애와 스킨십에서 한쪽이 일방적으로 주도하거나 끌려가는 게 아니라 합의로 이뤄지는 것이라면 그때 비로소 서로를 성숙하게 하며, 서로에게 만족과 기쁨으로 인생을 풍성하게 하리라 생각해요. 하나님이 주신 성과 사랑의 주인공이 되어 멋지게 연애하시길요!

너는 — — — 주의

완전한 — — — 딸이라

몽글몽글한 단어, 연애

나이를 먹어도 '연애'라는 단어는 마음을 설레게 합니다. 우리나라 드라마의 특징을 꼽을 때, 의학 드라마는 병원에서 연애하는 이야기, 수사 드라마는 경찰이 연애하는 이야기, 법정 드라마는 재판하면서 연애하는 이야기라고 할 정도로 모든 드라마에 주인공의 연애가 약방의 감초처럼 꼭 들어가지요. 치열한 경쟁 속에서 살아남기 위해 아등바등 살다 보니 연애 세포가 다 죽었고 연애는 사치라고 여기는 시대라고 하지만, 여전히 연애는 사람들의 관심사이며 우리가 꿈꾸고 동경하는 낭만이기도 합니다.

서로를 알아가고 사랑하는 연애는 인간이 포기하고 싶다고 해서 쉽게 포기할 수 있는 부분이 아니에요. 중년이 넘은 저도 연애 드라마를 보면 가슴속에서 뭔가 몽글몽글한 감정이 생기고 마음이 부드러워지는 것을 느끼니까요. 서로 다르게 살아온 두 사람이 만나 서로의 다름에 끌리고, 비슷함을 발견하면 동질감을 느끼고, 좋아한다고 고백하고 고백을 받으며, 서로가 소중한 존재임을 확인하는 즐거움이 있지요. 하지만 서로의 다름을 이해하지 못해 갈등하기도 하고, 서로를 내 방식에 맞추기 위해 억지를 부리기도 하고, 상대방에게 상처를 주고 상처를 받으며, 심하게 싸우기도 하는 등 에너지가 많이 드는 과정이기도 합니다.

저는 남편과 장거리 연애를 했는데 좋을 때도 있었지만 한번 싸우면 전화로 1시간도 넘게 싸우곤 했어요. 어떤 달은 전화비만 20만 원이 나온 적도 있었죠. 유선 전화로 시외 통화를 하던 시절이라 이런 어마어마한 요금이 나왔지요. 그렇게 좋은 시간과 힘든 시간을 거치다 헤어지는 일이 다반사인 게 바로 연애이지요. 그런데 연애는 물리적인 시간이나 돈도 들지만, 감정과 생각을 많이 쏟기 때문에 요즘처럼 치열한 경쟁 속에 사는 청년들이 연애를 부담스럽게 여기는 것도 충분히 이해해요. 우리 아이들도 바쁘다고 연애를 안 하거든요.

그렇지만 저는 청년들이 연애를 하면 좋겠어요. 그것도 많이 해보면 좋겠다고 생각한답니다. 가벼운 연애도 좋고 제법 깊은 연애도 괜찮아요. 물론 불륜이나 이별 후 안전을 염려해야 하는 연애는 빼고요.

여자가 남자에게 끌리고 남자가 여자에게 끌리는 건 하나님이 인간에게 주신 본성이자 선물입니다. 아담도 하와를 처음 보자마자 한눈에 반해서 "내 뼈 중의 뼈요 살 중의 살"이라며 하와를 자신의 가장 귀한 존재로 여기며 사랑했어요. 이런 끌림이 없다면 인간 세상의 즐거움 중 하나가 사라졌을 것입니다. 가정에서 무조건적인 부모의 사랑을 받고 자라다 내가 누군가를 좋아해 잘해 주고 싶고, 주는 사랑이 무엇인지 알아가

기도 하고, 누군가의 사랑을 갈망하며 사랑받는 법을 고민하게 됩니다.

연애는 부모의 사랑과 친구의 사랑과는 달라요. 친구와의 우정처럼 주고받는 특징도 있지만 맹목적인 부분도 같이 존재하는 게 남녀 간의 연애인 것 같습니다. 이런 과정을 통해 한편으로는 내가 좋아하는 것이 무엇인지. 내가 감당할 수 없거나 참을 수 없는 것이 무엇인지 알아 가게 된답니다. 다른 사람의 깊은 마음이나 생각까지 알아 가는 과정이기도 하지요. 친밀함은 서로가 서로에게 많은 부분을 보이게 만들고 이 과정 속에서 나와 상대방을 알 수 있게 되는 것입니다. 이렇게 연애는 나와 남을 알아 가는 좋은 기회라고 생각해요.

내가 아니면
아니지

연애를 할 때 고민되는 문제는 먼저 교회 안의 연애일 것입니다. 가능하면 교회 다니는 사람과 연애하라고 조언을 듣습니다. 연애가 발전해서 결혼으로 가는 경우도 많기에 처음부터 교회 다니는 사람과 연애하는 것이 안전하고 좋다고 생각하기 때문이지요. 그리고 교회가 생각하는 가장 이상적인 코스이기도 합니다.

하지만 같은 교회 안에서 연애하는 것을 좋아하거나 싫어하는 교회가 있고, 다른 교회 청년과 연애하는 것을 좋아하거나 싫어하는 교회가 있어요. 같은 교회 안의 연애는 깨졌을 경우 뒷감당이 어렵기 때문이고, 다른 교회 간의 연애는 결혼할 경우 어느 교회로 가느냐 문제와 연결하여 생각하기 때문이지요. 이렇게 기독교인끼리의 연애에 대한 호불호는 교회마다 혹은 사람마다 다르니 자기 생각과 형편대로 하면 되어요.

그런데 같은 기독교인과의 연애도 조심할 필요가 있어요. 가장 조심할 사람은 하나님의 뜻이라며 사귀자고 막 들이대는 경우예요. 예전에 한 교회 청년이 저에게 상담을 청했는데 그 이유가 신학교 선배가 고백을 했는데 자기랑 결혼하는 것이 하나님의 뜻이라는 응답을 받았다는 겁니다. 그러면서 선배의 말을 받아들이고 사귀는 것이 정말 하나님 뜻인지 심각하게 묻더군요. 그래서 저는 그 청년에게 선배를 어떻게 생각하냐고 물으니 자기는 싫다고 하기에 저는 그것이 하나님 뜻이라고 말해 주었어요.

하나님은 인격적인 분이시기에 사람들에게 사귀거나 결혼하라고 일방적으로 명령하시지 않으세요. 호세아 선지자처럼 하나님의 메시지를 전달하기 위한 수단으로 삼은 극단적 경우 외에는 거의 없어요. 상대가 하나님 뜻이라 생각하고 고백해도 내가 아니면 아닌 것이고, 내가 하나님 뜻이라 생각하고 고백해도 상대가 아니면 아닌 것입니다. 그러므로 연애나 결혼 문제에 대해 일방적으로 하나님 뜻 운운하며 강요하는 건 잘못된 신앙과 태도이니 조심해야 합니다.

그다음 고민거리는 비기독교인과의 연애입니다. 비기독교인과의 연애에 대한 교회의 입장은 대체로 부정적입니다. 하지만 저는 자유롭게 연애할 수 있다고 생각합니다. 연애는 나와 다른 사람을 알아 가는 과정이기에 교회를 다니든 안 다니든 별로 상관이 없다고 생각해요. 세상 속 기독교인은 비기독교인과 날마다 만나며 살고 있기에 비기독교인과 연애할 기회도 많으니까요.

그리고 연애를 하다 보면 자연스럽게 기독교인과 비기독교인의 사고방식의 차이도 알게 되고 세상을 바라보는 또 다른 시각도 알 수 있게 되지요. 세상 사람들이 나와 다른 시각으로 세상을 바라본다는 걸 아는 것도 소중한 경험이에요. 그러다 보면 상대방으로부터 배우는 점도 있고, 이건 아닌데 하며 비판적인 생각이 드는 부분도 자연스레 생기게 됩니다. 이 과정에서 다름에 대해선 어떻게 포용해야 할지, 틀림에 대해선 어떤 태도를 가져야 할지 생각을 하며 서서히 기준이 생겨나게 되죠.

하지만 조심할 부분도 있어요. 첫째는 상대방을 너무 좋아해서 점점 교회를 멀리하는 경우입니다. 내 신앙이 흔들릴 정도로 상대방에게 맞추는 연애를 하고 있다면 나 자신을 돌아볼 필요가 있어요. 내 정체성과 신앙을 비롯해서 내가 정말 무엇을 원하는지를 생각하는 시간이 필요합니다. 그리고 상대와 내가 동등함을 인정하고 인정받는 건강한 연애를 하고 있는지 보아야 해요.

처음에는 상대가 너무 좋아서 이런 생각을 못할 수도 있지만 상대방이 나의 중요한 부분을 자꾸 건드리면 결국 불편해지고 이건 아닌데 하는 생각이 들게 되지요. 그러면 일단 그 관계는 거기서 멈추고 나와 상대방을 냉정한 눈으로 봐야 하고, 이 문제를 해결하고 계속 관계를 유지할지 아니면 그만둘지 결정해야 해요. 아무리 상대가 객관적으로 조건이 좋아도 내 신앙과 자존감을 흔드는 사람은 나에게 좋은 사람은 아니에요. 이럴 땐 돌아설 줄 아는 결단과 용기가 필요합니다.

좀 구태의연하게 들릴지 모르지만 전 이런 경우 기도하며 용기를 구했어요. 내가 믿을 수 있는 분은 하나님뿐이었기 때문입니다. 좋은 사람을 잃어도 나에게 적합한 사람을 하나님이 보내 주실 거라 믿으며 용기를 냈었죠. 흔들리는 마음을 늘 하나님께 매어 놓으려 애쓰며 지냈답니다.

둘째는 사귀는 사람을 전도하고 싶은 마음이 가득할 때 오는 위험입니다. 사귀는 사람을 전도하려는 것은 자연스러운 마음이며 교회로 인도해서 함께 신앙생활하면 참 좋은 일입니다. 하지만 전도하려고 마음먹었을 때 상대방에 대한 나의 마음 자세와 태도가 문제가 될 수 있어요. 전도를 할 때도 동등한 관계를 잃지 않으면서 권면하는 정도면 좋아요. 하지만 전도하기 위해 저자세가 되면 안 된다고 생각해요.

전도하기 위해 상대에게 맞추어 주고 더 이해하고 관용하다 보면 내가 약자가 되었다고 느끼는 때가 있어요. 마치 전도 때문에 인질로 잡힌 느낌이죠. 그러다 보면 상대방도 의도하든 의도하지 않든 교회 나오는 일을 빌미로 무례한 요구를 할 수 있습니다. 전도 때문에 상대에게 끌려다니는 연애는 멈추어야 합니다.

　　전도는 자존감을 갉아먹으면서까지 할 것은 아니에요. 하나님은 한 사람의 영혼이라도 더 구하길 원하시지만 자기 자녀를 더 사랑하시기에 상대방의 무례함을 참아 내며 굴욕적으로 전도하기를 원하시는 분은 아니니까요. 그리고 구원은 하나님의 손에 달려 있기에 내가 할 수 있는 선에서 씨를 뿌릴 뿐이고 그 열매는 하나님이 거두시는 영역이니 그 이후는 하나님의 손에 맡기세요.

　　저도 전도의 열정이 넘치던 청년 때 이런 시행착오를 겪은 적이 있었어요. 사귀는 사람을 교회에 데려오고 싶은 마음에 교회 오는 조건으로 제가 별로 좋아하지 않은 일들을 몇 번 한 적이 있었지요. 그리고 그 친구는 약속대로 교회에 몇 번 왔었어요. 그 과정에서 나는 전도를 위해 내가 좋아하지 않는 부분을 참을지 아니면 싫으니 참지 않고 끝낼지 계속 고민했었고 결국 헤어졌어요. 그러고 나니 마음이 참 편해지더군요. 연애와 전도가 얽히면 동등한 관계가 훼손될 수 있음을 확실히 알게 되었죠.

　　이래저래 청년 때는 배울 일들이 많기에 힘든 시기예요. 이것은 결혼 후 남편이나 아내를 전도할 때도 마찬가지인 것 같아요. 전도가 중요하지만 내 자존감을 훼손하면서까지 상대에게 맞춰 줄 것은 아니라고 생각해요. 가능하다면 그리스도의 사랑의 넉넉함으로 이해하고 품어 주는 것은 좋다고 생각해요. 이 둘은 일견 비슷해 보이지만 주도권이 누구에게 있느냐가 다름니다. 나에 대한 주도권은 내가 가진 상태에서 상대방을 선의로 대하며 하는 전도는 좋지만 주도권 자체를 넘기는 것은 좋지 않다는 의미예요.

여성의 성,
남성의 성

연애 이야기는 스킨십 이야기로 자연스럽게 넘어갑니다. 스킨십은 어디까지 가능할까요? 제가 청년일 때도 성경 공부에서 많이 나누던 주제 중 하나일 만큼 예나 지금이나 청년들의 주된 관심사죠. 당시 우리 교회 청년들은 키스까지는 가능하다고 의견을 모았던 기억이 있어요. 당시는 성관계를 하면 반드시 결혼해야 한다는 순결 문화가 자리 잡은 시절이었으니까요. 제 주변에도 성관계로 인해 원치 않은 결혼을 한 경우가 제법 있던 시절이에요. 그런데 시대가 변하고 지금의 저는 스킨십은 개인의 자유와 책임의 문제라고 생각해요. 성인은 자신의 성에 대해 자신이 결정할 권리를 갖기 때문이죠.

　　이렇게 말하면 성경은 순결을 강조하는데 무슨 소리냐고 말할 수 있습니다. 특히 여성의 순결은 아직도 많은 교회가 강조하기 때문이죠. 6-7년 전쯤 어느 교회 청년들 요청으로 특강을 갔는데 어떤 여자 청년이 성폭행을 당해서 순결을 잃으면 그것이 죄가 되냐는 질문을 하더군요. 그 질문에 놀라고 화가 났던 기억이 있습니다. 여성이 순결을 잃으면 죄라고 교회가 가르치니 성폭행 피해자가 말도 못 하고 죄인 취급을 받는 현실을 마주했기 때문이죠. 미투 운동 이후 이런 인식이 많이 변하기는 했습니다.

　　여성의 순결을 강조하는 성경적 근거는 신명기 22장의 처녀가 아닌 신부는 돌로 때려죽이라는 법입니다. 신명기 22장의 성에 대한 규례를 보면 전부 여성의 성을 통제하는 법들이에요. 처녀가 아닌 신부에 대한 처벌 조항(21절), 간통을 저지른 유부녀(약혼녀)와 그 상대에 대한 처벌(22절, 24절)이 나옵니다. 그리고 약혼한 여성을 성폭행한 경우는 성폭행범을 죽여야 하지만(25-27절) 약혼하지 않은 처녀를 성폭행한 경우 처녀 아버지에게 벌금을 물고 결혼을 해야 한다고 규정하고 있어요 (28-29절).

　　이 법들을 보면 고대 이스라엘 여성의 성에 대한 관점을 볼 수 있습니다. 이 당시 여성의 성은 아버지와 남편의 소유였기 때문에 아버지와 남편에 의해 철저히 통제되었어요. 그렇기에 결혼 전 아버지의 통제 아래 있던 처녀가 아버지의 허락 없이 성관계를 하면 아버지의 권위와 재산권을 침해하는 범죄가 되죠. 그리고 결혼한 여성의 성은 남편의 통제하에 있기에 남편이 아닌 다른 남자와의 관계는 남편의 권리를 침해하는 것으로 사형에 해당하는 심각한 범죄로 여겼습니다.

　　그런데 신명기 법을 보면 남성의 성에 대한 통제는 없습니다. 신랑은 신부의 처녀성을 의심해서 고소할 수 있어도 신부가 신랑의 총각성을 의심해서 고소할 수는 없었어요. 또한 유부남이 아내가 아닌 여성과 간통했을 때도 처벌 조항이 없습니다.

구약 시대에 성인 남성의 성은 통제 대상이 아니었어요. 기생을 찾아가거나(유다), 애인을 만들 수도 있고(삼손), 첩을 두거나 여종을 둘 수도 있고 심지어 처녀를 성폭행해도 결혼으로 책임을 지고 벌금만 내면 되었지요. 이렇게 성인 남성의 성은 결혼 유무를 떠나 온전히 자신의 소유이며 자신이 결정할 권리가 있었던 반면, 성인 여성의 성은 아버지나 남편의 소유로 자기 결정권을 가지지 못했었지요. 그러므로 성적 자기 결정권이 없었던 가부장 시대의 구약 율법을 근거로 현대 여성을 통제하려는 것은 잘못된 적용입니다.

구약 시대 같은 가부장제 사회나 유교 사회가 여성의 성을 통제했던 이유는 그것이 가부장제를 유지하는 중요한 수단이기 때문이에요. 고대부터 근대까지 순결 이데올로기는 여성의 자유를 통제하기 가장 쉬운 수단으로 사용되어 왔었던 것이지요. 사실 순결 이데올로기만 벗어나면 여성은 결혼도, 이혼도, 재혼도, 혼자 사는 것도 모두 자유롭게 결정할 수 있습니다. 하지만 한 세대 전만 해도 여성이 순결을 잃으면 무조건 그 사람과 결혼해야 하거나 다른 사람과 결혼할 엄두를 못 냈죠. 이혼한 여성은 죄인이라는 비난을 감수해야 했으며 재혼은 극히 어려운 일이기도 했습니다. 그러니 여성들은 남편의 폭력과 외도와 같은 끔찍한 상황에서도 참고 견디며 결혼 생활을 유지할 수밖에 없었고 이를 통해 가부장제가 유지된 것이지요.

성에는

책임이 뒤따르고

현대 사회는 남성과 여성 모두 하나의 독립된 인격체로 인정하기에 남녀 모두 자신의 성에 대한 권리를 갖습니다. 이것은 타인이 침범하거나 권리를 행사할 수 없는 고유의 권한이죠. 물론 결혼한 경우는 배우자에 대한 성실 의무가 있기에 이 권한이 제한되지만 싱글 성인의 성에 대해 함부로 타인이 관여하는 것은 적절하지 않아요. 예를 들어, 혼전 순결을 선택할지 말지는 개인의 신념과 자유에 속하는 문제이지 진리나 죄를 언급하며 강요할 영역은 아니라고 생각해요.

그러나 성인의 성은 항상 책임의 문제가 뒤따르기에 주의하고 조심할 필요가 있습니다. 노래나 드라마, 영화 소설 등 모든 미디어는 성에 대해 낭만적으로 이야기하지만 성(sex)이 그렇게 낭만적인 것만은 아니에요. 특히 청년 시기의 성은 많은 위험성을 안고 있는데 그중 하나가 원치 않는 임신입니다. 성은 즐거움도 있지만 생명과 연결된 책임도 동반합니다. 저는 피임에 대해 제대로 된 교육이나 준비 없이 얼떨결에 하는 관계는 무책임하고 위험하다고 생각해요.

어느 기독교 단체에서 교회 안에서도 피임 교육이 필요하다는 이야기를 했다가 혼전 성관계를 조장하는 것이냐는 비난을 받은 적이 있었어요. 성인들의 건강하고 책임 있는 관계를 위해 필요한 교육임에도 불구하고 교회는 혼전 순결에만 매달려 이런 부분을 간과하고 있는 것 같아요. 하지만 지금 청년들은 지혜로우니 이런 문제는 잘 대처하리라 생각합니다. 저의 잔소리가 무색하게 더 행복하고 당당하고 즐거운 연애를 할 것이라 기대합니다.

성공하면
비혼이라는데

오늘날은 3포(연애, 결혼, 출산)를 넘어, 5포(취업, 내 집 마련), 7포(건강, 외모 관리), 9포(인간관계, 희망) 시대라는 말이 회자될 정도로 젊은이들이 힘든 시기를 보내고 있어요. 통계청의 '2020년 인구주택총조사' 결과를 보면, 30대 남성의 미혼율은 50.8퍼센트로 조사됐는데, 이는 불경기와 취업난, 결혼 비용 부담 때문이라고 합니다.

2020년에 인구보건복지협회가 30대 미혼 남녀 천 명을 대상으로 조사한 결과, 여성이 결혼을 꺼리는 이유는 '혼자 사는 게 행복하다'(25.3%), '가부장제, 양성 불평등 문화 때문'(24.7%)이라네요. 그런데 살펴볼 부분은 "성공하거나 재정적으로 여유가 있다면, ○○을 선택할 것이다"라는 질문에서는 여성의 67.4퍼센트가 '비혼'을 선택했고, 남성의 76.8퍼센트는 '결혼'을 선택했다는 겁니다(〈시사IN〉, 2020. 12. 7.). 경제적 여유가 있는 여성일수록 비혼을 선택하는 비율이 높아진다는 얘기죠. 이로 볼 때, 여성에게 결혼은 돈과 성공의 문제가 아니라, 출산과 육아, 가사와 사회활동 모두를 결혼 후 짊어지는 불평등 구조가 해결되어야 가능하다는 걸 알려 줍니다.

이런 상황에서 젊은 여성들에게 '결혼은 하나님의 뜻' 내지 '소명'이라고 밀어붙이는 건 사회 감수성이 현저히 떨어지는 가부장적 발상이 아닐 수 없어요. 만약에 "크리스천은 꼭 결혼해야 하나요?"라고 묻는다면, 저는 "결혼도 좋고, 비혼도 좋아요"라고 말하고 싶어요. 왜냐하면 결혼은 각자가 자기 인생의 주인이 되어 자기 행복을 위해 선택하고 결정할 사안이지, 교회나 타인이 간섭할 일이 아니라고 보기 때문이에요.

여기서 잠깐 용어의 변천도 살펴보면 좋겠네요. 2000년대 초에는 '독신', '동거'라는 단어가 많이 통용되었으나, 2010년대 초부터는 '비혼'이라는 용어가 쓰이기 시작했습니다. 요즘에 '비혼'은 혼인 관계 밖에서의 동거를 포함하여 독신, 이혼, 그리고 다양한 가족 형태를 드러냅니다.

신의
네 여자들

여성 크리스천으로서 결혼과 비혼을 다루려니 여러 주제들이 떠오릅니다. 첫째, 교회 역사 속에서 누구의 관점으로 결혼과 비혼, 그리고 이혼을 말해 왔는지, 둘째, 성경은 결혼과 비혼에 대해 뭐라고 말하며 비그리스도인과의 결혼은 괜찮은지, 셋째, 행복한 결혼이란 무엇인지, 넷째, 출산과 비출산, 모성 이데올로기 등의 주제들요. 출산과 비출산, 모성 이데올로기는 다음 편지에서 다룰 거라 여기서는 생략할게요.

우선, 2천 년 교회 역사에서 남성의 관점으로 결혼과 비혼을 말해 왔다는 점을 유념해야 합니다. 교회사를 보면, 성과 결혼, 가족 이데올로기와 여성의 역할을 남성들의 관점에서 말해 왔어요. 중세 로마가톨릭처럼 신분 위계가 확실했던 시대는 교황과 신부에게는 일종의 비혼 제도로서 독신 제도를, 여성에게는 자녀 생산 수단으로서 결혼 제도를 고수했어요. 그런데 겉으로는 독신 제도를 천명했으나 실제로는 교황과 신부들이 성적으로 타락했다는 기록을 접할 수 있습니다. 예를 들어, 18세에 교황이 된 요한 12세(955-964)는 부정부패와 성적 타락으로 악명이 높았어요.

　　신학자 한스 큉에 따르면, 12세기 중세 가톨릭교회는 칠성례에 포함시켰을 정도로 결혼을 중요하게 여겼지만, 성직자들의 독신주의와 가부장제는 결혼에서의 성적 쾌락의 의미를 자녀 생산에 두었기에 결과적으론 여성 억압이 이뤄졌습니다. 가톨릭교회의 여성 잔혹사를 연구한 기 베슈텔(Guy Bechtel)도 《신의 네 여자》(여성신문사, 2004)에서, 가톨릭교회는 여성을 '타고난 창녀', '마녀', '터무니없는 영적 주장을 일삼는 처치 곤란한 성녀', 그리고 '교회가 좋아하는 아무 생각 없는 바보', 이 네 여자로 분류하여 남성 우월주의를 공고히 했다고 말하고 있어요.

　　종교개혁 시대에 들어와서는 결혼을 하나님이 주신 선물로 받아들이면서 성적 쾌락도 인정하는 듯했지만, 결국 남편과 아내의 역할을 공/사 영역으로 이분화하여, 가정과 가족을 돌보는 게 하나님이 여성에게 주신 천직이요 소명이라는 '가부장 이데올로기'와 '모성 이데올로기'를 강화하게 되었어요. 이러한 가부장적 결혼관과 가족 이데올로기는 근세 시대에 접어들어, 산업화와 기계화로 중앙 집권 국가와 남성 엘리트 중심의 관료제가 자리 잡으면서, 결혼과 출산 및 부부의 성생활까지 간섭하게 되었죠. 현대 교회도 여전히 남성 목회자들과 남성 신학자들이 결혼과 출산, 현모양처 같은 모성 이데올로기를 강조하고 있잖아요. '아버지 학교'나 '마더 와이즈' 같은 세미나를 보면 교회가 남성 중심의 결혼 제도와 가족 이데올로기로 여성의 결혼과 출산을 강요하고 있음을 엿볼 수 있어요.

짝짓기를
강요하다니

몇 해 전, "여성의 눈으로 성경 읽기"를 강의할 때, 20대 여성에게 충격적인 얘기를 들었습니다. 제법 큰 교회 담임목사가 교회 내 남녀 청년들을 결혼시키려고 성탄절 이브 때 노골적으로 짝짓기를 강요했다는 겁니다. 청년들이 다른 교회로 빠져나가지 못하게 막으려는 의도였다고 하더군요. 교회 분위기가 이렇다 보니, 다른 교회를 다니다가 이 교회로 온 배우자를 청년 모임이나 부부 모임에서 배제하는 게 당연시되었다는군요.

제가 경악했던 부분은 그 목사가 나이 많고 여성 편력이 심했던 남자 청년을 어떻게 하든 그 여자 청년과 엮어 주려고 했다는 겁니다. 그 자매는 예전에 그 남자 청년과 사귀었다가 헤어진 여자에게 그 얘길 듣고선 황당했다며 하소연했어요. 교회가 젊은 여성의 결혼에 간섭하며 인생 망치는 위험한 곳이 되고 있다는 생각에 화가 났더랬어요.

과연 성경은 결혼과 비혼, 그리고 비그리스도인과의 결혼에 대해 뭐라고 말씀할까요? 결혼에 관한 성경 말씀으로는 창세기 2장 24절, "이러므로 남자가 부모를 떠나 그의 아내와 합하여 둘이 한 몸을 이룰지로다"를 첫손에 꼽을 수 있을 겁니다. 예수님도 바리새인이 아내를 버리는 게 옳은지 물을 때, 창세기 2장 24절을 언급하시면서, "이제 둘이 아니요, 한 몸이니 하나님이 짝지어 주신 것을 사람이 나누지 못할지니라"라고 말씀하셨죠(마태복음 19:3-6).

그러나 예수님의 이 말씀은 '결혼을 꼭 해라'는 말씀이라기보다는, 결혼의 의미와 목적, 그리고 '결혼 후 정절'을 말씀한다고 보는 게 적절하다 싶어요. 오히려 결혼과 비혼에 관한 말씀은 마태복음 19장 10-12절에 나타납니다. "어미의 태로부터 된 고자도 있고 사람이 만든 고자도 있고 천국을 위하여 스스로 된 고자도 있도다 이 말을 받을 만한 자는 받을지어다." 즉 결혼할 사람도 있고, 천국을 위해 스스로 비혼을 선택할 자도 있다는 뜻이잖아요.

여기서 그리스도의 복음을 위해 비혼을 선택한 사도 바울이 떠오릅니다. 사도 바울은 고린도교회에 보내는 편지에서 "혼인하지 아니한 자들과 및 과부들에게 이르노니 나와 같이 그냥 지내는 것이 좋으니라 만일 절제할 수 없거든 혼인하라"(고린도전서 7:7-9)라고 말하면서, 성욕 절제와 관련하여 결혼을 언급하고 있으며, 재혼 및 비그리스도인과의 결혼과 이혼에 관해서도 말합니다. 바울은 비그리스도인 남편이나 아내가 있어 함께 살기를 좋아하거든 이혼하지 말고, 반대로 비그리스도인이 이혼하길 원하면 갈라서라고 권면합니다(고린도전서 7:12-16). 바울이 결혼과 비혼, 비그리스도인과의 결혼과 이혼에 대해 내린 결론은 "하나님이 각 사람을 부르신 그대로 행하라 내가 모든 교회에서 이같이 명하노라"(17절)와 "너희는 값으로 사신 것이니 사람들의 종이 되지 말라"(23절)는 말씀이라고 봅니다. 이처럼 복음서와 바울 서신에 나타난 결혼과 비혼에 관한 말씀은 결혼을 강조하는 가르침으로 보기 어렵고, 오히려 모든 사람이 각각 결혼과 비혼을 선택하고 결정할 자유가 있음을 알려 준다고 보고 싶어요.

첫째 딸이 결혼할 때 사위 될 사람이 비그리스도인이었어요. 저는 신앙 있는 배우자보다 중요한 건 그 사람의 됨됨이라고 보았기에 기꺼이 승낙했죠. 반평생을 교회에서 지내다 보니, 상식과 교양을 갖춘 남성을 찾기 어려웠던 부분도 있었거든요. 첫째 딸과 사위는 광야교회에서 하나님을 의지하며 잘 살고 있답니다. 성숙한 그리스도인은 결혼과 비혼, 이혼을 선택할 때 주체적이고 자율적이어야 합니다.

아울러 예수께서는 "나는 너희에게 이르노니 음욕을 품고 여자를 보는 자마다 마음에 이미 간음하였느니라"(마태복음 5:28)라고 하시면서, 이혼권과 경제권, 성적 주도권이 남편에게 있었던 유대 가부장 사회의 불의한 구조를 꿰뚫어 보시고, 성적으로 음란한 남자들을 질책하심으로써 오히려 남자들에게 결혼 후 정절을 강조하셨음도 헤아려 볼 필요가 있겠습니다.

그런데 고신 교단은 헌법에서 "이혼 경력이 있는 성도는 항존 직분자로 세우지 않는다"라고 명시하면서, 직분과 이혼을 연결하고 있습니다. 현재 고신 교단은 남성에게만 항존 직분을 주고 있는데, 이렇게 이혼 여부에 따라 항존 직분과 연결하게 되면 혹여나 억울한 상황에 있는 아내의 속사정과 위험 요소를 방치하여 오히려 가정폭력과 남편의 불륜을 부추기는 기제로 악용될까 염려됩니다.

여러분은 요한복음 4장에 나오는 사마리아 여자가 왜 결혼과 이혼을 반복하며 살았는지 생각해 본 적 있나요? 신약학자 차정식 교수는 그리스-로마 사회에서 대부분 이혼은 경제력을 주도한 가부장이 여성을 버리는 방편으로 오용되었고, 그 과정에서 희생당하는 대상은 연약한 아내들이었다고 말했습니다. 이로 볼 때, 사마리아 여자가 결혼과 이혼을 반복할 수밖에 없었던 이유는 그 당시 여성들의 결혼이 생존권 문제였기 때문이라고 유추할 수 있어요. 그런데 예수님은 남자 때문에 결혼과 이혼을 반복했던 사마리아 여자의 억울한 처지를 공감하고 보듬어 주셨고, 결혼과 이혼의 트라우마로부터 치유와 현실 구원의 생수를 선사하신 것이죠.

현대 사회에서 결혼과 이혼은 단순히 남녀 간 성격 문제만이 아니라, 자본과 노동의 사회적 문제, 사랑과 불신, 자녀 문제, 출산과 낙태, 간통과 가정폭력, 고부 갈등 문제와 종교 신념,

젠더 역할과 자아실현 등 복잡하게 얽힌 문제라 할 수 있겠습니다. 따라서 교회는 이러한 시대적 추세와 다층적인 원인을 헤아려, 현재 가정에서 어려움을 겪고 있는 여성들을 보호하고 치유와 회복의 실질적인 도움을 주어야 할 것입니다.

남자가
출가외인이 되자

크리스천의 행복한 결혼생활은 어떠해야 하는지 나누려 합니다. 결혼이란 원래 친밀감과 사랑, 안정과 돌봄이 있는 곳이지만 정작 결혼한 여성은 출산과 육아, 가사와 사회활동을 모두 부담하면서, 어쩌면 주체성과 자아실현을 반납해야 하는 불평등한 생활로 이어지는 불안이 큽니다. 남성에게 가정은 최고의 쉼터가 될 수 있지만, 여성에게 가정은 또 다른 일터가 되니 말이죠. 설상가상 고부간 갈등은 좀처럼 해결되지 못하는 경우가 많으니까요. 저도 '룻과 같은 자부'가 되라는 시모의 압박으로 무척이나 힘든 시간을 보내야만 했습니다. 부모의 의견에 무조건 따라야 한다는 의미였던 거죠. 하지만 룻기를 자세히 읽으면, 시모인 나오미가 룻에게 "너희 어머니의 집으로 돌아가라 …… 여호와께서 너희를 선대하시기를 원하며"(룻기 1:8)라고 자비를 먼저 베풀었기에 룻이 자발적으로 나오미를 따르게 됩니다.

　　　저를 더욱 힘들게 한 건, 시모의 말만 듣고선 '못된 며느리'라는 편견을 공유하여 저를 못마땅히 여기는 교인들의 시선이었어요. 교회가 강자의 입장에 서서, 젊은 여성이나 약자에게 일방적인 복종과 의무를 강조한 탓도 있다고 봅니다. 당시 저에게 교회라는 곳은 '제2의 시모 집단' 같았다고나 할까요! 이레네우스, 테르툴리아누스, 밀라노의 암브로시우스, 아우구스티누스와 같은 교부들은 교회를 "모든 생명체의 진정한 어머니", "신자들의 진정한 어머니"로 표현했거든요. 하지만 지금의 한국 교회는 따뜻하게 보듬어 주고 보살피는 어머니가 아니라, 가부장 권력을 등에 업어 명령하고 훈계하는 시모로 변한 것 같아 씁쓸했어요.

　결혼 주례 때 목사들이 에베소서 5장 22-33절을 많이 설교합니다. "남편은 아내를 사랑하고, 아내는 남편에게 복종하라"라고. 하지만 저에게 결혼 주례 설교 본문을 들라고 한다면, 창세기 2장 24절이라고 답할 겁니다. 기독인으로 행복한 결혼 생활을 하려면 창세기 2장 24절 말씀대로 남자가 부모를 떠나야 합니다. 남편이 부모에게서 육체적으로, 정신적으로, 신앙적으로 독립하지 않고선 아내와 한 몸을 이루기 어렵고 결코 행복한 결혼 생활을 할 수 없기 때문입니다.

　창세기 2장 24절은 유교 가부장제가 말하는 것처럼 여자가 아니라 남자가 출가외인이 되어야 하나님이 정해 놓은 행복한 결혼이 시작된다고 해석할 수 있어요. 그런 후에, 남편과 아내가 신뢰와 존경을 바탕으로 고정된 성역할에 매이지 않고, 평등의 원칙에 따라 서로 존중하고 인정하며, 강요와 무시보다는 함께 답을 찾는 관계가 된다면 이보다 행복한 결혼 생활이 없을 것 같네요.

결혼이란 새로운 인간관계로 진입하는 것이라 할 수 있습니다. 남편과 아내의 관계로, 양가 부모와의 관계로, 양가 친척과의 관계로, 자녀와의 관계로 등등. 제일 중요한 관계는 바로 남편과 아내의 관계이며 양가 부모가 아니라는 걸 말하고 싶어요. 그리고 남편과 아내는 서로에게 항상 '편'이 되어 주는 게 중요하다고 생각해요. 배우자가 힘들 땐 위로해 주고, 기뻐할 땐 함께 기뻐해 주는 사람이 되면 얼마나 든든할까요! 저도 며느리였던 적이 있었고, 현재 사위를 둔 장모이기도 합니다만, 부모는 결혼한 자녀들이 한 몸 되어 행복하게 잘 살도록 뒤에서 축복을 빌어 주고, 자녀들이 도움을 요청할 때 든든한 후원자가 되는 것이라 여기며 살고 있답니다.

결혼을 선택하든, 비혼을 선택하든, 여러분의 형편과 마음을 아시는 주님께서 언제나 여러분 편에 함께하실 겁니다. 각자 자기 인생의 주인공이 되어 하나님과 함께 걸어가면 좋겠어요!

말 못할 사정이 있어

요즘 우리 사회 화두는 비혼과 비출산이죠? 여러분은 어떤 선택을 하셨나요? 아마 많은 젊은 여성들이 결혼을 할지 말지 고민하고 있을 것입니다. '결혼을 해야 할까 말아야 할까?' 요즘은 이런 질문이 심심치 않게 들리고 있어요. 이제는 '미혼' 대신 '비혼'이라는 말을 더 많이 사용하는데 이것은 결혼이 의무가 아닌 선택의 시대로 변하고 있음을 알리는 표시입니다.

조사 결과에 따라 조금씩 다르지만 20-30 여성의 경우 꼭 결혼을 해야겠다는 비율이 40-50퍼센트 정도로 70퍼센트 정도가 되는 20-30 남성에 비해 상당히 낮은 편입니다. 그리고 20-30이 비혼을 택하는 이유를 보면 남성은 경제적 이유가 가장 크지만, 여성은 경력과 사회생활에 불이익이 된다는 이유가 가장 컸습니다. 가장 인상적인 것은 여성은 가부장적 결혼 제도 때문이라는 응답도 10퍼센트가 넘은 반면, 남성은 여기에 답한 사람이 거의 없었습니다. 이 통계는 현재 우리 사회 젊은 여성들이 왜 결혼을 꺼리고 있는지 잘 보여 줍니다.

제가 결혼할 당시인 1990년대에 결혼은 당연한 것이었고 비혼 선택은 상상할 수 없었어요. 인생의 순서를 밟듯이 대학을 졸업하면 3~4년 안에 결혼하고 두 명 정도 아이를 낳아 키웠지요. 너무 당연한 수순이었기에 여기서 벗어나는 삶은 상상하기 어려웠습니다. 그래서 당시 '왜 결혼했냐'고 물으면 '사랑해서'라고 답하는 경우도 있지만 '해야 돼서'라고 답하는 경우도 드물지 않게 있었어요. 그런데 지금은 '해야 돼서'라는 답이 설 자리는 없는 것 같아요.

마주
보세요

결혼이란 무엇일까요? 결혼한 지 30년 되는 사람이자 구약을 전공한 사람으로서 결혼에 대한 이런저런 의견을 말해 보려고 합니다. 결혼이 무엇인지 이야기하려면 창세기 2장부터 시작해야 할 것 같아요. 보통 이 부분을 근거로 결혼의 원리를 이야기하기 때문이죠. 창세기 2장은 창세기 1장의 창조 이야기 중에서 인간 창조에 초점을 맞추어 자세히 기록한 부분입니다. 2장 18절에서 사람(아담)이 독처하는 것이 하나님 보시기에 좋지 않으셨다고 나오는데, 이것은 독신의 삶이 좋지 않다는 의미가 아니라 아직 창조가 완성되지 않았다는 의미예요.

　창세기 1장에서 보면 빛이나 천체, 동식물의 창조가 완성되었을 때는 '보시기에 좋았다'라는 말이 후렴구로 나와요. 그런데 윗 궁창과 아래 궁창을 나누신 둘째 날에는 이 후렴구가 없는데 아직 아래 궁창이 육지와 바다로 완전히 분리되지 않은 미완의 상태이기 때문입니다. 그래서 셋째 날에 아래 궁창을 육지와 바다로 나눈 후 이 후렴구가 나옵니다. 이것을 보면 아담 혹은 남성만 존재하는 것은 사람을 남성과 여성으로 창조하기로 한 계획이(창세기 1:27) 아직 완성되지 않았음을 의미하는 것이라고 볼 수 있어요. 그러므로 이 구절을 가지고 싱글의 삶을 좋지 못하다고 보는 해석은 적절하지 않다고 생각합니다.

하나님은 계획대로 남성 인간과 맞는 여성 인간을 창조하시기로 하시는데 우리말 성경은 이를 '돕는 배필'로 번역합니다. 히브리어 원어로는 '에제르 케네게도'로, 직역하면 '마주 보고 서서 돕는 자'라는 뜻입니다. '네게드'라는 단어는 '거울상', '마주 봄'이란 뜻이 있는데 이것은 동동함을 표현하는 단어예요. 갈비뼈로 남녀의 동등함을 말하기도 하지만 사실 이 단어가 동등성을 잘 표현한다고 볼 수 있어요.

마주 보는 이유는 돕기 위해서이며, 능력이 있는 사람이 상대방의 부족함을 도와주기 위해서입니다. '돕다'라는 뜻의 '에제르'는 약한 사람을 도울 힘이 있는 사람을 표현할 때 사용하는 단어이기 때문입니다. 구약에서 이 단어는 하나님께 가장 많이 사용되는데 '이스라엘을 돕는 분', '너를 돕는 분' 등으로 사용되죠.

이 해석을 따르면 결혼의 첫 번째 원리는 '서로 마주 보며 돕는 관계가 부부'라는 것입니다. 결혼은 많은 사람 중에서 한 사람을 선택해 '내 뼈 중의 뼈요 살 중의 살'이라는 사랑 노래를 부르며 둘이 한 몸이 되는 특별한 끌림과 사랑의 관계지만, 서로 돕는 존재임을 바탕에 깐 특별한 관계라는 의미이지요.

두 번째 원리는 서로 부끄러워하지 않는다는 것입니다. 창세기 2장 25절은 두 사람이 벌거벗었으나 부끄러워하지 않았다는 말로 끝나는데 무슨 의미일까요? 아담과 하와가 완벽하여 흠잡을 데가 없어서일까요? 미의 기준은 주관적이기에 아담과 하와가 우리가 보기에 완벽한 외모였다고 생각되지는 않습니다.

우리가 부끄러움을 느끼는 이유는 상대방의 시선 때문입니다. 혼자서는 별짓을 다해도 부끄러워하지 않잖아요. 그리고 상대방이 나의 행동이나 모습을 인정하거나 사랑스러운 눈으로 바라보면 부끄러움을 느끼지 않아요. 그런데 상대방이 나를 부정적으로 보거나 비난하는 시선이나 성적 대상으로만 바라볼 때 부끄러움이나 수치심을 느낍니다. 부부가 서로 마주 보며 상대방의 단점만 들추어 내고 비판하는 시선으로 돕는다고 나서면 진정한 돕는 자가 아니에요. 서로 마주 보며 인정하는 가운데 도와주는 것이 진정한 도움입니다. 아담과 하와는 서로를 긍정적으로 보았기에 부끄럽지 않았던 것입니다.

제 딸이 네다섯 살 때쯤에 잘 먹고 건강하고 통통해서 배가 볼록 나왔었지요. 그런데 어느 날부터 아이가 배를 감추기 위해 노력하고 옷을 입을 때도 원피스는 안 입으려고 하더라구요. 집안 식구 중 누가 배를 만지며 뚱뚱하다고 했나 봅니다. 그래서 너는 배가 제일 예쁘다고 해주었고, 누가 어디가 제일 예쁘냐고 물어보면 배를 내밀며 '여기요'라고 대답하라고 했습니다. 얼마 지나지 않아 아이는 더 이상 배에 신경 쓰지 않게 되었답니다.

아이의 모습을 보면서 사람의 시선과 평가가 얼마나 중요한지 깨달았습니다. 결혼이란 자신의 잘난 모습도 못난 모습도 다 보여 줄 수 있는 관계를 만드는 것입니다. 그런 사람과 결혼해야 하고 결혼하면 그렇게 서로 용납하고 도우며 살아가야 하죠. 그래서 결혼은 상대방의 좋은 모습이 아니라 못난 모습까지 참아 줄 수 있는 사람과 하는 것이지요.

결혼하면 남편이 주도권을 잡아야 하느니 아내가 주도권을 잡아야 하느니 하면서 싸우거나 주변에서 부추기는 경우를 볼 수 있어요. 그런데 이런 주도권 싸움은 타락 이후 벌어진 부정적인 모습입니다. 선악과를 먹은 이후 남편과 아내는 죄에 대한 책임을 서로에게 돌리며 한 몸 관계를 깨 버렸고 하나님은 불순종의 벌로 이 둘이 서로 주도권을 잡기 위해 싸우는 관계가 될 것이라고 선언하셨습니다.

"너는 남편을 원하고 남편은 너를 다스릴 것이니라"(창세기 3:16)라는 구절에서 '원하다'(테슈카)는 맹수가 사냥감을 노리는 모습을 표현한 동사로 '휘어잡다'라는 의미이고, '다스리다'(마샬)는 '통치권을 갖다'라는 의미로 둘이 서로 주도권을 잡기 위해 노리고 싸우고 경쟁하는 관계가 될 것이라는 뜻입니다.

서로 주도권을 잡기 위해 싸우는 모습은 실제 부부 관계 혹은 남녀 관계를 잘 보여 주지만 이것은 기독교인이 추구해야 할 모습은 아니에요. 하나님과의 관계를 회복한 기독인이 목표로 할 부부의 모습은 서로 마주 보며 도와주는 동등한 관계입니다. 바울도 에베소서 5장에서 권면할 때 "피차 복종하라"로 시작해서 아내는 남편을 존경하고 남편은 아내를 사랑하라는 권면으로 끝냅니다. 바울은 아내에게 복종을 강요하는 것이 아니라 부부가 서로 복종하고 서로 사랑하라는 말을 하고 싶은 것입니다. 이것이 구원받은 자들이 회복해야 할 부부의 모습이자 인간관계의 모습이기 때문이지요. 제가 성경을 통해 깨달은 결혼의 원리는 긍정적입니다. 서로를 인정하고 사랑하고 도와주는 사람을 만나서 함께 인생길을 걸어가면 서로에게 힘이 될 것이 분명합니다.

신앙만큼
중요한 기준은

그런데 기독 여성들의 결혼은 비기독 여성보다 어려운 것 같아요. 신앙도 좋고 마음에도 드는 배우자를 찾고 있어서 그렇지 않은가 생각합니다. 교회에서는 같은 기독교인과 결혼하라고 강하게 이야기하죠. 기독교 신앙 상담 유튜브들을 보면 기도하면 언젠가 하나님이 믿는 사람을 배우자로 주실 것이니 기도하며 기다리라고들 합니다. 그런데 성비를 보면 여자 청년이 6 대 4 정도로 많기 때문에 기독인 배우자를 만나기가 남자 청년보다 어려운 게 현실이에요. 기다리면 주신다는 조언은 기적을 기다리는 신앙적인 모습 같기도 하지만 한편으로는 현실을 무시한 무책임한 말이라는 생각을 떨칠 수가 없어요.

　　제가 청년일 때는 남녀 성비 불균형이 더 심해서 7 대 3 정도였던 것 같습니다. 당시 나이 먹은 선배 언니들이 교회에 많았었고 배우자를 놓고 열심히 기도했었지요. 하지만 결과적으로 볼 때 기독교인과 결혼한 선배도 있었고 비기독교인과 결혼한 선배도 있었어요. 당시는 결혼을 안 하면 노처녀라고 눈총을 주던 시대라 어느 나이를 넘기면 적당한 남자와 결혼을 했지요. 그리고 그 후 선배 언니들의 신앙을 보면 본인들의 신앙은 별 문제 없이 유지하는 반면 배우자의 신앙은 제각각이더군요. 결혼할 때 둘 다 기독교인인 경우 둘 다 신앙을 잘 유지하기도 하지만 남편이 교회에 안 나가고 있는 경우도 있었습니다. 또 비기독인과 결혼한 경우 남편이 아내를 따라 교회를 나온 경우도 있고, 여전히 교회를 안 나오는 경우도 있었습니다. 제 경험에 따르면 현재 기독교인이냐 아니냐가 미래에 바뀔 수 있다는 겁니다. 기독교인을 만나면 좋지만 그것이 전부는 아니라는 것이지요.

　　　결혼 생활을 잘 유지하는 데 신앙만큼 혹은 신앙보다 더 중요한 부분은 배우자의 인성인 것 같아요. 저희 교회를 보면 배우자가 교회를 다니든 다니지 않든 결혼 생활을 원만하게 유지하는 부부를 보면 대부분 배우자의 인성이나 습관에 큰 문제가 없는 경우더군요. 여자 청년들이 배우자감으로 신앙인만 고집하다 보면 상대방의 인성이나 성격, 배경 등 결혼할 때 일반적으로 고려해야 하는 것과 본인과 맞추어야 할 부분을 무시하는 경향이 있습니다. 신앙만 있으면 다른 부분은 문제가 되지 않을 거란 믿음을 갖고 결혼하기도 하지요. 실제로 그 믿음대로 모든 걸 극복하는 사람도 있어요. 하지만 문제를 극복하지 못하고 중도 포기하는 경우가 더 많습니다.

설교 시간에는 모든 문제를 믿음과 인내와 사랑으로 극복한 성공적인 아내의 이야기만 등장할 뿐 실패한 경우는 언급이 안 되기에 어려운 문제들을 쉽게 극복할 수 있을 거라 착각하지요. 하지만 속사정을 들여다보면 그렇지 않아요.

왜 그럴까요? 사람은 잘 변하지 않기 때문입니다. 성령의 능력으로 사람을 변화시킬 수 있다고 믿고 실제로 변화된 사람도 있다 보니 사람이 쉽게 변하리라는 환상이 있습니다. 하지만 성격과 기질은 타고난 것이며, 인성도 오랫동안 만들어진 것이라 잘 변하지 않아요. 제 자신만 보더라도 그렇게 쉽게 변하지 않습니다. 예민하고 까칠하고 원칙을 따지던 성격이 성령의 도우심으로 좀 원만하게 변하는 데 30년 가까이 걸렸으니까요. 그러나 아직도 기본적인 기질은 그대로 있죠. 다만 예전에 비해 조절 능력이 생겼을 뿐이에요.

그래서 저는 배우자를 선택할 때 제일 먼저 인성이나 성품을 보라고 말합니다. 선하고 정직하고 좋은 습관을 가지고 있는지, 삶을 책임질 책임감이 있는 사람인지 보라는 것이죠. 이런 배우자를 만난 경우 결혼 생활을 원만하게 유지할 수 있고 신앙생활하는 데도 큰 어려움이 없습니다. 그리고 이런 배우자일수록 나이 먹으면서 점점 아내를 따라 교회를 다닐 확률이 높아요. 이전 시대에는 남편들이 가부장적이라 아내를 따라 교회 나오는 일이 많지 않았지요. 저희 교회도 나이 많으신 권사님들을 보면 여전히 혼자 오시는 경우가 많습니다.

그런데 60대 권사님들을 보면 남편들이 아내를 따라 나오는 경우가 종종 있습니다. 50대의 경우는 이 비율이 점점 늘어나며 아내의 신앙생활에 간섭하는 경우도 점점 줄어들지요. 요즘 50-60대 권사님들이 남편 눈치 보면서 신앙생활하는 경우는 거의 없어요. 30-40대 남편들은 아내의 신앙생활을 별로 간섭하지 않는 것 같고 20-30세대는 결혼을 하면서 아내를 따라 교회에 나오는 경우도 종종 보여요. 그러므로 결혼을 마음먹었다면 나를 사랑하고 내 신앙을 존중하는 성품 좋고 책임감 있는 기독교인 혹은 비기독교인을 만나면 좋겠습니다.

아직 못 만났더라도 조급해하지 말고 기도하며 나의 삶을 충실히 살다 보면 좋은 사람을 소개받거나 만날 수 있을 것이라 생각해요. 그때가 언제가 되었든 좋은 사람을 만났을 때 결혼하면 좋겠습니다. 나이에 밀려 급하게 혹은 부모님과 교인들의 강권에 떠밀리듯 결혼하지 않았으면 좋겠어요. 내 인생은 소중하니까요.

그리고 비혼도 신중하게 결정하면 좋겠습니다. 나의 성향과 일과 여건 등을 잘 생각해 보고 기도하며 신중하게 결정했으면 해요. 사실 교회에서 비혼은 낯설지 않아요. 특히 교회 여성의 비혼은 삶의 한 방식이기도 합니다. 수많은 여성 사역자들이 사역을 위해 비혼을 선택한 채 전도사, 목사, 선교사로 활동하였고 지금도 하고 있기 때문이죠.

요즘은 전보다 결혼을 많이 하지만 여전히 비혼인 여성

사역자들이 많아요. 여성 신학자들도 결혼하지 않은 사람이 많아요. 공부하고 유학하고 학위를 받는 것과 결혼 생활을 병행하기 쉽지 않기에 비혼을 택한 것이지요. 그리고 제 주변엔 결혼이 자신과 맞지 않는다고 생각해 비혼을 선택한 사람들도 꽤 있습니다. 예전에는 이런 선택을 한 사람이 소수였지만 이제는 점점 많아지고 있고 인구 감소와 맞물리면서 이슈가 된 것 뿐이에요. 이렇게 보면 비혼을 권하는 것처럼 보이지만 저는 사실 결혼을 권하는 입장이에요. 주변에 있는 제 또래 비혼인들의 삶이 저보다 쉬운 것 같지는 않기 때문이지요. 사실 쉬운 삶은 없지요. 하지만 신중하게 자신의 사역과 여건을 돌아보고 결정했다면 이 또한 지지합니다.

결혼 대신
유학을 갔다면?

저도 결혼이냐 비혼이냐의 갈림길에 선 적이 있었어요. 저는 남편을 교회에서 만나 6년 연애를 했습니다. 남편이 중등부에 나오면서 누나, 동생 사이로 지내다 대학 4학년 때부터 사귀, 서로 너무 잘 아는 사이였지요. 그런데 연애를 하는 도중 제가 갑자기 진로를 바꿔 신대원에 들어가게 되었고 신대원 3학년 때 공부를 계속해야겠다고 결심하게 되었지요. 이로 인해 저는 유학을 갈지 아니면 한국에서 공부할지 선택의 기로에 서게 되었어요.

당시 이 문제로 고민도 많이 하고 당시 남자친구였던 남편과 이야기도 많이 했습니다. 남편은 유학 다녀오는 동안 기다리겠다면서 유학을 가라고 권하였지만 저는 유학을 가면 관계는 끝날 것이고 당분간 결혼 생각은 접어야 한다고 생각했어요. 당시는 27세만 넘으면 노처녀 소리 듣고 결혼이 쉽지 않던 때이니 유학을 마친 30대 중반에서 40대에 결혼한다는 건 상상이 안 되었거든요. 실제로 당시 유학을 갔던 여성 신학자들의 경우 지금도 비혼인 경우가 많아요.

결국 많은 고민과 기도 끝에 저는 유학을 포기하고 결혼을 선택했어요. 당시 저는 신학을 한 것도 일반적인 인생의 궤도를 이탈한 것이라고 생각하던 터라 유학과 비혼이라는 더 일반적이지 않은 인생을 선택할 용기가 없었기 때문이죠. 그리고 오랜 기도 끝에 남편과 교제를 결정하고 결혼해야겠다고 마음먹은 것도 한몫했습니다. 결국 신대원 졸업과 함께 결혼하고 바로 총신 대학원에 입학하였고 힘겨운 공부와 가정생활과 육아라는 전쟁이 시작되었지요.

그 후 가끔 그 순간을 생각합니다. 그때 결혼이 아닌 유학을 선택했다면 어땠을까? 학회나 학교에서 교수들이 서로 유학 이야기를 하면 그날은 항상 내 선택이 떠올랐고 후회를 했죠. 강사를 부르거나 교수 임용 시 유학한 사람을 우선 선발하는 기준을 확인할 때도 후회막급이었죠.

하지만 남편의 도움으로 경제적 어려움 없이 공부할 수 있었음을 누군가 저에게 상기시키면 그때는 결혼하길 잘했다고 생각했죠. 정교수는 못되었지만 나름 입지를 가진 지금은 제 결정에 만족합니다. 이렇게 그 결정에 대한 저의 평가는 상황에 따라 달랐습니다. 그러니 어느 쪽을 선택하든 만족도 있고 후회도 있는 것이죠. 만일 그때와 같은 20대가 되어 선택할 상황에 다시 선다면 지금은 비혼과 유학을 선택할 것 같습니다. 이미 결혼은 해보았으니 유학도 가보고 싶기 때문이죠. 하지만 유학 생활도 비혼 생활도 만만치 않을 것은 분명합니다.

어떤 선택을 하든 만만한 인생도 후회 없는 인생도 없습니다. 결혼은 힘들고 비혼은 쉬울까요? 비혼은 힘들고 결혼은 쉬울까요? 사람마다 다르고 상황마다 다를 것입니다. 깊이 기도하고 용기 내어 하나를 선택하고 그 선택에 책임지며 행복하게 살기를 진정으로 기원합니다. 하나님은 어떤 삶을 선택하든 기뻐하실 것입니다.

한국에서
애 낳으면
바보?!

포털이나 유튜브를 검색해 보면, 젊은 부부들이 출산을 포기하는 이유에 관한 기사들이 많이 나오더군요. 그들은 '결혼=출산'만이 아니라, '결혼=비출산'이라는 선택도 소중한 가치로서 존중되어야 한다면서, 출산만큼이나 아이가 행복하게 자라날 수 있는 사회적·경제적·가정적 환경도 중요하다고 합니다.

생물학자 최재천 교수가 "한국에서 애 낳으면 바보"라고 한 내용도 눈에 들어옵니다. 최 교수는 동물 세계에서 출산은 먹거리가 풍족하고 안전이 보장될 때 이뤄진다며 자연스럽고 자발적인 선택에서 출산이 이뤄지도록 사회적·경제적 제도와 환경이 보장되어야 하는데, 현재 한국 사회는 그렇지 못하니 "애 낳는 게 바보"라고 하더군요. 덧붙여, 남성들은 출산을 제외한 모든 영역에서 육아를 함께하기 위해 변하지 않으면 안 된다고 강조했는데 무척이나 공감되었어요.

아기 낳는 게
전도라고
비혼과 비출산에 관심이 급증한 이유는 한국 사회가 저출생,

고령화 시대로 접어들었기 때문이겠죠. 통계청에 따르면, 2021년 한국의 출산율은 0.81명으로서, 향후 1인 가구 비율의 급증(65세 이상의 독거노인)으로 초고령사회로 진입하리라 전망하고 있어요. 우리나라가 미국처럼 다민족·다인종 사회가 아니라서 유독 출산에 집착하는 경향도 있겠습니다. 한국 정부는 성평등한 사회 제도와 정책에 기반한 출산 정책을 마련하기보다는, 저출산의 책임을 여성에게 돌리는 듯한 경향을 보이곤 했습니다. 여성학자 정희진 씨가 "성대가 있다고 모두 가수가 되지 않듯, 자궁이 있다고 모든 여성이 출산하는 게 아니다"라고 말했는데, 참 적절한 표현이라고 생각해요.

　　이쯤 해서 '비혼 출산'으로 이슈화된 일본 출신 방송인 사유리 씨가 떠오릅니다. 그녀가 SNS에 비혼 출산을 알리자 여성들의 폭발적인 지지가 이어졌으나, 전통적인 가족 개념을 고수하는 자들은 사유리 씨의 비혼 출산을 못마땅하게 여겼죠. 출산과 비출산을 다루려면, 결혼과 비혼, 비혼 출산, 입양과 교육정책, 그리고 가족 정책(불임, 낙태, 인공수정)과 아동 돌봄(보육시설과 사회적 돌봄) 등 관련된 주제가 많아요. 여기에다 기독 여성으로서 출산과 비출산의 흐름을 어떻게 받아들여야 할지, 성경은 뭐라고 말하는지 등 문제를 보태면 풀기 쉽지 않은 주제임은 분명한 것 같아요.

　　하지만 출산할 건지, 출산하지 않을 건지는 여성 자신의 주체적인 선택과 결정에 따른 것이기에 사회가 이를 존중해 주면서 자발적으로 아이를 낳고 기를 수 있는 성평등한 정책과 환경을 만드는 데 주력해야 한다고 생각해요. 한국 교회도 마찬가지입니다. 여성들에게 출산을 명령할 게 아니라, 여성들의 처지와 형편을 헤아리는 데 힘을 기울이면 좋겠어요. 여러분을 직접 만나 생각과 고민을 들으며 대화를 이어 가면 좋겠다는 생각이 스쳐 지나갑니다. 그런 날이 오기를 바라면서, 이번 편지에서는 한국 교회가 여성의 출산과 낙태에 대해 어떻게 말해 왔는지 살펴보고, 여성의 성경 읽기와 제 경험을 통해 출산과 비출산을 어떻게 현대적으로 적용할 수 있을지 나눠 볼까 해요.

혹시 "아기 낳는 게 전도하는 거다"라는 설교를 들어 본 적 있나요? 저는 남성 목사들의 이런 설교를 듣노라면, 여성의 몸을 교회 부흥 수단 정도로 보는 것 같아 화가 납니다. 교회가 얼마나 여성을 비하하면서 전도를 강조했냐면, 10년 전 어느 대형 교회 목사가 "여자는 말이 많으니, 교회에선 입 다물고, 교회 밖에서 전도하면서 떠들면 돼"라는 설교를 한 것에서도 알 수 있어요. 그 목사는 "엄마들이 교회 봉사 열심히 하면 하나님이 자녀를 키워 주실 테니 걱정하지 말라"고 설교했다는 겁니다. 여성들에게 '출산이 곧 전도'라고 설교하면서도 막상 자녀 교육은 내팽개치고 교회 봉사에 올인하도록 뺑뺑이 돌리는 교회 중심의 이기적인 모습을 보이고 있는 거죠.

지인이 들려준 얘기인데, 놀이터에서 아이들이 쌍욕을 하면서 놀고 있더래요. 그분이 걱정돼서 "엄마 어디 계셔?"라고 물으니, 아이들이 "우리 엄마는 교회 갔어요"라고 답하는 걸 보고, '엄마들을 교회로 불러들이니, 자녀 교육이 엉망이구나' 싶어 서글펐다고 하더군요.

낙태 반대!
그런데 간통은 찬성?

윤정란 박사의 《한국전쟁과 기독교》를 보면 한국 교회가 국가의 가족 정책 혹은 시대가 바뀔 때마다 여성의 출산에 대해 성경 해석과 설교를 다르게 해왔음을 알 수 있어요. 책에 따르면, 한국 교회(NCCK)는 1960년대 박정희 정권 때 실시된 산아 제한, 피임법, 임신 조절, 수태 조절 등의 가족계획 사업에 따라, "생육하고 번성하라"는 성경적 의미를 '양적인' 생육과 번성이 아니라 '질적인' 생육과 번성으로 해석했어요. 또한, 예수와 사도 바울의 결혼관과 자녀관은 '비혼'이거나 '무자녀관'이라고 해석하면서, 피임과 인공유산(낙태)도 임신 12주 내라면 허용했습니다. 여기에 기독교 여성단체(YWCA, 기장 여신도회 전국연합회, 예수교장로회 여전도회 전국연합회 등)와 기독교 언론 기관들도 합세하여 정부의 가족계획 사업을 전파하는 역할을 했다네요. 그러다가 한국 사회가 저출생과 고령화 사회로 진입하자, 교회는 기존의 태도를 바꿔 "여자는 해산함으로 구원을 얻으리라"(디모데전서 2:15)라고 하면서 마치 '결혼=출산'이 여성의 구원이자 역할인 것처럼 강제하게 되었습니다.

특히, 낙태와 간통에 대해 보수 기독교(근본주의 교단)가 보인 상반된 입장을 보면, 이들의 관심이 어디 있는지 알 수 있어요. 보수 기독교는 헌법재판소가 '낙태죄 위헌' 판결을 내릴 땐,

살인하지 말라는 계명을 들어 여성에게 낙태죄를 물어야 한다고 외쳐 댔으나, 2015년에 헌법재판소가 간통죄 위헌 판결을 내릴 땐 침묵했으니까요. 간통은 십계명과 바울 서신, 요한계시록에 명시한 죄라서 교회가 헌법재판소의 판결에 적극 저항해야 할 사안이거든요. 반면에 낙태는 태아를 어디까지 인간으로 볼 수 있는가가 사회적·법률적·의학적·신학적으로 얽혀 있는 복잡한 젠더 이슈라서 곧바로 '살인'이라고 명명하는 건 무리가 있어요. 고신 헌법은 낙태에 대해 "인간은 태중에 잉태되는 순간부터 인간이다. …… 태아가 장애아거나, 부도덕한 성적 관계로 생겨난 태아라 할지라도 우리에게는 낙태할 수 있는 권리가 없다"라고 진술하고 있습니다. 여러분은 낙태에 대한 교단 헌법의 진술에 대해 어떤 생각이 드나요? 얼핏 보면, 교회와 교단이 태아를 생각하는 것처럼 보이지만, 성폭력 범죄와 임신에 가담한 남성의 성적 행위는 따지지 않고 있어요. 여성의 출산과 양육을 위한 어떤 대책도 마련하지 않으면서, 단지 낙태를 여성의 이기적인 '살인'으로 몰아 정죄하기만 한다는 데 문제가 있습니다.

　　　　지금은 남아 선호 사상이 철 지난 얘기일 수 있겠으나, 저는 결혼하자마자 아들을 낳아야만 하는 의무감에 신앙도 삶도 파선할 뻔했어요. 이북 출신인 시아버지가 손자를 바라서서 아들 낳게 해달라고 새벽 예배, 철야 예배에 빠지지 않고 기도했으나, 두 번의 자연유산 후 두 딸을 낳으면서 하나님에 대한 원망이 커졌고, 시부모와 교인들의 냉담과 편견으로 인해 자살을 생각할 정도로 심한 우울증을 앓았어요. 두 딸을 출산했음에도 신앙의 실패자가 된 것 같았더랬어요. 돌이켜 보면, 당시 남아 선호 사상은 현재 비혼과 비슷하게 여성을 정죄하는 가부장적 기제였다는 생각이 듭니다.

　　현재 대한민국 헌법은 모성 보호를 법의 목적 중 하나로 규정하고 있고, 국가, 지방자치단체 또는 사업주는 임신, 출산 및 수유 중인 여성을 특별히 보호하여 불이익을 받지 않도록 규정합니다. 남녀고용평등법 제8조에서는 혼인 또는 출산을 사유로 퇴직을 강요해선 안 된다고 규정하고 있으며, 모자보건법 14조에서는 '성폭력에 의한 낙태'를 허용하고 있어요. 아울러 현재 법학자들은 한국의 높은 낙태율이라는 현실적 문제와 태아의 생명권과 모(母)의 자기 결정권에 대한 기본권 제한의 법이 충돌한다고 보아, 이를 헌법적으로 풀기 위한 방도로서 임신 초기의 '기한 규제형' 도입을 제안하고 있습니다.

　　이렇듯 대한민국 헌법을 비롯하여 국가인권위, 유엔에서는 남녀평등과 모성 보호를 법으로 명시하고 있는데, 교회 헌법은 100년 넘게 남성 목회자의 관점으로 개정되어 오다 보니, 젠더 요소와 성 인지 감수성 요소를 찾아보기 어려운 법이 되었어요.

　　저는 "교회 헌법은 젠더 평등한가?: 성경적 페미니즘 관점에서의 교회 헌법 재고"라는 논문을 쓴 적이 있어요. 우리 사회는 남녀 고용 평등과 일, 여성 보호와 모성 보호, 성 주류화와 성 인지 감수성 정책을 반영하려 노력하는데, 한국 교회는 여성

에게 출산하라고 설교하면서도 정작 여성 사역자의 임신을 퇴
직 사유 영순위로 취급하는 이율배반적 모습을 보이고 있으니
까요. 남녀 모든 그리스도인에게 행동강령과 실천윤리의 지침
이 되어야 할 교회 헌법이 젠더 불공정과 젠더 불의의 근거가
되고 있어 안타깝습니다.

비출산은
살겠다는 선택

그렇다면 성경은 출산과 비출산에 대해 어떻게 말씀하고 있을
까요? 구약 이스라엘과 신약 유대 사회는 여성의 결혼과 출산
을 남성의 후손을 얻는 수단으로 여겼던 가부장 시대였잖아요.
당시 가정의 지도자는 남성이 중심이었고, 아내는 재산의 일
부로 여겨져 법적으로나 경제적으로 권리를 행사하지 못했으
며, 여성은 아들을 낳을 때 비로소 엄마의 지위와 신분이 보장
되었습니다.

예를 들어, 사라는 이삭의 어미로, 리브가는 야곱의 어미
로, 한나는 사무엘의 엄마로, 기생 라합과 룻은 다윗의 계보를
잇는 데 일조한 여성으로 기술되고 있으니까요. 성경 저자가 모
두 남성이기에 가부장적 관점이 지배적이었음을 무시할 순 없
겠죠. 그럼에도 성경은 사라, 라헬, 한나가 불임이 되었던 까닭
은 "하나님께서 태를 닫으셨기 때문"이라고 알려 주기도 해요
(사무엘상 1:5-6).

성경 속 여성들은 출산과 관련하여 언급되는데, 애굽 여

종 하갈은 여주인 사라로 인해 비자발적으로 출산하는 모습도 볼 수 있어요. 어쨌든 성경 속 리브가, 마노아의 아내, 한나, 예수의 어머니 마리아를 보면, 여성이 하나님을 만나는 대부분의 계기는 수태고지(임신 소식을 알리는 사건)임을 알게 됩니다.

　　여기서 '비자발적 출산'을 한 하갈, 그리고 '혼전 임신으로 출산'한 마리아를 어떻게 현대적으로 적용해 볼 수 있을지 생각을 나눠 볼까 해요. 이집트 출신의 여종 하갈은 여주인 사라의 강요로 일명 대리모가 되어 아브라함과의 관계 후, 비자발적 임신을 하게 되죠. 구약 이스라엘이라는 가부장 사회에서 여성의 결혼과 출산은 생존과 지위와 관련된다지만, 주인과 노예라는 신분은 엄격히 구별되었던 시대 같아요. 이는 하갈이 임신 후, 여주인 사라의 학대로 광야로 도망했음에서도 알 수 있으니까요(창세기 16:4-6). 하갈은 생존하기 어려운 절망의 장소 광야에서 여성의 몸과 성을 도구화하는 가부장제와 신분제로 인한 자신의 억울한 처지와 고통을 호소하며 울부짖었을 겁니다. 그런데 이때 하나님이 광야에 있는 하갈을 찾아오셔서 위로하며 그 아이의 미래를 약속해 주셨죠.

　　이미영 한남대 교수는 "비출산을 선택하는 젊은 세대를 위한 사유: 하갈에게 주는 엘로이의 위로와 희망"이라는 논문(《목회와 상담》 38, 2022, 159-62)에서, 오늘날 출산 기피는 풍요를 누리는 것처럼 보이는 젊은 세대의 결핍감과 무력감의 반증이며, 가족 돌봄과 공존에 대한 기대 없음으로 해석된다고 해요. 그녀는 하나님이 이방인이며 약자인 하갈을 찾아와 태어나지 않은 미래의 아들에게 약속을 주심으로 위로와 희망을 준 것처럼, 현재를 살기 위해 비출산을 선택한 젊은 세대에게 진정한 생명력을 맛볼 수 있는 '엘로이'의 위로와 희망을 주어야 한다고 합니다.

온라인 언론사 〈민중의 소리〉에 "엄마 신학자가 본 '성탄'의 의미"라는 글을 기고한 적이 있어요. 예수 그리스도의 성육신 탄생에 있어서, 엄마 마리아의 임신과 출산이라는 몸의 경험과 양육과 돌봄을 통한 아기 예수의 생애에 대한 증언이 부각되어야 성탄의 의미가 잘 드러난다고 생각했거든요. 성경에서는 예수 그리스도가 성령으로 잉태되셨다고 말씀하지만, 가부장제로 점철된 유대 사회에서 볼 때 마리아의 혼전 임신은 도저히 용납하기 어려운 죄였으니까요.

마리아의 임신과 출산은 생명을 걸어야 하는, 정혼자 요셉과도 파혼하게 될, 결과적으론 가족과 친지, 모든 사람으로부터 정죄당하고 고립될 수밖에 없는 위태로운 일이었습니다. 그렇기에 하나님의 새로운 창조 사역과 구원 사역의 시작인 예수의 탄생에서 마리아의 주체적이며 단독적인 신앙적 행위를 그저 '출산' 정도로 가볍게 여겨선 안 되리라 봐요. 왜냐하면 천사 가브리엘의 수태고지 사건과 성령 잉태, 그리고 출산과 양육의 경험은 그리스도 복음 사역의 시작을 알려 주는 동시에 예수의 인간성을 증언한 중대한 역할이었으니까요.

이런 이유로 저는 그리스도 복음의 시작을 알리는 예수의 성육신 탄생을 기점으로, 여성의 임신과 출산은 '남자의 후

손을 잇기 위한 도구'라는 유대 가부장 사회의 왜곡과 평가절하 공간이 허물어졌다고 해석해요. 아울러 성은 더 이상 남성의 전유물이 아니라, 하나님나라의 구원과 생명의 탄생을 위한 창조 본래의 선물임을 확증시켰다고 봐요. 마리아가 가부장적 유대 사회의 성 문화와 관습을 깨고, 임신과 출산, 양육이라는 몸의 경험을 통해 하나님의 생명력과 성의 신비, 예수 탄생의 의미를 증언했기에, 여성의 경험과 입장에서 성경을 읽는 게 중요하다고 본답니다. 왜냐하면 남녀평등과 여성 인권을 중요하게 여기는 21세기 현대 사회에서 여성의 관점으로 성경을 해석할 때, 비로소 남녀 모두에게 하나님의 위로와 희망을 줄 수 있다고 보기 때문이에요.

　　교회에서 언제나 거부되어야 하는 건 "여성은 이래야 한다"라는 성역할 규정이라고 생각해요. 두 딸을 낳은 저도 딸들이 각자 개성에 따라 자유롭고 멋지게 살아가길 바라는데, 하물며 여성 각자를 독특하고 존귀하게 창조하신 하나님께서 남성이 규정하는 획일적인 여성상에 끌려다니길 원치 않으실 겁니다. 한국 교회도 가부장적 가족 이데올로기나 모성 이데올로기에서 벗어나, 오늘날 출산 또는 비출산을 선택하는 기독 여성들의 자유와 선택을 존중하면서 하나님의 풍성한 위로와 희망을 전해 주면 좋겠어요.

아이가
너무 믿기도
했지만

우리나라 결혼 문화에는 폐백이 있습니다. 결혼 후 새댁이 시가 어른들에게 인사하던 풍습으로, 현대에 와서는 결혼식 직후 식장 안에 마련된 폐백실에서 양가 어른들에게 인사하는 것으로 바뀌었지요. 요즘은 안 하는 경우도 많더군요.

폐백을 할 때 신랑 신부가 절을 하면 어른들이 신랑 신부에게 밤이나 대추를 던져 주며 건강한 아이를 많이 낳으라고 덕담을 합니다. 결혼하면 아이를 낳는 것, 그것도 많이 낳는 것을 복으로 생각하기에 이런 풍속이 생긴 것이죠. 모든 생물처럼 인간도 남녀가 만나 아이를 낳으며 다음 대를 이어 가는 것은 본능이자 자연스러운 모습이라 생각해 왔고 지금도 이런 본능은 여전히 존재한다고 생각해요.

하지만 지금 세대는 이전과는 다른 시대를 살고 있습니다. 결혼도 출산도 선택할 수 있는 첫 번째 세대가 되었지요. 그리고 선택의 자유를 얻은 결과 한국은 세계에서 가장 출산율이 낮은 국가가 되었습니다. 출산율을 높이기 위해 10여 년 전부터 정부가 수십조 원의 예산을 퍼부었지만 개선의 여지는 보이지 않는 상황이죠. 정부에서 가임 지도를 만들거나 여성들이

고학력이 되면서 출산율이 떨어졌다고 발표하는 등 저출산 원인을 여성에게 돌리다 여성들의 반발과 역효과만을 일으킨 시대착오적 행정도 있었죠.

　　한편 교회는 저출산으로 인해 주일학교와 교인 수 감소를 체감하면서 예배 시간에 "생육하고 번성하라"라는 설교를 종종 하곤 합니다. 저출산이라는 사회적 문제를 '문화명령'이라는 이름으로 신앙 문제화했기 때문이죠. 현재 교회는 결혼과 출산으로 이루어진 부모·자녀 가정 모델을 성경적 가정이라 설교하고, 많은 자녀를 낳는 것이 하나님의 명령이자 축복이라며 출산 장려에 앞장서고 있습니다. 마치 가정과 자녀에 대한 강조가 원래 교회의 사명인 것처럼 말이지요.

언급되지 않는
칼뱅의 가정생활

그런데 역사적으로 교회는 결혼과 출산 문제에 그다지 관심을 갖지 않았습니다. 특히 많은 자녀 출산을 강조한 적이 없었지요. 초대교회는 그리스도의 재림이 임박했다고 생각했기에 결혼과 출산 문제보다는 교회 공동체라는 새로운 형태의 가족 관계에 많은 관심을 가졌어요. 그렇기에 바울은 결혼하지 않은 상태이면 결혼하지 않는 편이 좋겠다는 권면을 했지요(고린도전서 7:25~26). 교부 아우구스티누스는 결혼과 출산이 하나님의 선한 뜻이라 생각하고 결혼이 유익하다고 이야기한 반면(채승희, "아우구스티누스의 여성 이해", 〈선교와 신학〉 2009, 303). 히에로

니무스는 결혼과 성에 대해 배타적이고 부정적인 입장을 가졌어요.

　　당시 대부분의 교부들은 결혼과 성이 부정하냐 아니냐만 논의했지 자녀를 많이 낳아야 하는지는 언급조차 하지 않았지요. 그리고 중세 시대는 성관계 자체를 부정적으로 보았기에 성직자의 결혼을 금지하였고 독신 생활을 더 신앙적이라 생각했어요. 임신을 위한 성관계도 죄이지만 인류의 생존을 위한 어쩔 수 없는 행동으로 보고 아이를 많이 낳으라는 설교를 하지 않았어요.

　　교회가 결혼을 권장하게 된 때는 종교개혁 시대 이후입니다. 개혁 교회는 성관계를 부정적으로 보지 않으면서 성직자의 결혼을 허용하였고 출산에 제한을 두지 않았어요. 가장 대표적인 예는 루터와 카타리나로 이 둘은 결혼해서 여섯 자녀를 낳았지요. 이들은 종교개혁 이후 가장 이상적인 가정의 모습으로 지금도 종종 교회에서 설교되고 있어요.

　　하지만 같은 종교개혁자였던 칼뱅의 경우는 달라요. 칼뱅은 아이가 둘 있던 미망인 이들레트와 결혼하였어요. 하지만 불행하게도 그들 사이에서 낳은 세 아이는 모두 일찍 죽었고 이들레트도 결혼 9년 만에 죽었지요. 칼뱅은 아내가 죽은 후에도 그녀의 두 아들을 최선을 다해 돌보는 의리와 사랑을 보여 줍니다. 루터의 가정과는 너무 대조되는 모습이에요. 이런 칼뱅의 가정을 당시에는 별로 부정적으로 보지 않았어요.

　　하지만 현대에 와서 칼뱅의 가정은 현대 교회가 말하는

이상적인 모습이 아니기 때문에 그의 결혼과 가정생활을 거의 언급하지 않는 실정입니다. 루터의 가정은 많이 이야기하는 것과 대조적이죠. 칼뱅이 병약한 과부인 이들레트가 아닌 카타리나 같은 여자와 결혼했다면 루터처럼 더 건강하게 오래 살면서 많은 업적을 남겼을 것이라고 어느 신학 교수가 설교를 했어요. 그 교수는 현대 교회의 이상적인 가정과 결혼관을 가지고 칼뱅의 결혼과 가정을 부정적으로 평가한 것이지요. 하지만 종교개혁 시대에도 많은 자녀를 낳으라는 설교는 거의 없었어요. 당시 평균수명이 38세였고, 영아 사망률, 산모 사망률이 높았기에 출산 장려 설교가 무의미했던 것이지요. 아이를 많이 낳아도 많이 죽고 산모도 많이 죽으니 인구가 증가하기 어렵기 때문이죠.

　　교회가 많은 자녀를 축복이자 미덕으로 설교하기 시작한 것은 근대 유럽에서 산업혁명이 일어난 이후입니다. 생각보다 오래되지 않았죠? 산업혁명의 결과로 대규모 공장이 설립되고 일자리가 늘어나자 많은 인력이 필요하게 되었지요. 그러면서 남성은 공장에서 돈을 벌고 여성은 가정에서 아이를 낳고 양육하는 구조로 사회가 변했죠. 즉 가정이 사회에 필요한 인력을 공급하는 곳으로 변화하면서 현재의 가정 모델이 만들어지게 되었죠. 그리고 교회도 이런 사회적 변화에 발을 맞추어 결혼은 하나님의 뜻이며 많은 자녀는 하나님의 축복이라고 가르친 것이지요.

　　이렇게 사회의 요구에 따라 출산 설교가 달라진 것은 한국 교회도 마찬가지예요. 한국전쟁이 끝난 직후 아이들이 많이 태어났지요. 흔히들 '58년 개띠'라고 부르는 1차 베이비붐이에요. 그런데 인구 증가 속도가 너무 빠르다 보니 1966–1996년 사이에 정부에서 산아제한 정책을 시행합니다. 당시 우리나라는 급속한 인구 증가로 식량 부족을 겪었고 당시 세계적으로도 인구 증가로 인한 식량난을 걱정하였기 때문이죠. 이때 나온 표어가 '딸 아들 구별 말고 둘만 낳아 잘 기르자', '잘 키운 딸 하나 열 아들 안 부럽다'입니다. 저도 초등학교 때 이런 산아제한 포스터를 그린 기억이 있어요. 그리고 이런 사회적 분위기에 맞추어 교회도 '생육하고 번성하라'는 설교 대신 오히려 적절한 수의 자녀를 낳아 하나님 안에서 잘 키우는 것이 하나님이 주신 복이라고 설교하곤 했어요.

이런 교회 역사를 보면 결혼과 자녀 출산에 대한 관점은 당시 사회적 상황과 교회의 신학에 따라 변해 왔습니다. 결혼이나 출산이 하나님이 주신 의무라기보다는 자신의 신앙과 여러 가지 상황에 따라 선택할 수 있는 문제임을 알려 주고 있어요.

그런데 왜 지금 시대는 출산을 안 하는 선택을 하게 되었을까요? 왜 한국은 전 세계 최저 출산율을 자랑하게 되었을까요? 동물도 자신을 둘러싼 환경에 따라 개체수를 늘리기도 하고 줄이기도 하는 것처럼 사람도 안전하고 풍족한 환경에서는 숫자가 늘어나지만 자원이 부족하고 생존 경쟁이 치열한 곳에서는 숫자를 줄이는 것이죠. 이런 자연 원리로 보면 현재 출산율이 줄어드는 현상은 한국 사회가 생존 경쟁이 치열한 곳이기에 아이를 출산하고 양육하기 안전하지 않다는 의미입니다. 불안한 직장, 가부장적 가정 문화, 육아 친화적이지 않은 직장 문화와 사회 구조, 치열한 경쟁으로 인한 비싼 사교육비, 비싼 주거비, 각자도생의 문화 등 많은 요인이 비혼과 비출산을 선택할 수밖에 없도록 만들죠.

저도 이런 현실에 충분히 공감합니다. 제가 지금 시대를 산다면 저도 아이 둘을 낳는 선택을 할 수 있을지 장담하기가 어려워요. 그리고 국가 소멸, 초고령화 사회 문제 등 날마다 기성세대와 미디어가 떠드는 소리에 떠밀려 아이를 낳아야 한다고 생각하지도 않습니다. 육아에 확실히 도움을 주는 정책이나 사회와 교회를 만들지 않고 개인에게 모든 책임을 지우면서 아이를 낳으라고 하는 지금의 사회와 교회는 무책임하다고 생각해요.

내가 겪은
육아 이야기

그런데 저는 좀 다른 이야기를 해보려고 해요. 제 주변에는 비혼이거나 늦게 결혼해서 자녀 없이 사는 부부가 꽤 있습니다. 제 나이 또래 여성 사역자나 학자들 중에는 공부나 사역을 위해 비혼인 경우가 많기 때문이죠. 당시에는 사역과 공부와 가정 생활 병행을 좋게 보지 않았고 쉽지도 않은 시절이어서 결혼이냐 비혼이냐를 선택해야 했어요. 지금과는 다른 의미에서 결혼과 비혼을 선택해야 하는 시대였지요.

　　그런데 젊을 때는 비혼으로 살거나 자녀 없이 사는 것에 크게 신경 쓰지 않았고 사역과 일에서 자유롭게 일하며 보람을 느끼고 살았던 것 같아요. 아이들 때문에 사역과 공부에 전념하지 못하는 저는 때로 비혼을 선택한 자들이 부러웠답니다. 하지만 이들이 나이가 들고 부모님이 돌아가시고 형제들과 거리가 생기면서 외로움과 고립감의 문제와 씨름하더군요. 아프기라도 하면 돌보아 주거나 방문해 줄 사람이 없다는 사실에 두려움도 갖고요. 요즘 그들 중 몇몇 분은 결혼하고 아이를 낳았으면 좋았을 것 같다고 이야기합니다.

　　다 받아들일 필요는 없지만 이미 자녀가 없는 삶을 경험한 선배들의 이야기에 귀 기울일 필요도 있다고 생각해요. 우리는 임신과 출산을 생각할 때 지금 당장의 현실만 바라보기 때문이지요. 하지만 우리가 선배들의 이야기를 통해 좀 더 긴 인생을 바라본다면 임신과 출산을 다른 시각에서 볼 수도 있을 것 같아요.

　　요즘 우리 사회의 화두 중 하나는 각자도생이죠. 나 하나 살아남기도 힘든 각자도생의 시대에 아이를 책임지는 일이 무섭게 느껴질 거예요. 하지만 아무도 각자도생을 좋다고 생각하지도 않고 이상적이라고 생각하지도 않을 거예요. 어쩔 수 없이 그렇게 사는 것이죠. 왜냐하면 인간은 절대 혼자 살 수 없는 존재이기 때문이죠. 그래서 하나님도 태초에 인간을 하나가 아닌 둘로 만드셨지요.

인간은 누구나 돌봄과 사랑을 필요로 하는 존재이며 돌봄을 받고 돌보아 주면서 행복을 느끼고 삶을 풍성하게 만들죠. 어릴 때는 부모의 돌봄을 받고, 성인이 되면 어린 자녀를 돌보고 나이 든 부모를 돌보게 되죠. 그러다 나이 들면 다시 누군가에게 돌봄을 받다 죽는 것이 인생입니다. 주변을 보면 결혼을 하지 않은 싱글들도 부모와 형제에게 돌봄을 받거나 혹은 부모를 돌보거나 형제들의 자녀를 돌보는 등 다양한 돌봄에 참여하고 있어요. 그런데 이런 돌봄의 관계가 계속 이어지는 것은 부모 자식 관계밖에 없어요. 여기서 돌봄은 경제적인 부분만 아니라 감정적이고 정서적인 부분도 포함되는데 이런 정서적인 부분이 더 중요하다고 할 수 있어요.

사실 다른 사람들과의 관계에서는 부모 자식 관계에서 누릴 수 있는 풍부함, 사랑, 행복, 책임, 아픔, 서운함, 고통 등을 누리긴 쉽지 않아요. 그만큼 부모가 되어 자녀를 키우는 경험은 삶의 특별한 부분이에요. 그래서 저는 자녀를 낳고 기를 수 있다는 것이 하나님께서 인간에게 주신 복 중의 하나라고 생각해요. 물론 고통과 고생을 동반하는 복이지만 그래도 복이라 생각합니다.

제가 처음부터 아이를 복이라고 생각한 건 아니에요. 저는 결혼하고 7개월 만에 아이를 가졌어요. 저도 남편도 학생이었지만 남편이 학교에서 생활비를 적게나마 받을 수 있었기에 결혼하고 바로 아이를 가졌지요.

그렇게 첫 딸을 낳고 육아와 공부와 강의를 병행하면서

는 아이 때문에 행복한 순간보다는 힘들고 후회스러운 순간이 더 많았어요. 공부하러 갈 때 아이 맡길 곳을 찾느라 고생도 하고, 아이가 엄마를 찾느라 오전 내내 울었다는 소리에 가슴이 무너지기도 했었죠. 남편도 제가 학교 간 사이에 자기 학교로 아이를 데려가서 세미나를 하기도 하는 등 육아와 학업을 병행하던 학생 부부의 웃지 못할 에피소드는 무궁무진해요. 공부하러 방에 들어가면 그 앞에서 엄마 나올 때까지 악을 쓰며 울던 아이를 보면서 저도 많이 울었지요. 이때 저는 처음으로 아이 낳은 것을 후회했었지요. 그래서 아이가 예쁘다가도 너무 미웠어요. 아이를 키운 엄마들은 알 거예요. 큰아이에게는 애증 관계가 있다는 것을요.

그러다 큰아이 돌 무렵 둘째가 생겼어요. 마침 우리가 감당할 수 있는 아이는 하나이니 둘째는 포기하자고 이야기하던 때였어요. 그런데 둘째가 생기는 바람에 정말 마음도 힘들고 원망도 많이 했죠. 결국 둘째를 임신하고 그 아이가 돌이 될 때까지 공부는 휴학하고 육아에만 전념했어요. 그런데 이때 아이가 참 예쁘다는 것과 아이의 어린 시절은 금방 지나가기에 이 시간이 참 소중함을 깨달았어요. 공부는 나중에라도 할 수 있지만 아이의 어린 시절은 인생에 한 번뿐인 순간임을 알게 되면서 아이가 참 예쁘고 소중하다고 생각하게 되었고 큰아이도 예뻐할 수 있게 되었답니다.

당시에는 답답함이나 초라한 느낌이 불쑥불쑥 올라와 힘들었지만 지금 생각해 보면 애기 엄마였던 그때가 좋은 시절이었단 생각이 들어요. 온전히 엄마로서 살았던 그 경험이 제 인생을 풍부하게 만들기 때문이죠. 당시 교회에 아이들을 데리고 가면 권사님들이 종종 저보고 좋을 때라며 예쁘다고 하셨는데 그때는 그 말이 전혀 이해되지 않았어요. 늘 피곤에 찌든 채 옷이고 머리고 화장이고 제대로 하고 간 적이 없는데 말입니다. 그런데 지금은 그 말뜻을 알 것 같아요. 저도 요즘 아기 엄마를 보면 그냥 예쁘고 부럽거든요. 저는 가능하면 우리 청년들이 살면서 누려야 할 복과 기쁨을 포기하지 않았으면 좋겠어요.

직장맘은
이기적?

물론 현재는 저희 때보다 더 경쟁이 치열하고 경제적으로도 힘든 시절이지요. 저희 때야 남편만 벌어도 생활이 가능하던 시절이기에 직장을 다니던 여성들도 아이를 둘 정도 낳으면 대부분 전업주부가 되었으니 여성들이 지금보다는 덜 치열하게 아이를 키웠지요. 지금은 맞벌이를 당연하게 여기면서도 육아 문제는 여전히 여성의 몫으로 여기기에 여성들이 이중고, 삼중고를 겪는 경우가 많지요. 그래서 둘 이상 낳는 것을 꺼리고 있는 부분에 너무나 공감합니다.

　어느 목사님과 이야기하는데 자신은 아들 내외랑 살면서 손녀딸 육아를 돕고 있는데 젊은이들이 아이 키우기가 참 힘들겠다며 걱정하셨어요. 맞아요. 아직도 아이를 맡길 곳이 마땅치 않기도 하고 아이가 아프거나 문제가 생겼을 때 부모가 달려갈 수 있는 사회적 분위기도 아니지요. 그리고 무엇보다 회사 일로 지친 상황에서 저녁에는 육아를 감당해야 하니 얼마나 육체적으로 정신적으로 힘들겠어요. 저도 겪은 일이라 너무 잘 알아요.

　　하지만 힘들다고 포기하지 말고 점점 여성들이 아이도 키우고 일도 할 수 있는 사회와 가정을 만들기 위해 노력했으면 좋겠어요. 여러분과 여러분의 후배를 위해서요. 제가 결혼하고 아이를 낳았던 30년 전에는 아이 엄마가 직장생활을 하면 회사와 사회와 가정에서 이기적인 여자, 모성애가 없는 여자로 손가락질받았었죠. 그래서 직장맘들은 늘 죄책감 속에서 살아야 했고 가사 노동까지 완벽하게 하는 슈퍼우먼이 되길 요구받았죠. 그런데 그 힘든 상황 속에서 선배 여성들이 계속 문제제기하고 일하며 살아남아 목소리를 냈기에 예전보다 직장맘에 대한 인식이 바뀌었죠. 맞벌이가 아니면 살기 어려운 여건도 있었지만 선배 여성들의 노력이 없었다면 변화는 일어나지 않겠지요. 그러니 육아 친화적인 사회를 만들기 위해 같이 노력해 보면 어떨까요?

　　독일 교회에서 나온 교인 교육 서적에 보면 결혼 예정인 부부가 결혼 전에 부부 예비 학교에서 가사 분담, 육아 분담, 경제적 문제 등을 어떻게 할지 의논하고 토론하고 결정하는 과정이 담겨 있어요. 결혼 전에 부부가 이런 문제에 대해 오랫동안 이야기를 나누고 조율하고 약속하는 문화가 한국 교회에도 생겼으면 좋겠다는 생각이 들었어요. 부부가 이렇게 미리 이야기를 나누고 조율하고 약속을 하면 결혼과 임신과 출산과 육아에 대한 두려움도 많이 사라지고 부부간의 공동체 의식도 높아지지 않을까요?

　　마지막으로, 하나님이 주시는 특별한 은혜를 신앙인으로서 잊지 않았으면 해요. 아이를 키우는 데 부모의 헌신과 경제적 여건이 중요한 건 사실이에요. 그런데 이것이 전부는 아니에요. 하나님이 아이를 돌보아 주시는 부분이 있습니다. 부모만 아이를 키우는 게 아니라 하나님도 함께 아이를 키워 주시지요. 하나님이 우리를 돌보아 주시듯 아이도 돌보아 주십니다. 제 주위에는 경제적으로 풍부한 부모의 자녀들도 있고 경제적으로 어려운 목회자나 선교사의 자녀들도 있습니다. 그런데 아이가 성장한 후를 보면 하나님의 도우심을 의지하며 키운 가난한 목회자나 선교사 자녀들이 잘 성장한 경우를 종종 보아요. 이런 것을 볼 때마다 인간 부모가 아이에게 줄 수 있는 것보다 하나님의 돌봄과 복이 더 크다는 사실을 깨닫게 됩니다.

　　아이가 커 갈수록 부모가 해줄 수 없는 부분이 점점 많아지면서 요즘 저는 하나님의 돌보심이 얼마나 중요하고 큰지 점점 절감하고 있어요. 지금 시대에 내 힘으로 아이를 키우려 한다면 출산 포기가 당연한 선택일 수 있지만 하나님의 힘을 의지하며 아이를 키우려 한다면 아이 하나는 충분히 키울 수 있지 않을까요? 출산, 비출산의 선택은 신앙의 본질적인 문제는 아니에요. 다만 우리의 현재와 미래의 삶에 너무 중요한 부분이기에 신중하게 선택했으면 좋겠어요. 그리고 이 편지는 여러분의 선택에 도움이 되길 원하는 선배의 조언 정도로 여기면 됩니다. 저는 여러분이 어떤 선택을 하든 그 현명한 선택을 지지할 것입니다.

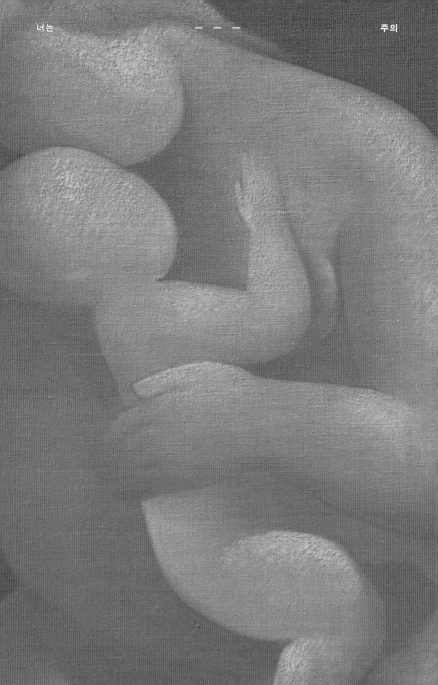

너는 ─ ─ ─ 주 의

완전한 ─ ─ ─ 딸이라

늘
미안한 마음으로 사는
엄마들

드라마 〈나쁜 엄마〉를 틈틈이 시청한 적이 있어요. 남편 없이 억척스럽게 살면서 아들을 검사로 만들기 위해 나쁜 엄마를 자처했던 주인공 엄마 영순(라미란)은 마침내 검사가 된 아들 강호(이도현)가 불의의 사고로 7살 지능의 아이가 되어 버리는 상황을 마주해요. 이젠 아버지의 억울한 죽음을 파헤치려는 예전의 검사 아들로 살지 말고, 맘 편히 행복하게 살아가도록 영순이 다시 '나쁜 엄마'가 되기로 작정하는 모습을 그리고 있어요. 마지막 회에서는 검사인 아들이 아버지를 죽인 자들을 법정에 세워 원한을 푸는 모습을 보면서 엄마 영순은 '행복했노라' 고백하며 숨을 거둡니다.

　　드라마는 다시 태어나면 "네가 원하는 좋은 엄마가 될게" 라고 결론을 맺지만, 제가 볼 때 영순은 최선을 다해 자식을 키운 훌륭한 엄마였어요. 물론 '좋은 엄마'에서 자녀를 학대 또는 유기하거나, 심지어 살인까지 저지르는 반인륜적이며 범죄를 저지른 어미는 제외되겠죠. 드라마를 보면서, '좋은 엄마'와 '나쁜 엄마'라는 이분법적 평가는 불필요하다는 생각과 함께 엄마라는 존재가 얼마나 소중한지 재차 깨닫게 됩니다.

　　좋은 엄마와 나쁜 엄마라는 주제로 글을 쓰려고 하니까 질문 하나가 떠오릅니다. 좋은 엄마와 나쁜 엄마를 규정하는 주체는 누구이며, 어떤 기준을 가지고서 규정하는 걸까? 어린 시절을 추억해 보면, 어떤 날은 엄마가 좋은 엄마처럼 여겨졌다가도 다른 날은 나쁜 엄마, 일명 '계모'라고 생각했던 적도 있었으니까요. 제 두 딸도 나에 대해 어떻게 평가하는지 다를 수 있겠고요. 그런데 사회나 교회에서 귀가 따갑도록 듣는 단어가 '현모양처'잖아요. '현부양부'(賢父良夫)라는 말은 왜 없을까 생각해 보면, 오랫동안 가부장제 역사 속에서 남성들에 의해 규정되어 온 단어라는 걸 알 수 있습니다.

　　문제는 좋은 엄마 또는 나쁜 엄마를 규정하면서, '여성은 이래야 한다', '엄마는 이래야 한다'라는 근거가 아기를 낳아 보거나 육아해 본 적 없는 남성들의 시선에서 언급된다는 점입니다. 2019년 인기 영화였던 〈82년생 김지영〉에도 나오지만, 남성 직장인들이 아기와 함께 커피 마시러 나온 엄마를 '맘충'이라고 부르며 비하하지요. '여성=모성'이라는 모성 이데올로기의 근저에는 여성을 비하하면서도 자녀 양육과 돌봄의 책임이 필요할 때는 엄마의 이름을 갖다 붙이는 이율배반적 가부장 시선이 담겨 있다는 생각이 듭니다.

엄마가 주인공인 드라마가 많은 이유

이번 편지에서는 여성의 시선에서 엄마에 관한 얘기를 나눠 볼까 해요. 저는 여성은 결혼하면 반드시 출산하여 엄마가 되어 아기를 양육해야 한다는 '여성=모성'이라는 모성 이데올로기에 반대합니다. 대신 남녀 모두가 살아 있는 생명의 돌봄과 나눔에 관여하는 '모성적 돌봄'이어야 한다고 생각해요. 그렇게 생각하는 이유는 두 가지인데요. 첫째는 코로나19 팬데믹을 경험하면서 기후 위기가 곧 인간의 위기라는 엄중한 현실 앞에서, 이젠 여성들에게만 자녀 양육과 가사 노동 등의 돌봄의 짐을 지울 수 없으며, 반려동물과 반려 식물, 더 나아가 하나님이 만드신 지구 환경을 돌보는 청지기 차원의 돌봄이 불가피해졌다고 보기 때문이에요. 아울러 비혼 여성, 불임 여성 등을 소외시키고 정죄하거나, 여성에게만 육아와 돌봄의 책임을 지우는 건 젠더 불공정이기 때문입니다.

둘째는 저출생과 고령자 1인 1가구 비율이 급증하는 사회에 진입하면서, '생산형 무임승차'와 '보호형 무임승차'라는 전통적인 이분법의 남성성은 그 효력이 다했으므로, 이제 '자신과 타인을 돌보는 남성성'에로의 전환이 불가피해졌기 때문이에요. 요즘은 생태사회학자들과 미래학자들도 돌봄을 중요하게 여기고 있어요. 한국 사회도 지난 20년간 아동 돌봄, 노인 돌봄, 장애인 돌봄, 동물 돌봄 등 사회적 돌봄이 확장되어 왔습니다. 사회적 돌봄은 복지뿐 아니라 사회의 지속적인 유지를 위한 가치와 활동으로, 가족·노동·교육·의료·보건·복지 등 국가가 개입하여 사적 돌봄의 사각지대를 메꾸는 공적 돌봄으로 자리매김 했거든요.

　　조안 C. 트론토는 《돌봄 민주주의: 시장, 평등, 정의》(박영사, 2021)에서 '함께 돌봄'(caring with)을 강조하며 다음과 같이 말합니다. "시민을 돌보는 서로의 책임, 즉 민주적 시민의 책임이다. 타인의 고통을 외면하지 않는 돌봄으로 민주주의가 채워지고, 민주주의가 돌봄을 중심으로 불평등을 줄여 나가는 유능함을 보일 때 돌봄과 민주주의는 가장 잘 어울리는 동반자로서 시민의 진정한 가치이자 우군이 될 것이다."

　　여성은 직장과 육아에 늘 치이면서도, 회사나 자녀, 남편과 시댁 모두에게 미안한 마음을 가지고 사는 것 같아요. 여성이 회사에 자녀 사진을 걸어 놓거나 자녀 얘기를 하면 회사 일에 소홀히 하는 사람으로 취급받지만, 남성이 아기 사진을 걸어 놓고 자식 얘기를 하면 좋은 아빠로 인정받는 분위기가 있다고 들었습니다. 여성에게는 인정과 칭찬보다는 의무나 희생이 기본값이지만, 남성에게는 인정과 칭찬이 상수가 돼버렸다 싶어요.

　　그래서일까요. 아빠보다는 엄마를 주제로 내세운 소설과 영화, 드라마가 훨씬 많은 것 같아요. 얼핏 떠오르는 건 김혜자·최진실 주연의 〈마요네즈〉, 유선 주연의 〈돈크라이 마마〉, 신경숙의 소설 〈엄마를 부탁해〉, 김혜자 주연 영화 〈마더〉와 조민수 주연의 〈피에타〉, 전도연 주연의 〈밀양〉, 그리고 이보영 주연의 드라마 〈마더〉입니다.

　　특히 영화 〈밀양〉에서 인상 깊었던 부분은 교회가 가르친 '용서' 개념이 아들을 잃은 엄마 피해자의 슬픔에 공감하지 못하는 가해자 중심의 단어라는 겁니다. 이러한 가해자 중심의 용서를 교인들로부터 강요받은 여주인공 신애가 교도소를 찾아가 "용서한다"라고 말하려는데, 가해자가 이미 하나님께 용서받았다면서 마음의 평안을 누리는 모습을 볼 때, 그동안 신앙의 이름으로 억지로 구겨 넣었던 신에 대한 분노와 자아 분열적 양상이 폭발하죠.

혈연 중심의 모성에서 비혈연 중심으로 모성의 확장이 됐긴 했어도(이보영의 〈마더〉), 엄마를 주제로 다룬 소설과 영화, 드라마가 여전히 가부장제의 이분법적인 성 역할에 기반하고 있다는 지적에는 공감이 가더군요.

솔로몬의
공포스러운 칼

초기 교부들과 종교개혁자들은 교회를 '어머니'로 표현했어요. 이레네우스는 교회가 "모든 생명체의 진정한 어머니"라고 했고, 아우구스티누스 역시 교회를 "신자들의 진정한 어머니"라고 하면서, 그리스도 안에서 교인들을 마음으로 품고 보호함을 사명으로 여겼죠. 저는 이 표현에는 차별과 위계의 특성이 아니라, 포용성, 평등성, 사랑의 돌봄, 성령의 위로 등이 담겨 있다고 봐요.

하지만 문득, 솔로몬 왕과 두 엄마의 이야기를 다룬 열왕기상 3장의 재판 이야기가 떠오릅니다. 두 창기가 한 아이를 두고 자기가 진짜 엄마라고 논쟁할 때, 솔로몬이 "칼을 가져오라"

명하여 진짜 어미를 가려내는 심리재판 장면이 나옵니다. 일명, '솔로몬의 지혜로운 재판'이죠. 솔로몬 시대에는 DNA로 친자를 확인할 길이 없었으니, 어쩔 수 없이 진짜 어미의 심리를 검증하려는 의도였음은 이해됩니다. 하지만 안타깝게도 지금까지의 성경 해석은 남성 권력자인 솔로몬 왕의 재판에 몰두한 나머지, 당시 사회적 약자인 두 여자가 솔로몬 왕의 재판과정에서 느꼈을 겁박과 공포는 전혀 생각하지 못한 것 같아요.

구약학자 유연희 박사는 열왕기상 3장에 나오는 두 여자가 창녀가 아닌 이유는 창녀는 기혼 여성과 달리 아기를 낳는 여성일 수 없기 때문이라네요. 그럼에도 본문에서 '창녀'라고 명명한 것은 솔로몬 시대의 가부장 문화 규범을 이탈한 여성을 '레이블링'하여 차별하고 배제하기 위해 선택한 단어라고 해석하고 있습니다[유연희, 《혐오를 부르는 이름, 차별》, "그녀를 창녀라 불렀다: 레이블링으로 차별하기", 한국학술정보(주), 2020]. 남성 권력자 솔로몬 왕의 지혜를 보여 주기 위해, 누구에게도 보호와 인정을 받지 못해 그 당시 사회적으로 배제된 두 여자를 향해 모성의 진위를 시험했다는 건 참 아이러니하게 들립니다.

저는 일곱 살, 세 살이었던 두 딸을 키우면서 공부하고 교회 사역을 하며, 가사에 며느리 역할까지 하기가 너무 벅찼어요. 두 딸을 낳아 키우는 엄마로서, 그리고 하나님은 왜 나를 여성으로 지으셨을까를 고민한 여성 신학자로서 느꼈던 고뇌와 갈등, 그리고 한참 어린 딸들을 살뜰히 보살펴 주지 않아 혹여나 딸들에게 그늘로 남는 건 아닌지 죄책감에 시달렸던 나날도 엄청 많았더랬죠. 게다가 두 딸과 남편에게 항상 미안한 마음을 갖고 살면서 동시에 시부모와 교인들에겐 '남편과 두 딸을 팽개쳐 버린', '욕심 많은 엄마'로 취급받았습니다. 누구 하나 내 편이 되어 주지 않는 삶에서, '내가 괜히 신학의 길에 들어서서 두 딸과 남편에게 해를 입히는 건 아닐까?'라는 고뇌와 번민이 수도 없이 들었으니까요.

　　　그런데 저만 그렇게 느낀 게 아니었더군요. 백소영 교수는 《엄마 되기: 아프거나 미치거나》(대한기독교서회, 2009)를 쓴 이유로, "분명 난 내 아이를 사랑하며 하나님이 보내신 귀한 선물임을 믿고 느끼는데, 그럼에도 '모성'의 이름으로 부여된 것들을 해내는 동안 '나의 나 되고픔'이 끊임없이 방해받아 어느덧 아이를 향한 내 감정조차 혼란스럽거나 죄스러워지게 만든 그 뒤엉킨 경험, 어찌 이름해야 할지 몰라 절절매던 나의, 우리의 모성 경험으로부터 그렇게 시작된 연구였다"라고 고백하는데, 정말 공감이 되더군요.

나 됨과 엄마 됨
사이에서

이제 회갑을 맞이했음에도 여전히 '엄마'라는 단어만 들으면 괜히 울컥해집니다. 가부장적이고 냉담한 아버지와 달리, 엄마는 저를 많이 예뻐해 주셨어요. 어릴 적 저는 '엄마 껌딱지'였답니다. 엄마가 가는 곳이면 어딜 가든 졸졸 따라다녔어요. "우리 막내딸!" 하고 나를 부르던 엄마의 소리가 지금도 그립습니다. '엄마'를 생각하면 지금도 잊히지 않는 일이 떠오릅니다. 제가 첫딸을 출산할 때, 엄마가 오셔서 저를 돌봐 주다가 한 달 후에 집으로 돌아가는 뒷모습을 보는데, '엄마가 나를 이렇게 낳고 키웠구나'라는 생각에 얼마나 눈물이 쏟아지던지요! 엄마는 돌아가시기 몇 해 전, 우리 집에 한 달 머물고 가신 적이 있었어요. 우리 집 낡은 TV가 마음에 걸렸던지 모아 둔 푼돈으로 좋은 새 제품을 사 주셨는데, 나중에 몇천 원씩 통장에 입금된 돈을 모아 사 줬다는 걸 알고선 그 자리에서 엉엉 울었답니다.

　　'나 됨'과 '엄마 됨' 사이에서 끊임없이 고뇌하고 갈등하는 엄마들이야말로 위로와 돌봄이 필요한 존재가 아닐까요? 엄마 되기는 아이를 출산하면 자동적으로 이뤄지는 게 아니라, 자녀를 출산하는 고통과 갈등의 파도를 힘겹게 넘고 신음과 낙심의 골짜기를 헤쳐 나오면서 비로소 이뤄지는 거라 봅니다.

　　도덕성 발달 이론가 콜버그(Kohlberg)는 남성의 도덕 관점을 '정의의 윤리학'(원칙 중심적)이라 칭하고, 여성의 도덕 관점을 '돌봄의 윤리학'(인간관계 중심적)이라 하여 여성에게 돌봄과 희생이 잘 어울린다고 말했어요. 하지만 주체성과 독립성을 상실한 희생과 돌봄은 더는 도덕적 의무라고 볼 수 없겠습니다. 나 됨과 엄마 됨 사이에서 갈등하는 엄마도 또 다른 엄마 됨의 모습이라고 생각되니까요. 엄마 되기란 당사자의 신앙적 선택과 삶에 있는 것이지, 사회나 교회가 끼어들어 이래라저래라 규정해선 안 되리라 생각해요.

　　사회든, 교회든 '좋은 엄마', '나쁜 엄마', '엄마 되기'라는 훈계나 판단을 멈추고, 자녀 양육에 지친 엄마들이 잠시라도 쉴 수 있도록 위로와 격려를 해주며, 이 세상 엄마들이 행복하게 자녀를 양육할 수 있도록 친여성적 제도와 정책을 수립하는 데 많은 관심을 기울여야 한다고 생각해요. 아울러 기후 위기 시대에 접어들어, 일상에서 보살핌이 이뤄지도록 남녀 모두 모성적 돌봄으로 나아가야 하리라 봅니다. 교회가 하나님의 넓은 품 안에서 '함께 돌봄'을 실천할 때, 이 땅의 엄마들도 쉼과 행복이 넘쳐날 것입니다.

너는 주의

We Can Do

완전한 — — — 딸이라

일하는 엄마는 역사였다

'엄마'는 참 많은 생각과 복잡한 감정을 주는 단어 같아요. 저는 엄마를 생각하면 세상에서 유일하게 나만을 생각해 주는 내 편이라는 생각, 젊은 날에 오직 자녀를 위해 헌신적으로 사셨던 모습, 일찍 돌아가신 아빠 몫까지 짊어지고 다섯 남매를 키우다가 우시던 모습, 제가 결혼하고 공부할 때 가장 든든한 지원군이셨던 모습까지 오직 자녀를 위해 헌신하셨던 기억이 나요. 팔순이 넘으셨지만 지금도 집에 가면 무어라도 하나 더 먹이겠다고 종종거리시는 전형적인 엄마의 모습입니다.

전업주부인 엄마를 보고 자란 저는 이 모습을 엄마의 모델이라고 생각했었죠. 그런데 막상 제가 엄마가 되어 보니 엄마의 모습을 따르는 것이 어려웠어요. 일단 저와 엄마의 상황은 달랐어요. 저는 공부도 하고 강의도 하는 입장이라 전적으로 아이만을 돌보는 전업주부가 아니었기 때문이죠. 제 일을 위해 때로는 우는 아이를 옆집에 맡기기도 하고, 양가 부모님 댁에 맡기기도 하고, 어린이집도 일찍 보냈어요. 항상 분주했기에 아이들의 요구를 다 따라 줄 수도 없었고 항상 같이 있을 수도 없었고요.

일하는 엄마의 삶은 아이들이 학교에 입학한 이후에는 더 문제가 되었어요. 요즘과 달리 당시는 엄마가 전업주부라는 전제로 학교가 운영되었기에 엄마들이 학교를 부지런히 드나들어야 하던 때였지요. 하지만 저는 그러지 못했고 결국 문제가 생겼어요. 초등학교 1학년 1학기 후반쯤에 아이가 선생님이 자기만 남겨서 청소를 시켰고, 근 한 달을 혼자 남아 청소를 했다고 하더군요. 당시 청소는 엄마들이 돌아가며 하던 때라 아이가 남아 청소할 일이 없던 때였어요.

왜 그런지 몰라서 교회의 또래 엄마들에게 물어보니 제가 학교 행사를 많이 참석하지 않으니 아이를 통해 돈을 가지고 오라고 선생님이 사인을 보낸 것인데 그것도 몰랐냐고 핀잔을 주더군요. 이 일은 저에게 두고두고 상처가 되었어요. 이것은 일차적으로 담임 선생님의 자질 문제이지만 어쨌든 일하는 엄마로서 엄마들 모임이나 학교 행사에 참여하지 못하다 보니 정보나 상황 파악이 어두워 생긴 일이기도 했으니까요.

이런저런 일로 인해 저는 친정엄마와 교회의 전업주부 엄마들과 비교하며 좋은 엄마가 되지 못했다는 죄책감을 가졌지요. 특히 엄마의 정보력이 대입의 성패를 좌우한다는 말이 유행하기 시작하던 시절, 변변한 인맥과 정보력 없이 중·고등 아이들을 키우는 것은 끊임없이 저의 무능함과 죄책감을 불러일으키기에 충분했지요. 결국 큰애는 재수해서 대학에 들어갔는데 딸이 대입에 실패했을 때 가정과 교회에서 엄마가 자기 박사 공부하느라 애 공부는 뒷전이었다는 비난도 받았었지요.

한 번도 입시와 시험에서 떨어져 본 적 없던 저나 양가의 입장에서 딸아이의 대입 실패는 엄마인 저의 실패로 여겨졌지요. 이때가 아마 엄마로서의 최대 위기가 아니었을까 합니다. 내가 왜 결혼을 하고 아이를 낳아 내 노력의 결과가 아닌 아이의 대입으로 내 인생 전체를 평가받아야 하는지 억울하고 화도 났었죠. 저를 실패한 엄마로 보는 상황이 억울해 속앓이를 심하게 했어요.

그런데 거기서 끝이 아니었지요. 아이들이 졸업하고 취업해도 엄마로서의 실패와 성공을 가르는 잣대는 끊임없이 생기더군요. 좋은 곳에 취직했는지, 결혼했는지, 손자 손녀는 낳았는지, 신앙생활은 잘하고 있는지 등등 아이들이 성인이 되어 스스로 인생을 꾸려 갈 나이가 되어도 우리 사회는 여전히 아이의 성공과 실패를 엄마의 성공과 실패로 보며 끊임없이 좋은 엄마의 역할을 요구하고 기대합니다. 이런 엄마의 역할은 아마도 죽어서야 끝날 것 같아요. 이런 잣대로 보면 저는 교회에서 말하는 좋은 엄마나 성공한 엄마는 아니에요.

할머니들은
일을 하셨고

전통 교회는 성경적 자녀 양육, 기독교적 교육법, 하나님이 기뻐하시는 자녀 양육 등과 같은 다양한 이름으로 이상적인 양육 방식을 교육합니다. 그런데 교육 대상은 주로 전업주부 엄마들이고, 엄마의 사명은 아이를 잘 키우는 것이며 그것이 어떤 사명이나 일보다 중요하다고 가르치고 있어요. 그리고 자녀를 사랑하기 위해서는 자기희생이 필요한데 여기서 핵심은 시간입니다.

엄마는 365일 24시간 아이를 위해 대기 중인 사람들이라고도 하죠(드니즈 글렌, 《마더와이즈-지혜》, 277). 글렌은 내 권리를 찾기 위해 아이와 가족이 치러야 할 대가를 생각해 보았다고 합니다. 이 말은 엄마가 자신의 권리를 찾는 것은 문제가 있으며 자신의 의무를 방임한 잘못된 행동이라고 생각하게 만들어요. 엄마는 단지 아이를 키우기 위한 존재처럼 수단화되며 엄마의 사정은 전혀 고려되지 않고 오직 아이의 상황만 고려해야 한다는 생각을 갖게 하죠.

이런 이야기를 듣고 있으면 여러 가지 사정으로 아이를 전적으로 돌보지 못하는 엄마들은 죄책감에 사로잡히게 됩니다. 특히 일하는 엄마는 아이를 중심으로 살지 않는 이기적인 엄마 같고, 하나님이 주신 엄마로서의 사명을 잘 감당하지 못하는 죄인처럼 생각되어요. 예전의 저처럼 말이죠.

이것은 단지 엄마로서의 정체성만 흔들지 않고, 신앙인으로서의 정체성도 흔들리는 심각한 문제예요. 하나님 앞에 죄인이 되기 때문입니다. 저도 일하는 엄마였기에 이런 이야기를 들을 때마다 죄책감에 시달리고 스트레스를 받았었죠. 백소영 교수는 이런 갈등하는 엄마의 상황을 《엄마 되기, 힐링과 킬링 사이》(2013)에서 잘 보여 주고 있어요.

그런데 전업주부 엄마 중심의 자녀교육 세미나는 본인이 일해야만 가족의 생계가 유지되는 엄마의 상황은 전혀 고려하지 않았다는 데 심각한 문제가 있어요. 이 엄마들은 누구보다 가족과 자녀를 위해 최선을 다하지만 아이와 함께할 시간이 부족하기에 수고가 부인되고 '부족한 엄마', '아이를 충분히 돌보지 못한 죄인'이 되는 것이지요. 여성들의 다양한 삶을 무시하고 근대 산업 사회의 중산층 전업주부를 표준으로 놓고 이를 성경적 엄마, 이상적인 엄마의 모델이라며 틀에 끼워 맞추려는 시각은 옳지 않다고 생각해요.

사실 전업주부 엄마의 모델은 우리 역사에 등장한 지 얼마 되지 않아요. 저의 친할머니를 기억해 보면 일찍 혼자 되셔서 늘 농사일을 하며 생계를 꾸려 가느라 바쁘셨어요. 외할머니도 할아버지와 함께 가게 일을 하셨었지요. 친정엄마는 할머니가 늘 가게 일로 바빠 본인이 동생들의 아침과 도시락을 챙기느라 힘들었다고 종종 말하셨어요. 우리나라에서 중산층 전업주부의 이상을 가장 잘 실현한 세대는 저희 엄마 세대와 저희 세대입니다. 저희 세대까지는 일하는 엄마보다 전업주부 엄마가 더 많은 실정이죠.

이렇게 조금만 윗세대로 올라가면 일하는 엄마가 역사에서 가장 오래된 엄마의 모습임을 알 수 있습니다. 우리나라도 도시화, 산업화가 일어나기 전 농경 시대나 봉건 시대에 여성이 농사일과 가업에 동참하는 게 당연했었고, 산업화가 진행된 이후인 지금도 농어촌에서는 여성이 농사 일이나 어업 일을 하고 있지요.

그리고 현재는 도시에서도 성역할 분업이 점점 흐려지고 있습니다. 여성도 남성과 동등하게 교육받고 다양한 영역에서 사회 경제활동을 하는 경우가 많아지고 있어요. 현실적으로도 요즘은 부부가 맞벌이를 해야 경제적으로 안정된 가정을 이루거나 생활이 가능한 경우도 늘고 있기에 일하는 엄마는 이제 선택이 아닌 필수가 되어 가고 있죠. 한 시대의 모델로 떠올랐고 우리 세대가 당연하다고 여겼던 전업주부 엄마의 모습은 점점 유물이 되어 가고 있습니다.

무능한 엄마,
어리석은 엄마

이런 시대에 성경이 말하는 엄마의 모습은 어떤지 생각해 보아요. 구약에는 정말로 다양한 엄마가 등장합니다. 적극적으로 아이의 인생에 개입한 엄마도 있고, 무능한 엄마도 있고, 하나님께 전적으로 맡긴 엄마도 있어요.

적극적인 엄마의 예는 사라와 리브가입니다. 사라의 경우 이삭에게 아브라함의 모든 재산과 권리를 주기 위해 이스마엘을 쫓아내죠. 이삭이 이스마엘과 혹시라도 갈등을 일으킬 가능성을 미연에 방지하기 위해 사라는 이스마엘을 내쫓으라고 아브라함에게 강력하게 요구해요. 그리고 사라의 요구대로 하갈과 이스마엘은 쫓겨나고 모든 권리는 이삭이 차지하게 되지요. 여기에는 물론 하나님의 승인도 한몫했습니다. 이런 사라의 모습은 유능한 엄마이자 아들 이삭에게는 좋은 엄마일 수는 있으나 하갈의 아들인 이스마엘에게는 참 냉혹한 모습이기도 합니다.

　　리브가도 사랑하는 아들 야곱을 위해 남편과 큰아들을 속이는 일도 마다하지 않았어요. 하나님의 저주가 임하면 그것도 자신이 받겠다며 야곱이 축복을 받도록 수단과 방법을 가리지 않지요. 이런 리브가의 행동은 옳지 않았고 속임수로 인해 후에 야곱 개인과 야곱의 가정은 끊임없이 고통을 당하게 되지요. 하나님이 작은 자를 선택했다는 신탁을 받았기에 이런 행동을 했다고 변명할 수 있을지도 모르겠지만 하나님의 뜻이라고 해서 잘못된 방식을 정당화할 수는 없지요. 리브가는 아들을 지극히 사랑하고 좋은 관계를 가지고 헌신하였지만, 하나님의 뜻에 순종하며 천천히 하나님이 어떻게 일을 이루어 가실지 기다리는 신앙에 실패하였고 야곱의 인생을 어렵게 만들었습니다.

　　우리는 이런 리브가를 어떤 엄마로 평가할 수 있을까요? 유능하고 아이를 헌신적으로 사랑한 엄마이지만 선악을 제대로 구별하지 못한 어리석은 엄마라고 평가할 수 있을 것입니다. 그럼 사라에게 내쫓긴 하갈은 어떤 엄마일까요? 무능한 엄마입니다. 사라처럼 힘이 있었던 것도 아니고 리브가처럼 적극적이지도 못했습니다. 그렇기에 쫓겨날 때 아들의 앞날을 위해 아브라함에게 졸라 재산을 챙기지도 못하고 달랑 음식 약간과 물 한 부대를 받고 쫓겨나죠. 그 결과 그녀는 광야에서 아이가 죽어 가는 것을 바라보아야만 했습니다.

　　그때 아이의 울음소리를 들으신 하나님이 하갈에게 나타나셔서 생명과 보호와 축복의 약속을 주셨어요. 무능한 엄마 하갈을 대신해 하나님이 이스마엘을 책임져 주시겠다고 약속하셨고 후에 이스마엘이 큰 민족을 이룰 수 있게 하셨지요. 하갈은 무능한 엄마이지만 하나님이 두 번이나 찾아와 만나 주시고 돌봄을 받은 은혜받은 여성입니다.

　　사라, 리브가, 하갈은 모두 완벽한 엄마는 아니었습니다. 부족하거나 욕심이 많거나 어리석거나 무능했지만 하나님은 이들을 모두 한 민족의 어머니로 세우시고 함께하셨습니다. 완벽해서 부르신 게 아니라 아브라함과 이삭과 야곱처럼 부족해도 오직 은혜로 선택하시고 세우신 것이지요. 좋은 엄마냐 나쁜 엄마냐로 평가하여서 그녀의 자녀들을 선택할지 말지를 결정하신 게 아니라는 것입니다. 그녀들과 그녀의 자녀들은 오직 은혜로 하나님의 선택을 받고 하나님의 백성으로서 축복을 누리고 산 것입니다.

　　그러므로 기독교인은 엄마라는 정체성보다 하나님이 선택하신 사랑받는 자녀라는 정체성이 최우선입니다. 아브라함과 이삭과 야곱에게 아버지라는 정체성이 우선이 아니라 하나님의 선택받은 백성이라는 정체성이 우선인 것처럼 말입니다. 그렇기에 엄마가 되었을 때도 있는 모습 그대로 나의 정체성을 지키며 나의 형편에 맞추어 아이를 양육하고 교육하면 된다고 생각해요. 아이를 위한 완벽한 양육 방식이나 육아법, 완벽한 환경이나 완벽한 엄마나 부모는 모두 허상입니다.

좋은 엄마의
모델

그럼 완벽하진 않아도 좋은 엄마의 모델은 성경에 없는 걸까요? 우리는 종종 좋은 어머니의 예로 한나의 이야기를 꼽습니다. 하나님께 기도하여 사무엘을 얻고 그 사무엘을 훌륭하게 키워 하나님의 종이 되게 한 어머니라고 말이지요. 하지만 한나가 실제로 사무엘을 키운 시기는 서너 살 정도까지이고 그 후 어린 사무엘은 엘리 제사장 가문 사람들의 손에 컸어요. 한나는 사무엘을 얻고 하나님의 사랑을 확인한 후 서원한 대로 어린 사무엘을 떠나보냈지요. 물론 사무엘을 기억하고 기도했을 것입니다. 매해 옷도 만들어 주었으니까요. 그러나 요즘 말하는 좋은 엄마의 모델처럼 아이를 위해 모든 시간과 노력을 헌신하진 않았어요. 아이를 자기 인생의 최우선으로 두지도 않았지요. 요즘 이렇게 자신의 서원을 위해 아이를 교회로 보낸다면 아동학대로 고발당할 것이 분명합니다.

　한나에게서 얻을 수 있는 좋은 엄마의 원리는 하나님께서 아이를 키워 주심을 믿고 하나님 손에 맡기는 것입니다. 사실 엘리 제사장 집안의 영적 상태는 최악으로, 하나님의 심판을 받기 일보 직전이었고 아이가 자라기 좋은 환경이 아니었지요. 엄마의 보살핌도 없고 영적으로도 부패한 상황 속에 내던져진 사무엘을 돌보시고 키우시고 자신의 종으로 세우신 분은 하나님이십니다. 사무엘은 한나의 아이지만 또한 하나님의 아이이기에 하나님은 사무엘을 열악한 환경 속에서 키우시며 보호하셨지요.

우리는 종종 신이 아이들을 다 돌볼 수 없어 어머니를 주셨다고 말하며 어머니의 역할을 강조합니다. 하지만 우리 하나님은 전능하시고 전지하시며 눈동자처럼 보호하시는 분이기에 우리 아이들도 우리보다 더 잘 돌보고 인도하십니다. 즉 내 아이에겐 나보다 더 지혜롭고 능력이 많은 보호자이자 양육자이신 하나님이 계신 것이지요. 그러기에 나보다 내 아이를 더 잘 아시고 잘 돌보아 주시고 인도하신다는 믿음이 바로 한나에게 배워야 할 모습이지요. 그러므로 하나님을 향한 신앙을 더욱 굳건하게 세워 나가는 것이 엄마의 가장 중요한 덕목이라고 생각합니다.

우리는 엄마로 부름받은 것이 아니에요. 하나님의 자녀로 부름을 받았고 하나님이 주신 은사를 가지고 가정과 교회와 사회에서 각자의 역할을 하면서 살아가는 귀한 존재입니다. 이런 인생의 여정 속에서 배우자와 아이를 만나고 이들과 동행하며 계속해서 나에게 주어진 인생을 사는 것이지요. 나의 삶에 들어온 아이와 잘 동행하기 위해 서로 양보하고 배려하고 돌보며 살아가는 것입니다. 아이가 아주 어릴 때는 일방적인 돌봄이 필요하겠지만 아이가 커 가면서 아이도 부모의 일이나 상황을 이해하고 거기에 맞추어 살아가는 지혜와 배려를 배우게 됩니다. 그리고 부모도 아이를 키우며 겪는 다양한 경험을 통해 인간과 사회와 하나님을 알아가게 되지요. 이렇게 아이와 함께하는 시간에 부모도 성장하고 성숙하게 됩니다.

인생에서 가장 기도를 많이 하며 하나님께 간절히 매달릴 때가 언제인가요? 내 인성의 바닥을 직면할 때가 언제인가요? 인내심의 한계를 알게 될 때가 언제인가요? 가장 황홀한 인생의 순간은 언제인가요? 얼굴만 봐도 즐거울 때가 언제인가요? 밥 안 먹어도 배부를 때가 언제인가요? 가장 깊은 좌절을 맛볼 때가 언제인가요? 아마도 아이를 키울 때가 아닌가 합니다. 저는 그랬던 것 같아요. 이것들은 부모가 아이를 키우며 겪는 삶의 당연한 경험들이고 이 경험을 통해 부모와 자녀는 삶을 배우고 하나님을 알아가게 된다고 생각해요.

우리 아이들은 초등학교 고학년이 되면서 엄마가 일하는 모습을 이해하기 시작했고 이에 대해 불평한 적이 없었어요. 소풍 때 김밥을 사서 주어도 그러려니 했고, 학교 학부모 모임에 잘 참석 못해도 별로 신경 쓰지 않더군요. 고등학교 때는 엄마가 일하고 돈을 벌어 학원도 다닐 수 있다며 아주 만족해하기도 했어요. 대학교 이후로는 엄마가 일하느라 바빠서 자신들을 귀찮게 안 하니 좋아하더군요. 아이들도 제 삶의 방식을 이해하고 그에 맞추어 살았고 저도 아이들을 위해 저의 많은 시간을 할애하며 지금까지 그럭저럭 지내온 것 같아요. 그리고 이젠 아이들이 저의 삶의 동지로 여겨집니다.

이런 저의 모습은 좋은 엄마일까 나쁜 엄마일까요? 아이들을 학대, 방임, 유기는 안 했으니 일단 나쁜 엄마는 아닌 것 같고 그렇다고 아이만을 위한 헌신적인 엄마는 아니었으니 좋은 엄마라고 말하기도 어렵네요. 하지만 누군가 만들어 놓은 좋은 엄마란 틀에 굳이 맞출 필요가 있을까요? 나만 아니라 이 글을 읽는 모든 엄마도 좋은 엄마, 나쁜 엄마라는 틀에서 벗어나 자신다운 엄마로 하나님이 허락하신 아이와 행복하게 시간을 보내면 좋겠습니다.

가능해요,
가능합니다

교회 내 페미니즘이 가능한지를 묻는다면, 가능하고, 또 가능하도록 여성들이 외쳐야 한다고 말하고 싶어요. 한국선교연구원 발표에 따르면, 2021년 말 기준으로 합동 교단에 속한 교인 9만 명이 감소했다네요. 합동 교단의 교세는 5년 연속 감소하고 있는데 그 수가 무려 47만 명에 이른다고 합니다. 저는 합동 교단의 교인 수 감소는 페미니즘을 학습한 젊은 여성들이 교회의 성차별과 목회자의 가부장적 권위에 회의를 느껴 떠나고 있고, 젊은 남성들도 따라 떠나는 상황이라고 보고 있어요.

2019년, 총신대 교수들의 성희롱 발언이 터진 바 있었어요. 한국교회언론회는 수업에서 여성의 성기를 언급하며 성희롱 발언을 한 교수를 옹호하는 가운데 "성희롱에 대한 뚜렷한 기준이 없이, 과학적 근거를 들어 성 이야기한 것을 희롱으로 몰아선 안 되며 …… 급진적 페미니즘 대신 성경적 가르침이 필요하다"라면서 페미니즘 탓을 했습니다. 겉으로는 성서의 권위를 앞세우지만, 실상은 가부장성을 강화하면서 여성의 인권과 남녀평등의 정신을 깨우친 여성의 주체적 인식과 저항을 차단하고 있음을 알 수 있어요. 페미니즘이 교회를 파괴하는 게 아니라, 교회의 가부장적 악행과 관습이 젊은 여성과 남성을 교회 밖으로 내모는 것 아닐까요!

　　2016년 강남역 여대생 살인 사건과 2018년 서지현 검사의 성추행 폭로로 촉발된 미투 운동(Me Too Movement)은 한국 교회 안에서 잠자고 있던 여성혐오와 성차별 문제를 적극 들여다보게 했어요. 페미니즘은 '믿는 페미', '갓페미'와 같은 기독교 여성 모임을 중심으로 가장 주목받는 이슈로 자리 잡았고, 진보 여성 신학자들을 중심으로 기독교 페미니즘에 관한 포럼과 저술이 활발히 이루어졌죠. "여성 됨이 곧 인간 됨"이라는 여성의 주체적 인식의 틀인 페미니즘의 렌즈 없이는 여성에 대해서도, 여성을 창조하신 하나님에 대해서도, 인간 됨에 대해서도 알 수 없다고 봐요. 교회 내 페미니즘은 2천 년 동안 하나님의 형상인 여성을 차별해 온 교회사의 가부장적 성서 해석을 바로잡기 위해서라도, 기독 여성으로서 여성 됨에 관해 주체적 인식을 정립하기 위해서라도 필요합니다.

나의 페미니즘
입문기

저는 보수 기독교와 극우 기독교를 포함하여 복음주의 안에서 여성의 주체적 성경 읽기와 페미니즘의 만남으로써 '성경적 페미니즘'을 주장합니다. 성경적 페미니즘은 내 인생과 신앙을 지탱해 준 버팀목이요, 보수 교단의 성차별적 여성관에 대한 문제의식과 신학 연구의 의미를 찾게 해준 도전과 저항이었으니까요. 이번 편지에서는 총신과 합동 교단에서 45년간 신학과 신앙생활을 해온 제가 어떻게 '성경적 페미니즘'을 외치게 되었는지, 성경적 페미니즘이란 무엇인지 나눠 볼까 합니다.

총신대학교 신학대학원에서 신학을 시작했을 때, 페미니즘은 자유주의 이념으로 치부되었습니다. 저 역시 합동 교단에서 신앙을 키우며 신학을 배웠기에, 처음엔 페미니즘에 대해 닫혀 있었어요. 그런데 신학을 배우며 교회 사역을 하면서, 교회가 말하는 신앙과 교리는 가부장적인 아버지의 모습과 너무도 닮았음을 깨닫게 되었죠. 이러한 문제의식을 지녔어도, 박사학위 과정을 할 생각은 전혀 없었더랬어요.

그런데 총신대에서 '교회 여성 리더십'으로 박사학위 논문을 쓰게 된 결정적인 계기가 있었습니다. 당시 신대원 총장이었던 고(故) 김의환 총장은 채플 후 여학생들을 불러 놓고선, '여성 안수=동성애'라는 프레임을 만들더니 여성 안수는 절대 안 된다고 훈계했어요. 어떤 여학생이 여성 안수에 관한 석사논문을 읽었다고 말하자, 석사논문이라는 말에 코웃음을 치더니, 여성 안수 반대에 관한 박사논문이 무수히 많다며 으스대었어요. 저는 그때부터 '총신대 안에선 박사학위가 있어야 여성에 대해 무슨 말이라도 할 수 있겠구나'라고 다짐하게 되었죠. 참 아이러니하죠? 여성 안수를 부정하던 모임에서 싹이 텄으니 말이에요.

'교회 여성 리더십'으로 박사학위를 받은 건 여성 안수 불가를 외치던 보수교단(합동, 합신, 고신)을 통틀어 제가 처음이었습니다. 제 주위 선후배들은 지도교수가 예전에 '여성 안수를 허용하는 자유주의자'로 몰린 일이 있었기에, 이 주제로 박사학위 논문 쓰는 걸 만류하기도 했어요. 당시 총신대 대학원장과 실천신학 학장이 여성 안수를 극렬하게 반대했던 교수들이었기에 혹여나 지도교수를 힘들게 하진 않을지 저 역시 고뇌가 많았죠. 하지만 '교회 여성 리더십'에 관해 논문을 쓰려는 열정은 이런 안팎의 문제들보다 컸습니다.

꿋꿋이 버틴 결과 마침내 2009년에 "교회 여성 리더십의 이론과 실천"이라는 주제로 실천신학 박사학위를 받게 되었어요. 논문을 쓰면서 페미니즘과 여성 신학 관련 서적을 많이 접하게 되었고, 조금씩 페미니즘에 눈을 뜨기 시작했죠. 저는 틈틈이 대학교에서 여성학 교재로 사용하고 있는《새 여성학 강의》(동녘, 2005)를 비롯하여 여성 신학 논문들을 보면서 페미니즘과 기독교 페미니즘에 관한 이론을 홀로 학습하게 되었어요.

그러던 중, 〈뉴스앤조이〉에 교회 여성 리더십과 관련한 글을 연재하기로 하여 "교회 여성 리더십을 외칩니다!"라는 기사를 쓰게 되었습니다. 그런데 지도교수가 다음 날 일찍 전화를 걸어 총신대 이사들이 난리가 났다면서 제 글을 빨리 내리라고 하더군요.

저는 박사학위 논문을 정리하여 연재하려고 했던 것이었는데, 지도교수가 자신의 교단 내 입지만 생각하느라 7년 동안 길러 낸 제자의 학문적 행보를 이렇게 저지하는 모습을 보고 기가 막혔습니다. 총신대에서 강의할 수 있도록 이끌어 줄 지도교수나 학문적으로 교류를 나눌 선후배도 없이(모두 지도교수 편에 섰으므로), 결국 철저히 혼자가 돼 버렸어요. 하지만 여기서 무너질 순 없었습니다. 틈틈이 총신대 사이트에 들어가서 강사 공고를 확인하곤 했어요. 어느 날, '현대 사회와 여성' 강사를 초빙한다는 공고를 보고 서류를 제출했으나 결과는 탈락이었습니다. 총신대에서 지도교수의 지원 없이 강의를 할 수 있을지 막막하기만 했죠.

　　그런데 기적이 일어났어요. 2009년 2월 15일, 총신대 교무과에서 저에게 강의를 해달라는 전화가 온 것입니다. 당시 총신대 총장 대행을 했던 ○○○ 목사가 '현대 사회와 여성'을 강의하기로 내정된 강사가 통합 교단 사람이라는 걸 알고서 합동 교단에 있는 강사를 채용하라고 지시를 내렸다고 하더군요. 마침내 기적처럼 2009년 3월 2일부터 저는 총신대에서 교양과목을 강의하게 되었습니다. 교회 여성 리더십으로 실천신학을 전공한 제가 홀로 학습해 왔던 여성학을 강의하니 꿈만 같았죠.

　　처음엔 신학을 전공한 자로서 교양과목을 강의하게 되어 정체성 혼란이 왔지만, 제 전공을 살려 가정과 사회뿐 아니라 교회 안에서 여성들이 어떤 정체성을 가지고 어떤 역할을 해야 할지 여성학과 페미니즘 이론을 성경과 실천신학 이론에 접목하여 강의하였습니다. '현대 사회와 여성'을 강의하면서, 보수 교단의 차별적인 여성관을 개선하기 위해선 '성경적 페미니즘'이 필요하다는 비전과 담대함도 생기게 되더군요. 아울러 한국연구재단의 지원을 받아 보수 기독교 내 성 윤리, 교회 리더의 성(聖)과 성(性), 성차별적 설교, 남녀 파트너십 연구도 할 수 있었습니다.

　　그러던 중, 2015년 12월 총신 신대원 여동문 송년회에서 동료 강사였던 박유미 박사가 "여성 안수가 이뤄지게 해달라"고 기도하자, 설교자인 김영우 총장은 "여성 안수 반대는 만고불변의 진리요 개혁신학의 보루"라는 설교를 했어요. 저를 포함해 그 자리에 모인 여동문 모두가 뜨악할 수밖에 없었습니다.

　　당시 2016년도 1학기 강의를 요청받아 이력서와 강의계획서까지 전산으로 입력하고 학생들까지 열람한 상태였는데, 갑자기 여성 안수를 기도했던 박유미 박사의 강의가 박탈되었고, 저는 평소 강의에서 여성 안수와 여성 리더십을 적극 강조해 왔던 터라 '현대 사회와 여성' 강의와 총신대 부속기관인 평생교육원에서 강의해 왔던 '한국 사회와 여성 문제' 과목이 갑자기 '개설유보 및 폐지'되는 일이 벌어졌습니다.

　　저는 여성을 함부로 대해 온 합동 교단과 절차를 무시하면서까지 여강사를 해고하는 총신대의 성차별적 관행을 더는 참고 싶지 않았습니다. 그래서 총신에서 더는 강의하지 않아도 좋다는 결기로 〈뉴스앤조이〉를 비롯한 기독 언론과 여성단체에 알렸고, 총신대 총장에게 학교의 성차별 악행에서 비롯된 '부당해고'에 대한 내용증명도 보냈습니다.

　　제가 이런 행동을 할 때 가족 외엔 아무도 내 편이 되어 주지 않았습니다. 심지어 여성 노동센터도 민원을 넣자 "종교 문제는 다루고 싶지 않다. 이길 승산이 없다"라며 손사래를 쳤어요. 하지만 "그래서 총신대나 합동 교단이 여성들을 더 차별하며 함부로 대하는 거예요. 승소하지 않아도 좋으니, '성차별에 의한 부당해고'라는 문제 제기라도 하고 싶습니다"라고 간청했더니 사건을 접수해 주었습니다. 이후 지방노동위원회에 제소를 했고, 학교는 패소하자 중앙노동위원회로 재심 청구를 하였으나 총신대 여강사 부당해고라는 최후 인정을 받게 되었습니다.

총신대의 여강사 부당해고 사건의 과정과 결말을 SNS에 알리면서 《여성이 만난 하나님》(넥서스, 2016)을 출판하게 되었는데, 많은 사람이 지지와 응원을 보내 주었을 때 얼마나 힘이 나던지요! 보수 기독교 내 성경적 페미니즘과 관련한 책을 써야겠다는 일종의 소명감과 열망이 어느 날 떠올랐고 《성경적 페미니즘과 여성 리더십》(새물결플러스, 2020)도 쓰게 되었어요. 한국연구재단의 지원을 받아 '보수 기독교 내 성경적 페미니즘', '젠더 정의와 교회 직제', '교회법은 젠더 평등한가?'와 관련한 연구를 활발히 할 수 있었습니다.

울퉁불퉁한 신앙적 삶의 여정과 신학적 고투의 길에서 좌절과 원망도 많이 했지만, 그럼에도 성경적 페미니즘의 필요성을 더욱 선명하게 외치며 연구하도록 이끄신 하나님의 손길과 도우심이었다는 깨달음이 들었어요.

존 스토트가 인정한
페미니즘

'성경적 페미니즘'은 복음주의자 존 스토트(J. Stott)가 일레인 스토키의 책《페미니즘의 옳은 점》(*What's Right with Feminism*)을 인용하면서 소개한 단어예요. 스토트는 "페미니즘은 창조와 구속, 사랑과 정의, 인류애와 사역에 대한 것"이라고 하면서, 성경적 페미니즘의 기원을 종교개혁으로 보았어요. 이는 존 스토트나 일레인 스토키 모두 종교개혁의 정신인 만인제사장설에 기초했음을 알 수 있습니다. 종교개혁은 르네상스 휴머니즘의 영향 아래, 교황과 사제만이 신적 권위를 취하면서 교인을 열등하게 취급한 중세 가톨릭교회의 비인간적 악습을 뒤집어 인간 본연의 존엄과 가치를 되살린 '인간성 회복 운동'이었으니까요. 그래서 종교개혁은 남녀노소 예외 없이 모든 사람이 인식의 주체로서 성경을 읽고 세상 속에서 하나님의 제사장으로 서게 하려고 어려운 라틴어 성경을 버리고, 자국어로 번역된 쉬운 성경을 보급하는 데 주력했죠.

　　안타깝게도 종교개혁 시대도 남성의 성경 읽기로 천착하여 여성을 '가정 내 존재'로 가둠으로써, '만인 제사장설'은 허울뿐, 오히려 성역할 분업이 강화된 것입니다. 저는 21세기에도 여성에게 진정한 종교개혁이 오지 않은 이유는 교회가 여성의 주체적인 성경 읽기를 인정하지 않았기 때문이라고 보고 있어요.

　　하지만 여성들이 하나님께서 주신 성경 말씀에 귀 기울

이지 않는 건 불신앙적인 행위요 자녀 됨에 대한 직무 유기라고 생각해요. 아버지나 어머니가 유언장을 남기고 돌아가셨을 때, 자녀라면 유언장을 꼼꼼하게 읽어야 하지 않나요? 유언장의 단어와 문맥을 살핀 후, 자녀들이 합의할 때 비로소 그 유언장은 효력을 발휘할 수 있으니까요. 그런데 만일 부모의 유언장을 아들만 읽게 된다면 어떤 일이 벌어질까요? 딸이 유언장을 읽지 않는다는 건 부모의 유지와 뜻을 저버리는 일이 될 것입니다.

저는 여성의 성경 읽기도 이와 똑같은 이치라고 생각해요. 하나님께서 여성과 남성 모두에게 성경을 주셨는데, 왜 여성은 하나님이 말씀하시는 지혜와 은혜의 선물을 포기하고 남성의 일방적인 해석에 끌려다니면서 신앙생활을 하게 되었을까요? 여성이 성경을 읽지 않고 남성의 성경 읽기로 대체한다면, 여성을 지으신 하나님께서 과연 기뻐하실까요? 저는 그렇지 않다고 생각해요.

하나님의 형상으로 창조된 여성의 존엄과 주체성, 독특함과 지혜를 드러내기 위해서라도 여성이 주체적으로 성경을 읽어야 합니다. 아울러 가부장적으로 심하게 치우친 성서해석과 신학 담론, 신앙 교리와 성 윤리를 온전하게 하고 균형을 잡으려면 여성의 주체적 성경 읽기는 장려되어야 하니까요.

종교개혁 시대나 지금의 한국 교회를 볼 때, 훌륭한 신학자나 설교자가 없어서 교회가 복음의 본질과 사명을 잃어버린 게 아니라, 여성의 주체적인 성경 읽기를 차단하여 여성을 종속시켰기 때문이라는 결론에 이르게 됩니다. 신앙적 주체가 되지 못하면 하나님의 백성이나 딸이라는 신앙적 자존감도 생길 수 없습니다. 한국 교회를 살릴 수 있는 길은 하나님이 뭐라고 말씀하시는지, 어떻게 살아야 하나님께서 기뻐하실지 여성들이 지금 당장 성경을 꼼꼼히 읽는 데 있다고 말하고 싶어요.

제가 기독 신앙과 성(性)의 관계를 중요하게 여기는 이유는 하나님께서 남성과 여성을 서로 다른 몸을 지닌 성적인 존재요 하나님의 형상을 입은 인격적인 존재로 창조하셨음을 믿기 때문입니다. 인간의 몸은 지금, 그리고 영원히 하나님과의 관계 속에 개입되어 있으며, 하나님의 이미지는 몸의 경험과 인간관계에서 형성되게 마련이니까요. 성은 인간의 생명과 사랑의 가치와 연결되어, 육체적·정신적·영적인 자유와 친밀성, 성적 에너지와 충만을 경험하는 전인적 성격이 있습니다.

그렇기에 저는 성경적 페미니즘이란 그리스도 복음을 믿는 인격적 주체로서 그리스도 복음과 여성, 여성과 교회, 여성과 남성의 관계를 읽어 내는 또 다른 시각이라고 생각해요. 지금까지 가부장적 성경 해석은 마치 하나님을 높이고 찬양하는 것 같으나, 남성성을 지나치게 특권화한 나머지 여성에 대한 차별, 배제, 혐오의 죄악을 정당화해 왔어요. 페미니즘과 젠더의 현실성을 무시한 가부장적 성경 해석은 인격적이며 성육신적인 복음을 놓쳐 버렸습니다. 이러한 가부장적 성경 해석이 성경적인 것처럼 회칠되고 교리로 굳어지면서, 교회 여성은 복음적 위로와 자존감 없이 끌려다니는 불행한 신앙생활을 해오게 된 것이죠.

누구와 어떻게 사는
하나님나라인가

드라마 〈미스터 션샤인〉을 보셨나요? 저는 노비 출신인 이병헌이 독립운동을 하는 양반 규수 김태리에게 물었던 "당신이 구하려는 조선에는 누가 사는 거요? 거기에는 백정은 살 수 있소? 노비는 살 수 있소?"라는 대사에서, 하나님나라를 추구하는 교회 안에 성경적 페미니즘이 왜 필요한지 통찰을 얻을 수 있었어요. 지금까지 기독인들은 '예수 믿어 천국 가는' 것에만 몰입했지, 막상 하나님나라에서 남녀가 어떤 관계 속에서 영원히 살아갈 것인가에 관해선 관심을 가지지 못했다는 자각이 들었기 때문입니다.

누가복음 17장 20-21절을 보면, 바리새인들이 하나님의 나라가 어느 때에 임하냐고 물을 때, 예수께서는 "여기 있다 저기 있다고 못 하리니 하나님의 나라는 너희 안에 있다"라고 답하셨어요. 하나님나라는 '지금 여기', 그리고 '관계적'인 삶 가운데서 이루어진다는 의미니까요. 특히 코로나19 팬데믹 이후, 하나님과 인간 그리고 자연 세계가 모두 유기적으로 연결되어 있음이 분명해지고, 모든 존재의 자율성과 공존, 상호 의존성과 연합의 가치가 요구되는 때입니다. 교회는 여성의 주체성과 여성 됨의 권리, 정체성, 자유와 권리, 복음적 사명을 맘껏 펼칠 수 있도록 평등하고 열린 공동체로 바뀌어야 할 것입니다.

성경적 페미니즘이 교회의 가부장적 신앙 체제를 흔들며 관습에 균열을 일으키는 것처럼 보일 수도 있습니다. 하지만 페미니즘의 도전과 저항은 오히려 평등하고 건강한 공동체로 교회가 거듭날 수 있는 자극제가 될 것이며, 하나님나라 복음의 실현과 사회적 책임을 위한 남녀 파트너십을 모색하는 등대가 될 것이라 봅니다.

　　여성의 인권과 남녀평등을 중요한 가치로 인식하는 21세기에 들어서 페미니즘은 세계적인 이슈요 거대 담론입니다. 간혹 '백래시'나 '안티 페미니즘' 같은 저항도 일어나지만, 인권과 성평등 실현을 위한 페미니즘의 거대한 물줄기는 막을 수 없다고 봅니다.

　　교회도 마찬가지입니다. 하나님의 형상대로 창조된 남성과 여성이 함께 자유, 정의, 평화와 인간성 회복을 목표로 삼는 것이 기독 신앙과 일치한다면, 예수 그리스도의 복음이 성차별과 인종 차별, 그리고 신분 차별의 벽을 무너뜨리고 모든 사람이 그리스도 안에서 '하나'임을 선포하는 것이라면, 성경적 페미니즘은 교회의 안녕과 상생을 위한 필수 코드임이 분명합니다. 보수 기독교가 성경적 페미니즘을 통해 여성에게 하나님의 형상이라는 본래의 존엄을 되찾아 주고 성서의 권위를 되돌려 주며, 남녀의 독특성과 상보성을 인식하여 하나님나라 공동체를 실현해 나가는 일에 지혜를 모을 수 있는 날이 속히 오길 간절히 소망합니다.

공부해요,
페미니즘

2023년 4월에 어느 교단에서 '저출산 극복을 위한 개혁주의 신학포럼'을 열었습니다. 기조 강연에 나선 총회장 목사는 저출산 원인 중의 하나로 페미니즘을 지목했었지요. 여성이 결혼과 출산을 안 하게 된 원인이 페미니즘에 있다며 가정 파괴의 도구라고 주장하였지요(총회 다음세대목회부흥운동본부, "저출산 극복을 위한 개혁주의 신학포럼" 1, 〈합동기독신문〉, 2023. 4. 6.).

현재 교회 내에는 20대 남성들의 반감과 남성 목회자들의 부정적 입장이 결합되어 페미니즘을 반기독교적으로 규정하고, 페미니즘을 긍정적으로 생각하는 20대 여성들을 공격하며 죄악시하는 경향이 있습니다. 2016년 강남역 살인사건으로 페미니즘이 다시 떠오른 이후 교회에서는 남녀 청년 간에 갈등이 생겨났고 현재도 진행 중이죠. 그리고 이 과정에서 많은 여자 청년들이 상처받고 교회를 떠나기도 했습니다. 이들에게 교회는 더 이상 자유와 평등과 구원이 있는 샬롬의 장소가 아닌 억압과 차별의 공간이 되었기 때문이죠.

차라리

뱀에 물려라?

알다시피 페미니즘은 남성만이 사람 혹은 시민으로 인정되던 시대에 여성도 남성과 동등한 인간임을 주장하며 시작된 여성 중심의 운동입니다. 동서양을 막론하고 대부분 사회는 아주 오랫동안 남성 중심의 가부장제를 당연하다고 생각했었죠.

　그런데 이런 가부장제를 떠받친 핵심 사상은 여성은 남성보다 존재론적으로 열등하다는 것입니다. 남성과 동일한 영혼을 가진 인간으로 여성을 생각하지 않았고, 여성은 남성과 동일한 인간으로서의 권리를 가질 수 없으며 항상 남성에게 종속된 삶을 살아야 한다고 생각했어요. 어려서는 아버지를 따라야 하고 결혼하면 남편을 따라야 하며 남편이 죽으면 아들을 따라야 한다는 조선 시대의 삼종지도가 대표적인 예죠. 유교 사상이 지배적이던 우리 할머니 시대나 그 이전 시대까지 우리나라 여성들의 삶은 차별과 억압의 삶이었고, 1992년에 방영된 드라마 〈아들과 딸〉은 60-70년대의 남녀 차별을 잘 보여 주고 있어요.

　그러다 1970년대 후반에 한국에 페미니즘이 소개되고 1982년에 이화여대 여성학과를 중심으로 페미니즘 운동이 시작되면서 가정과 사회에서 여성을 차별하는 데 대한 문제제기가 시작되었지요. 여성도 남성과 동일한 인격과 가치를 가진 존재로 남성과 동일한 인간과 시민으로서의 권리를 가져야 한다는 주장이 이때부터 한국 사회에서 터져 나오기 시작했고 남아선호사상을 정면으로 문제 삼은 드라마 〈아들과 딸〉의 배경에는 이런 페미니즘 운동이 있었던 것이지요.

　　페미니즘은 가부장제에 대해 비판하고 그동안 무시된 여성의 목소리와 감정, 경험, 판단을 인정하고 존중하는 것에서 시작합니다. 가부장제는 남성의 목소리와 감정과 경험만이 중시되고 모든 문제와 사건과 이론의 판단 기준이기 때문에 남성 쪽으로 심하게 기울어진 저울추를 여성 쪽으로 옮기며 남녀 간의 균형을 맞추려는 운동과 이론이 페미니즘인 것이지요.

　　우리나라에서 가부장제를 공고히 한 사상이 유교라면 서구 사회에서는 기독교가 그 역할을 하였어요. 여성을 실패한 남성이라고 본 그리스 철학의 영향을 받은 초대 교부들은 여성을 열등한 존재로 보았고, 중세 시대에는 독신 남성 성직자들이 자신의 절제할 수 없는 성적 욕망을 여성의 책임으로 돌리면서 여성을 유혹자로 규정하고 여성혐오 발언을 쏟아 냈었죠. 교황 인노첸시오 3세는 "여성의 사악함은 다른 모든 사악함보다 더 크다. …… 뱀에 물리는 것보다 여성을 알게 되는 것이 더 불치병이다. 독을 품은 동물을 피하듯 여성을 피하라"고 하였어요(진 에드워드, 《하나님의 딸들》, 29). 이런 교부들의 사상이 교회의 전통이 되면서 교회는 서구의 가부장제를 지탱하는 신학적 근거를 제공해 왔죠.

　　지금도 설교 강단에서 나오는 여성혐오 혹은 여성 차별적 발언들은 기독교의 뿌리 깊은 가부장제 문화의 결과예요. 가부장제 문화는 여성에게 발언권과 교육을 허락하지 않기 때문에 교회의 성직자와 신학자들은 모두 남성이었고 그 결과 오직 남성의 관점으로만 성경을 읽고 해석하고 교리를 만들어 왔습니다. 그 결과 현재 교회에서 전통이라고 이야기되는 대부분의 신학은 오직 남성의 관점만으로 만들어지게 되었어요.

위대한 신학자들의
어리석은 생각

이런 상황 속에서 서구 사회에서 페미니즘이 시작되었어요. 서구 사회의 페미니즘은 창세기 1장 26절을 근거로 여성도 하나님의 형상을 가진 남성과 동등한 존재라는 주장에서 시작합니다. 지금 보면 여성이 하나님의 형상이라는 것은 너무 당연하지만 놀랍게도 초대교회부터 종교개혁 시대까지 여성을 남성과 동일한 하나님의 형상을 가진 존재로 본 신학자나 목사가 없었어요.

유명한 교부였던 아우구스티누스는 여성은 하나님의 형상을 남성과 더불어 가지고 있으며, 남성이 없으면 하나님의 형상을 가지지 못한다고 하면서 여성을 남성에게 종속시켰죠. 초대교회의 가장 위대한 설교자로 알려진 크리소스토무스는 오직 남성만 하나님의 형상을 가지고 있으며 남성이 여성에게 조언을 구하는 것은 가장 하등한 동물에게 조언을 구하는 것과 같다고 하며 여성의 인격을 완전히 무시했었죠. 중세 신학을 집대성한 신학자 토마스 아퀴나스도 여성의 하나님 형상은 남성이 가진 무엇인가가 빠진 결핍된 상태라고 보았고 스위스의 종교개혁자 츠빙글리는 여성은 하나님의 형상이 없다고 주장하였지요.

칼뱅은 남녀 모두 동일한 하나님의 형상이 있음을 인정하였지만 그것도 동등성은 영적인 부분과 내세에서만 인정하였고, 현재 가정과 사회와 교회 속에서 여성은 여전히 남성에게 종속된 이중적 태도를 취합니다. 여기서 나온 것이 '존재론적 평등, 기능적 종속'이라는 모순적인 말이죠. 평등과 종속은 서로 반대되는 말로 함께 공존할 수 없기에 모순적인 것이죠(박유미,《오늘 다시 만나는 구약여성》, 27-30).

창세기 1장 26절이 남성과 여성 모두 하나님의 형상으로 창조되었다고 명백하게 말씀하는데 왜 기독교 역사는 아니라고 주장했을까요? 그것은 성경 해석자와 설교자들이 자신이 살던 가부장제 문화 속에서 남성 우월주의 관점에서 성경을 읽었기 때문입니다.

위대한 신학자라고 하더라도 성별, 시대, 문화, 교육 정도 등 자신을 둘러싼 환경을 초월해서 성경을 해석하기 어려워요. 그동안 교회는 남성의 관점만을 객관적이고 권위 있는 성경적 해석이라고 믿었고, 페미니즘은 바로 이 지점을 비판하는 것으로 남성의 관점이 절대적 관점이 아니며 가부장적이고 남성 중심적 관점도 다양한 관점 중 하나이기에 절대적으로 옳은 성경 해석이 될 수 없다는 것이죠.

이런 주장을 할 수 있게 된 것도 페미니즘 운동의 결과입니다. 페미니즘 운동의 결과로 이전까지 여성들에게 금지된 대학과 신학교 교육의 문이 열리게 되었고 여성들도 목사와 신학자가 될 수 있었어요. 여성 목사와 신학자들은 그동안 남성 관점으로 왜곡된 해석은 비판하고, 무시되었던 여성 인물을 드러내고, 남성 관점으로만 읽던 본문을 여성 관점으로 읽으며 성경의 의미를 좀 더 잘 드러내거나 풍성하게 만들었어요. 예를 들면 여성의 생리를 부정하게 본 본문이에요(레위기 15:19). 여기서 부정이란 제의적 부정으로 일시적으로 제사에 참여할 수 없는 상태를 말하지요. 피부병에 걸리거나 죽은 짐승을 만졌을 때와 같은 상태예요. 그런데 가부장적 관점을 가진 남성 신학자들은 이 구절을 존재적 부정으로 해석하며 여성을 낙인찍었던 것이죠. 하지만 여성 신학자들은 레위기 15장 16–18절에서 남성의 설정도 부정하다고 말한 것을 근거로 이런 주장을 비판하게 됩니다. 요즘은 생리를 근거로 여성을 부정한 존재라고 말하는 해석자는 거의 없어요. 그런데 같은 레위기 15장에 남성의 설정과 여성의 생리를 모두 부정하다고 했는데 여성의 부정만 강조되고 남성의 부정에 대해선 침묵하며 본문을 왜곡한 이유는 무엇일까요? 바로 기존 남성 해석자들이 가진 여성에 대한 차별적 관점 때문입니다.

또한 레위기 12장을 보면 여성은 아들을 출산한 경우 40일이 부정하고 딸을 출산한 경우 80일이 부정하다고 해요. 이에 대해 전통적으로 딸의 부정이 두 배로 긴 것은 여성이 열등하기 때문이라고 했었는데 최근 학자들은 아들은 할례로 인해 부정 기간이 짧아진 반면 딸을 출산한 경우는 엄마 부정

40일과 딸 부정 40일을 모두 지내기 때문에 길다고 설명하며 열등성과 무관하다고 보고 있어요.

하지만 여성의 출산 경험은 이 본문을 더 풍성하게 해석할 수 있답니다. 부정 기간은 사회와 가족과 격리되어 아이와 엄마만 지낼 수 있는 기간이므로 사회 활동과 가사 활동에서 어느 정도 제외되지요. 그러므로 일종의 산후조리 기간이라고 볼 수 있어요. 그러면 아들을 낳으면 40일 산후조리 할 수 있지만 딸을 낳으면 80일을 쉴 수 있다는 의미죠. 예전에 어느 교회 특강에서 이 이야기를 하니 권사님 몇 분이 딸을 낳았다고 구박받으며 다음 날로 밥하고 밭에 나가 일했던 경험을 이야기하며 성경 시대가 훨씬 낫다고 한탄했더랬죠. 더 이상 구약의 정·부정 개념이 신약시대를 사는 우리에게 영향을 주지 않지만 구약의 법을 새롭게 해석함으로 성경이 가진 본래 정신, 즉 남녀 평등 정신과 생명 존중 정신을 찾는 데 도움이 되었지요.

이렇게 비판적 관점을 가진 여성 해석자들의 노력으로 남성 일변도였던 해석에서 벗어나 여성의 관점이 반영된 해석이 점차 이루어지고 있습니다. 그리고 그 결과 교회에서 여성에 대한 부정적 인식이나 차별적 인식이 많이 개선되었어요.

이세벨보다

아합이 더 악하다

교회는 왜 페미니즘을 부정적으로 볼까요? 교회는 오랫동안 남성 중심의 가부장제 문화를 가지고 있었고 그것을 교회의 중요한 전통과 가치로 여겨요. 또 성경이 기록될 당시의 문화가 가부장제 문화였는데 이것을 불변의 진리로 여기며 문자적으로 해석해요. 그 이유는 교회가 가부장제를 시대에 따라 새롭게 해석해야 할 문화적 요소로 보지 않고 교회가 계속해서 보존해야 할 성경적 진리와 전통으로 붙잡고 있기 때문입니다. 교회의 목사와 성경 해석자들이 대부분 가부장제에 익숙한 남성들이기에 낯선 여성의 관점과 목소리를 불편하게 여기고 거부반응을 보이는 것이지요.

　　제가 얼마 전에 이세벨도 잘못이지만 아합이 더 악하다고 해석한 논문을 어느 학회에 낸 적이 있어요. 전통적으로는 어리석은 아합이 사악한 이세벨의 유혹 때문에 죄를 지은 것으로 해석하였지만 저는 이세벨을 이용하여 자신의 욕망을 채우는 아합의 탐욕과 악함을 강조했죠. 사실 아합이 경제적 이익을 위해 바알 사제인 이세벨과 결혼하지 않았으면 일어나지 않을 일들이었기에 아합의 죄가 더 크다고 보았기 때문이에요.

　　그런데 이 논문에 대한 심사평 중에 너무 여성적 관점으로 본문을 해석했다는 의견이 있더군요. 논문의 논리나 자료의 적절성 등을 평가해야 하는 자리에서 여성적 관점이 문제가 있는 것처럼 평가한 것이죠. 그런데 그 학회에서는 다른 여성 학자의 논문에도 이런 평가를 했더군요. 그래서 저는 학회 임원들에게 이 문제를 항의하며 계속 이렇게 여성 관점을 문제 삼으면 나도 다음부터는 너무 남성적 관점이라는 비판을 하겠다고 말했었죠.

　　페미니즘을 반대하는 또 하나의 이유는 교회가 변화 대신 가부장제를 지키는 쪽을 선택했기 때문이에요. 페미니즘은 기존의 틀이 되는 가부장제를 비판하고 그동안 억압당하고 불합리한 처우를 받던 여성들의 인권과 권익을 높이려고 노력하고 있죠. 그 결과 가부장제 문화가 가장 강한 가정과 결혼 문화에 대해 여성들이 비판의식을 갖게 되면서 결혼과 출산을 기피하는 하나의 원인을 제공했죠. 예전처럼 여성의 희생과 헌신만을 강요하는 결혼과 육아는 더 이상 할 수 없다는 생각이 널리 퍼지게 되면서 비혼과 비출산이 확산되는 데 일조한 부분이 있지요.

　　이런 이유로 교회는 여성의 변화를 막고 가부장제를 공고히 하기 위해 페미니즘을 비판하는 것이죠. 서두에서 총회장 목사가 저출산의 원인 중 하나로 페미니즘을 지목한 것도 바로 이런 이유 때문이에요. 하지만 이것은 원인과 처방이 잘못되었다고 할 수 있어요. 교회가 여성에게 부과된 가부장제의 무거운 짐을 인식하고 자유롭고 행복한 결혼과 출산과 육아를 여성들이 할 수 있는 문화로 바꾸는 쪽으로 처방을 내려야 하는데 짐이 무거워서 힘들다고 외치는 여성들에게 오히려 너희가 잘못되었다고 비판하고 죄인 취급하는 것은 잘못된 처방이죠. 그러므로 가부장제를 비판하는 페미니즘을 비판할 게 아니라 여성의 편에 서서 같이 가부장제의 문제점을 인식하고 이를 개선하고 해체하여 여성들도 행복한 가정과 사회와 교회를 만드는 노력을 하는 것이 교회의 소명이라고 생각해요.

생각의 도구,
페미니즘

저는 보수적인 교단에서 공부한 구약학자로 저의 성경 해석 방법은 매우 보수적이에요. 아마 이 글들을 보면서 저의 보수성을 어느 정도 눈치 챘으리라 생각해요. 하지만 저의 성경 해석에는 보수적인 신앙과 페미니즘 관점이 섞여 있어요. 보수적인 성경 해석 방법론을 사용한 여성적 읽기라고 할 수 있죠.

사실 보수적인 학교에서 신학을 한 제가 처음부터 여성적 관점을 가진 건 아니에요. 박사학위 논문을 쓰는 과정에서 드보라는 사사가 아니라고 주장하는 많은 글을 보며 남성 중심의 시각으로 인해 심각하게 왜곡된 성경 해석을 발견하게 되었어요. 이를 계기로 여성 관점의 성경 읽기가 시작되었습니다. 구약 본문을 자세히 읽을수록 하나님은 남녀를 평등하게 창조하시고 남녀가 서로를 존중하고 서로의 목소리를 들으며 서로를 도우며 살기 원하신다는 것을 깨닫게 되었지요. 그리고 이런 깨달음은 하나님이 저에게 주신 지혜이자 은혜였어요. 이로 인해 여성인 나의 경험과 생각과 감정을 하나님이 있는 그대로 인정하시고 사용하신다는 것을 알게 되었기 때문이죠.

이런 경험과 생각, 성경 해석을 적절한 언어와 논리로 표현하기 위해 개인적으로 페미니즘을 공부했어요. 다양한 학자들의 책을 읽으며 그들의 논리와 생각을 배우기도 하고 비판적인 시각을 갖기도 했지요. 공부를 통해 다양한 스펙트럼을 가진 페미니즘 이론 속에서 제가 사용할 수 있는 방법을 정리했지요. 그리고 여성 신학을 통해 기독교에 적용된 페미니즘을 공부하며 성경 본문에 대한 새로운 해석도 많이 배웠어요. 이런 공부의 과정을 통해 저는 저에게 적절한 페미니즘 혹은 여성적 관점을 가질 수 있었어요. 페미니즘을 받아들인다고 해서 모든 페미니즘을 받아들여야 하는 건 아니에요. 매우 다양한 스펙트럼을 가진 페미니즘 속에서 자신이 받아들일 수 있는 수준에서 자신의 생각과 감정을 표현해 줄 언어와 논리를 찾으면 되어요.

저는 교회에서 청년들이 페미니즘 공부를 하길 권합니다. 남녀 청년들이 함께 책을 읽고 토론하며 서로의 생각을 나누고 경험을 나누며 서로를 이해하는 시간을 가졌으면 좋겠어요. 그래서 서로를 존중하고 사랑하는 남녀 관계를 만들어 나갔으면 좋겠어요. 남녀 모두 평등하게 자기 생각을 자유롭게 말할 수 있는 교회가 되길 소망합니다.

너는 — — — 주의

완전한 — — — 딸이라

추상적인
언어는
NO!

종교개혁의 후예라 자처하는 개신교에서는 설교가 빠진 예배를 상상할 수 없을 정도로 설교를 중요하게 여겨 왔습니다. 설교를 어떻게 정의할 수 있을까요? 설교론에 대해 연구한 이명희 교수는 "설교란 신학의 열매이며 목회의 꽃으로서, 설교자는 하나님의 남녀 백성들에게 기독교적 가치관과 행동 양식, 그리고 생활방식을 제시해 줄 수 있어야 하며, 가정생활, 교회 생활, 사회생활 등에 요구되는 사람들의 삶의 필요를 채워 주는 진리를 들려줘야 한다"라고 정의를 내리고 있습니다.

    그런데 이 정의를 충족하려면, 성경 말씀을 해석해 내는 신학적 지식과 이를 현실에 적용할 수 있는 인문학적 소양이 요구된다고 봐요. 둘 모두 중요하나 딱 하나만 고르라고 한다면, 저는 설교자에게 신학적 지식은 좀 떨어지더라도 인간과 세계를 이해하려는 열린 자세는 필수여야 한다고 생각해요. 오늘날 현대 사회는 다양성과 차이가 강조되는 포스트모더니즘 시대이니까요. 이런 시대에 목회자의 설교가 성경이 기록된 당대에 그대로 머물러 있다거나, 17-18세기에 머물러 있다면 어떻게 현대를 살아가는 그리스도인들에게 위로와 소망을 줄 수 있겠어요? 남녀 그리스도인들의 다양한 삶의 현장과 가치관, 그리고 행동 양식을 알려면, 인간에 대한 이해와 더불어 타인의 삶을 존중하며 경청하려는 열린 태도 없이는 불가능하니까요.

지금까지 45년 동안 설교를 들어 본 경험에 의하면, 설교는 교인들의 일상의 삶을 다루기보다는 대체로 가부장적이거나 교회 중심적이며, 추상적이며 교리적인 설교였다고 평가 내릴 수 있어요. 예를 들어, '성경 중심', '하나님 중심', '교회 중심'이라는 주장에서 이 점을 파악할 수 있습니다. 교회가 말하는 '성경'은 모든 사람이 본 성경이 아니라 남자 목사가 해석한 성경이니까요. 또, 교회의 하나님은 남자 목사가 경험한 '하나님'이요, 교회는 남자 목사를 중심으로 움직이는 '교회'이기 때문이죠.

일주일 내내 오로지 교회 안에서만 머물렀던 남자 목사가 가정생활과 직장생활에서 이리저리 지치고 힘든 교인들의 삶의 정황을 어떻게 이해하며 위로할 수 있겠어요? 더군다나 "주일 성수 해라", "전도하라", "남편에게 복종해라", "목사의 말에 무조건 순종하라"라는 설교를 주일마다 듣게 될 때, 교인들은 가정과 사회 속에서 받는 스트레스에다 '교회 열정 페이'라는 무거운 짐까지 짊어지게 되는 것이니까요.

그런데 문제는 이런 설교가 불편하다고 표현하기만 해도 불신앙으로 내몰아 낙인찍는다는 데 있어요. 여성으로서 성차별적이고 성희롱적인 설교가 불편한 건 당연한 일인데도 말이죠. 제가 볼 땐, 남성의 하나님을 여성에게 강요하는 행위가 오히려 여성을 만드신 하나님을 오해하거나 부정하게 만드는 불신앙적 행위라고 생각되거든요. 설교자가 하나님의 말씀을 전한다고는 하나, 설교자 자신의 경험과 관점에 따라 성경 말씀을 해석한 것이기에, 모든 사람이 아멘할 수는 없기 때문이죠.

　　예를 들어, 남자 목사가 "성경적 여성은 순종하는 여성이다"라고 설교한다면, 저처럼 '성경적 여성은 주체적인 여성이다'라고 생각하는 사람은 결코 아멘하기 어려우니까요. 중세 로마 가톨릭교회가 교황과 신부만을 '성경을 해석하는 자'로 여기고 신적인 권위와 신분 위계를 뚜렷이 하다가 종교개혁이 일어난 거잖아요. 종교개혁은 모든 개인은 신 앞에 평등하다는 초기 기독교의 평등 원리를 확인시켜 인권과 평등사상의 기반을 제공했습니다. 이때, 남녀 모두 예외 없이 모든 사람이 인식의 주체로서 성경을 읽고 세상 속에서 하나님의 제사장으로 서게 하고자, 성경을 자국어로 번역하는 일에 총력을 기울이게 되었어요.

　　종교개혁이 남긴 정신은 남녀 모두가 전통 집합의식에서 벗어나 개인의식과 도덕 판단의 주체 의식을 지닌 존재로서 여긴 것이므로, 성경을 주체적으로 읽어 신앙적 자유와 소신을 지키는 건 당연한 일이라 하겠습니다.

내 말에
복종하라

여러분은 어떤 설교가 듣기 힘든가요? 각자 듣기 불편한 설교의 유형이 있을 거라 봅니다. 이 글을 쓰기 전에 지인 몇 분에게 듣기 힘든 설교 유형이 있는지 물어봤어요. 그분들의 의견과 제가 생각하는 듣기 불편한 설교의 유형을 열거해 보자면, '성경 본문은 설교하지 않고 자기 자랑만 해대는 설교', '성경 본문을 엉뚱하게 해석하는 설교', '특정인을 겨냥하여 저주를 퍼붓는 설교', '반동성애 설교', '성차별적 설교', '반공만 강조하는 극우적 설교', '헌금과 전도만 강요하는 설교'입니다. 안타깝게도 성경을 사랑하며 설교를 중요하게 여긴다는 보수 교단에서 왜 이렇게 듣기 힘든 설교가 횡행하는 걸까요?

　　듣기 힘든 설교 중에서 '특정인을 겨냥하여 저주를 퍼붓는 설교'와 '성차별적 설교'를 제 경험에서 다뤄 볼게요. 십수 년 전에 다녔던 교회의 담임 목사는 목사 중심주의에 빠져 표적 설교를 많이 했더랬어요. 저는 그때 '교회 여성 리더십'으로 박사학위 논문을 쓰는 중에 '교회란 무엇이며', '교회리더십이란 어떤 것인가'를 연구하며 논문을 쓰고 있던 터라, 설교 듣기가 매우 거북했어요. 어느 주일 예배 때, 목사는 설교하다 말고 교인들을 살피더니, "내가 지금 성도님에게 묻습니다. 여러분! 예수 믿습니까? 예수 믿는 사람들은 모두 그 자리에서 일어나세요"라고 했습니다. 그때 모든 교인이 자리에서 일어났어요. 저는 설교 중에 뜬금없이 "예수 믿습니까?"를 묻고는 모든 교인이 자신의 말에 복종하는지 확인하려는 목사의 오만함이 느껴져 그대로 앉아 있었어요. 그 목사는 모든 교인이 일어날 때까지 계속 사방을 두리번거리며 살피더군요. 처음엔 저도 살짝 '그냥 일어날까?' 갈등했으나, 신앙 검열을 통해 교인들의 충성도를 확인하려는 모습에 끌려가고 싶지 않아 그대로 앉아 있었습니다.

또 어느 주일날 그 목사는 "이번 대심방 기간에 모든 교인의 집을 방문할 테니, 남자 교인들도 회사에 월차를 내서라도 심방을 받아라. 담임목사의 말에 복종하라"라고 설교했어요. 당시 울산으로 발령 나서 간신히 주일을 지키는 남편이 얼마나 힘들게 직장생활을 하는지 봐 온 터라, 목사 중심주의에 빠져 윽박지르는 설교가 거북했습니다. 그래서 용기를 내어 교회 홈페이지에 "교회의 리더는 마치 '보스'처럼 강압적으로 끌고 가는 자가 아니라, 예수님을 닮아 희생과 섬김의 리더십의 본을 보여 교인들이 자발적으로 따라가도록 하는 자"라는 글을 썼어요.

그러자 그 목사는 창세기 3장을 본문으로 삼은 주일 설교에서 저를 '사단'으로 몰며 저격 설교를 퍼부어 댔어요. 설교단에서 '사단'으로 몰아 공격하는 설교를 들을 때 정말 감당하기 힘들었습니다. 설교를 듣는 내내 뛰쳐나가고 싶은 생각이 수도 없이 스쳐 지나갔어요. 목사가 설교를 통해 좌지우지하는 예배의 분위기가 얼마나 성도의 신앙을 옥죄는지 절감하게 되었습니다. 하지만 '주님'을 마음으로 계속 부르며 꾹 참고 침잠

함 속에서 예배를 드렸습니다. 아무리 목사의 권위가 하늘을 찔러도 잘못된 건 잘못되었다 말할 수 있어야 한다는 소신이 있었으니까요.

제가 45년간 가장 불편하게 들은 설교는 바로 '성차별적 설교'예요. 21세기 현대 사회는 남녀평등과 인권, 성 인식이 고조되어 국내외 법 모두 성차별을 인권을 침해하는 대표적 행위로 규제하고 있음에도 설교 때마다 상처를 받게 되고, 분노가 치미는 경험을 수도 없이 했더랬어요. 신적 권위를 갖고서 행하는 설교가 성차별적이라면, 이건 여성뿐만 아니라 여성을 지으신 하나님을 모욕하는 행위라고 생각되었어요.

여러분도 기억할지 모르겠습니다. 20여 년 전 합동 교단 총회장이었던 고○○ 목사가 총신 신대원 채플에서 "여자들이 기저귀 차고 어딜 강단에 올라가? 안 돼"라고 설교한 것을요. 반면에 보수 기독교 내에서는 이런 성희롱적이며 성 비하적인 설교를 대수롭지 않게 여겼다는 게 더 충격이었어요.

저는 서로 사랑하라는 예수님의 새 계명은 먼저 남녀부터 서로 사랑하는 게 기본이라 생각하였기에, 한국연구재단의 지원을 받아 "개혁교회 내 성차별적 설교에 대한 여성 신학적 고찰"[〈한국기독교신학논총〉 102(2016), 301-326]이라는 연구논문을 쓰게 되었어요. 성차별적 설교의 정의와 기준은 무엇인지, 보수 교단 내 성차별적 설교의 교회사적 원인과 사회문화적 원인은 무엇인지, 그리스도의 복음과 성차별적 설교에 나타난 여성관은 어떻게 다른지, 성차별적 설교가 복음의 주체로서 여성의 인간성 실현과 기독교 성 윤리 측면에서 미치는 부정적인 영향은 무엇인지 다루었어요.

결론에서는 그리스도의 복음은 인간관계에서의 무시와 혐오, 수직적 질서나 배제, 차별과 혐오 등 그 어떤 공간도 허락하지 않음을 말하면서, 남녀 종속이라는 성차별과 분열을 일으키는 성희롱적, 성 비하적 설교 대신에 남녀 서로를 풍요롭게 하는 파트너로 세워 줌으로써 그리스도의 법을 성취하는 복음적 설교가 강단에서 넘쳐나길 희망한다고 썼습니다.

경험할 수 있는
언어를 써요

그렇다면 설교가 듣기 힘들 때, 어떻게 하면 좋을까요? 저는 처음엔 귀를 막고서 제가 읽어 왔던 성경 본문을 읽었더랬어요. '하나님! 저 설교가 제 마음을 힘들게 합니다. 본문을 읽겠사오니 함께하소서!'라고 기도하면서요. 하지만 계속해서 듣기 불편한 설교를 한다면, 그때는 그 교회를 나와서 자신의 신앙과 소신에 맞는 교회를 찾는 게 더 현명한 일이라 생각해요. 교회의 설교가 우리 사회의 교양적 수준보다 못하다면 어떻게 하나님의 말씀이 오늘날에도 여전히 살아서 그리스도인들의 삶에서 역사할 수 있겠어요?

오늘날 교회의 설교가 시대착오적이며 가부장적인 교리 설교로 치달은 이유는 그동안 누구도 목사의 설교에 문제를 제기하지 않았기 때문이라는 걸 기억할 필요가 있습니다. 저는

20대끼리, 30대끼리, 혹은 40대끼리 설교 피드백 모임을 만들어서 '설교가 불편하다'라고 표현할 수 있기를 제안해 봅니다. 누군가 설교가 불편하다고 말할 때, 설교자들도 자신의 언어와 사고를 점검할 수 있으니까요. 자신이 느낀 게 틀리지 않음을 확인할 수 있어 위안이 될 것이며, 아울러 뜻을 모아 교회에 알려서 조금이라도 반영될 수만 있다면 현 상황에서 그나마 접근 가능한 대처법이라고 봐요.

요즘은 설교 후 교인들의 피드백을 받는 목사님이 계시더군요. 몇 년 전, 대전에 있는 교회에 가서 설교했는데 교인들과 편안하게 설교에 관해 질문을 받는 시간을 가졌더랬어요. 저는 그때 교인들의 예리한 질문으로 제 설교의 부족한 부분이 있음을 깨달을 수 있었고, 차후에 더 풍성한 설교를 할 수 있어 유익했어요. 설교자들도 설교 피드백 시간을 통해, 교인들의 생각과 사고가 어떤지 대화하면서 많이 알아 가는 시간이 되면 설교자 개인뿐 아니라, 교회도 풍성해질 거예요. 설교가 무의미한 말들의 모음이 아니라, 마음에서 묵직하게 남는 감동의 언어가 된다면 얼마나 좋겠어요!

얼마 전, 작가 김훈이 쓴 소설《하얼빈》을 읽었는데, 문장들이 제 마음에 남았어요. 동영상도 보게 되었는데 작가가 아주 인상적인 말을 하더군요. "나는 사랑, 진리, 행복과 같은 추상적인 단어는 사용하지 않고, 경험할 수 있는 단어를 써요. 사용하지 않는 단어 리스트가 백여 개나 되죠. 그래서 저는 '가난'이라는 단어를 쓸 때도 영어로 'poverty'가 아니라, 'being poor'로

쓴니다"라고 말입니다. 저는 교회에서 사용하는 추상적인 언어와 설교가 비교됐어요. 교회의 설교가 감동을 주기는커녕 불편하게 느껴지는 건 경험되지 않은, 삶으로 부딪혀 보지 않은 무의미한 추상적이며 교리적 언어들의 반복이기 때문이라는 깨달음이 들었습니다.

《하얼빈》의 마지막 문장은 안중근이 이토 히로부미를 저격한 사건과 이후 재판에서 그의 변론을 통해, 그가 몸으로, 삶으로, 총으로, 말로써 문명개화를 위장한 일본의 야만적 폭력과 야만성에 어떻게 홀로 맞서 싸웠는지를 묵직하게 알리고 있어요. "안중근을 그의 시대 안에 가두어 놓을 수는 없다. '무직'이며 '포수'인 안중근은 약육강식하는 인간세의 운명을 향해 끊임없이 말을 걸어오고 있다. 안중근은 말하고 또 말한다. 안중근의 총은 그의 말과 다르지 않다."

"예수쟁이는 말이 많다"라는 말이 회자되는 건 말만 많고 행동은 따라 주지 않음을 비그리스도인들이 비꼬는 말일 겁니다. 말씀의 강단에 오르는 설교자들이 선포 설교를 한답시고 와닿지 않는 말로 일방적으로 외치기보다는, 삶에서 체험한 언어와 마음으로 깨달은 언어로, 열린 자세로 설교를 한다면 교인들의 삶이 달라지지 않을까요!

차라리 목에
연자 맷돌을

철학자 가다머(Gadamer)는 인간이 언어를 가졌다는 점에서 '해석적 존재'요, '대화적 존재'라고 했어요. 가다머는 존재와 언어의 관계를 이해의 관점으로 보면서 언어가 사회나 공동체에서 사용될 때 그 구성원들은 언어의 영향을 받는다고 했습니다. 마찬가지로 설교도 언어나 말로써 전달하는 방식일진대, 설교는 교인들과의 대화 속에서 이해할 수 있는 언어가 되어야 하겠습니다. 설교라는 명분으로 일방적으로 혐오하고 저주함으로써 교인들에게 상처를 입히며 실족하게 만드는 행위는 하나님이 싫어하시는 악한 모습입니다. 설교자들은 주님께서 "나를 믿는 이 소자 중 하나를 실족하게 하면 차라리 연자 맷돌을 그 목에 달리우고 바다에 던지움이 나으리라"(마가복음 9:42) 하신 말씀을 두렵고 떨리는 마음으로 간직하면 좋겠어요.

　　　말씀이 육신이 되어 오신 주님은 하나님나라의 복음과 진리를 말씀하실 때, 일방적으로 윽박지르거나 추상적으로 말씀하시지 않고, 공중의 새와 들의 백합화처럼 우리 주변에 가까이 있는 실물을 비유로 가져와 말씀하셨습니다. 이처럼 주님은 하나님나라의 진리란 추상적이거나 멀리 있는 것이 아니라, 그리스도 안에서 접근 가능한 하나님의 현실이라는 걸 보여 주셨어요. 예수님은 당시 사회적으로 신분이 낮은 여성과 죄인들을 만나 그들의 말을 경청하면서 대화를 이어 가셨고 공감과 연민을 베푸셨습니다.

　　　기독 여성으로서 바라기는 교회가 여성들의 애기를 경청하여 실존적 고뇌와 필요를 채워 주고, 삶 속에서 믿음으로 살아가도록 위로와 용기, 지혜와 소망을 줄 수 있는 설교를 했으면 좋겠습니다. 아울러 설교자들은 예수 그리스도를 따르는 자들 모두가 '밭에 감추인 보화를 찾는 사람들'이라는 걸 기억하면 좋겠어요(마태복음 13:44). 신앙적 자유 없이는 진리를 찾을 수 없으니까요. 우리 모두 각자 깨달은 말씀의 지혜를 서로 나누며 가르치며 권면하고 시와 찬미와 신령한 노래를 부르며 마음에 감사함으로 하나님을 찬양할 수 있는 날이 오기를!(골로새서 3:16)

너는   주의

완전한   딸이라

달라야
자연스러운
것

예배를 생각하면 설교를 생각할 정도로 설교는 예배에서 아주 중요한 부분을 차지하죠. 여러 가지 이유로 교회를 옮길 때 교회 선택 기준은 대부분 담임 목사님의 설교입니다. 예배에서 설교가 가장 중요하게 생각되는 이유는 하나님의 말씀을 듣는 시간이라고 생각하기 때문이에요.

예배 시간에 설교를 소개할 때 "하나님의 말씀을 대언하겠습니다" 혹은 "하나님의 말씀을 전하겠습니다"라고 하는데 설교가 곧 하나님의 말씀이라는 의미가 있습니다. 성도들은 설교를 하나님의 말씀으로 여기며, 설교를 통해 성경을 배우고 성경을 삶에 적용시키며 하나님의 뜻을 따라 살려고 노력하고, 많은 유익도 받지요. 아마 여러분도 설교를 통해 성경을 많이 배웠을 거예요.

하지만 일부 목사님들은 자신의 설교와 하나님의 뜻을 동일시하며 자기 말에 순종하면 축복받고 자기 말에 불순종하면 저주받는다는 설교를 공공연하게 하며 심각한 문제를 일으키기도 했지요. 목사님의 설교가 자신의 생각과 다르거나 불편할 때 어떻게 해야 할지 상당히 고민스럽습니다. 내 생각을 누르고 목사님의 설교를 따라야 하는지 아니면 내 생각이 옳다고 여기고 설교를 무시해도 되는지 판단하기 쉽지 않지요. 말씀을 따르자니 억지 순종이라 불편하고 내 생각대로 하자니 하나님의 말씀에 불순종하는 것 같아 죄스럽고요. 이런 고민에 빠져 보지 않은 성도는 거의 없을 것입니다. 하지만 교회에서 이런 고민을 터놓고 이야기하긴 쉽지 않지요.

사람마다
달라요

먼저 설교가 무엇인지 이야기해 보려고 해요. 설교란 하나님의 말씀인 성경 본문을 잘 풀어서 전달하고 삶에서 어떻게 적용해야 할지 가르치는 성경 교육의 한 방법입니다. 설교 준비를 할 때 목회자들은 성경 본문을 정확하게 이해하고 쉽게 전달하기 위해 먼저 성경 본문을 해석하고, 학자들이 쓴 책이나 다른 설교자들의 책을 참조하며 본문의 의미를 제대로 파악하기 위해 공부합니다. 그런 다음 본문의 내용을 성도들이 이해할 수 있게 요즘 언어로 쉽게 풀어 설명하지요. 그리고 이런 이해를 돕기 위해 예화도 사용하고 고대 이스라엘의 문화나 역사를 설명하기도 합니다. 여기까지가 성경 해석의 과정입니다.

그리고 한 발 더 나아가 성경 시대와는 다른 시대를 사는 성도들을 위해 적용점을 제안하고 권면합니다. 예를 들어 저는 열왕기상 18장의 갈멜산 사건을 설교한 경우 엘리야가 바알 선지자들과의 대결에서 승리한 이야기를 설명한 뒤, 하나님의 살아 계심을 믿고, 어려워 보이는 상황 속에서 믿음의 결단을 하라고 적용하였습니다. 열왕기상 18장 37절의 "내게 응답하소서 이 백성에게 주 여호와는 하나님이신 것과 주는 그들의 마음을 되돌이키심을 알게 하옵소서"라는 엘리야의 기도를 중심 메시지로 잡고 적용한 것이지요. 열왕기상 18장의 갈멜산 이야기에는 이것 말고도 적용할 수 있는 구절들이 많이 있어요. 불을 내리시는 하나님을 강조할 수도 있고 무능한 바알을 비판할 수도 있고 고독한 엘리야를 강조할 수도 있습니다. 하지만 저는 우리 교회의 상황과 하나님이 저에게 주신 지혜를 따라 그렇게 적용한 것이지요. 즉 설교란 설교자의 성경 해석과 적용을 통해 성경 본문을 이해시키고 말씀을 적용하도록 설득하는 과정입니다.

그런데 앞서 페미니즘 성경 해석에서 보았듯이 성경 해석은 해석자의 관점이 반영되기 마련입니다. 시간과 공간과 환경의 제약을 받는 인간에게 객관적이거나 무오류한 해석은 불가능하기 때문이죠. 그러므로 우리 목사님의 해석이 절대적일 수 없으며 목사님마다 해석이 다른 경우도 허다합니다. 이런 다른 해석 때문에 개신교도 여러 교단으로 나뉘었고 아직도 신학적으로 일치를 보지 못하는 부분이 있어요.

성경 본문은 하나여도 해석은 시대마다, 나라마다, 교단마다, 교회마다, 사람마다 다를 수 있기에 한 사람의 설교를 절대화하는 것은 불가능해요. 그렇기에 우리 목사님 설교만 다 옳고 다른 목사님의 설교는 다 틀렸다고 말하는 사람의 교회는 이단이거나 문제가 많은 교회일 가능성이 많죠.

　　이런 맥락에서 볼 때 목사님의 성경 해석이 내 생각과 다른 것은 너무나 자연스러워요. 특히 남성 목사의 가부장적 성경 해석을 여성 성도가 납득하거나 이해하기는 쉽지 않죠. 예를 들어 창세기 3장 16절은 하나님이 하와에게 내리신 벌인데 "너는 남편을 원하고 남편은 너를 다스릴 것이니라"라고 되어 있어요. 전통적으로 이 구절은 남편에게 종속되고 다스림을 받는 존재가 여성이고 따라서 남성 상위를 지지한다고 해석되었지요. 하지만 원문을 보면 여자는 남자를 움켜쥐려 하고 남자는 여자를 다스리려는 상태를 말하고 있어요. 즉 서로 한 몸처럼 사랑하던 사이가 주도권을 잡기 위해 치열하게 싸우는 관계가 되었음을 말하는 것이지요.

　　그런데 이런 관계는 남녀에게 주어진 심판이며 예수 그리스도의 십자가 사건으로 남녀의 관계가 회복되었기 때문에 구원받은 남성과 여성은 다시 서로 사랑하는 타락 이전의 관계로 돌아가야 해요. 즉 창세기 3장 16절의 해석은 구약의 심판 선언으로 끝나면 안 되고 예수님의 구원 사역으로 인한 회복까지 이야기해야 복음의 참 의미를 전달하는 것이죠. 즉 그리스도인들은 남녀가 서로 돕고 서로 사랑하는 평등한 관계를 만들어 가야 한다고 설교해야 맞는 것입니다.

불편해서 공부한
신학

하지만 오랫동안 가부장적 사고가 몸에 밴 설교자들은 시대가 변했음을 알고 열심히 새로운 해석을 공부하고 생각을 바꾸는 노력을 하지 않는 한 이전의 전통적이고 가부장적인 해석을 따르게 됩니다. 바로 이런 지점에서 성도들은 불편함이 생길 수밖에 없어요. 비단 남녀 평등의 문제만이 아니라 분배나 정의, 공평, 환경 등 이 시대의 중요 가치를 목회자들이 따라가지 못하면 여러 부분에서 불편함이 생길 수밖에 없지요.

제가 신학을 공부한 계기가 이런 불편함 때문이에요. 대학생 때 성경 공부를 열심히 하다 보니 성경도 읽고 다른 목사님 책도 읽게 되었지요. 87년 민주화 시대를 거치며 자연스럽게 사회 문제에도 관심을 가지게 되었어요. 당시 저희 교회 목사님은 매우 보수적이고 권위적인 분이셨는데 설교를 듣다 보면 답답하고 불편한 점이 참 많았어요. 제가 읽고 이해한 하나님과 목사님이 말씀하시는 하나님이 많이 달랐고 성경 본문에 대한 이해도 많이 달랐기에 설교를 듣는 것이 참 힘들었습니다. 하지만 청년회 활동이 너무 좋았고 교회 여러 부서에서 봉사하면서 나름대로 사명감도 가지고 있던 터라 교회를 떠나는 것은 상상도 할 수 없었기에 늘 불만을 가지고 교회에 다녔지요.

아마 그런 영적 갈급함과 불만 때문에 다른 목사님의 설교집을 더 열심히 읽고 성경 공부에 목을 맸던 것 같기도 해요.

하지만 그래도 목사님이 일개 청년 성도인 저보다 권위가 있기에 고민도 많았고 순종하지 못한다는 죄책감도 가졌어요. 당시 저희 목사님도 목사 말에 순종하지 않으면 벌을 받는다는 설교를 가끔 했기 때문에 더 그랬던 것 같아요.

그러던 어느 날 목사님이 말씀하시는 성경이 옳은지 제가 생각하는 성경이 옳은지 제가 직접 신학을 해서 스스로 판단해 보고 싶다는 생각을 했고 결국 신학교에 갈 결심을 했었지요. 사람들이 보기에는 어이없는 이유로 신학을 시작했지만 당시 저에게는 이것이 가장 중요한 문제였어요. 아마 요즘 시대를 살았으면 굳이 신학교를 가진 않았을 것 같아요. 지금은 신학교를 가지 않더라도 체계적으로 성경이나 신학을 공부할 수 있는 과정도 많이 생기고 좋은 책도 많이 나왔기 때문이죠.

주저하시
마요

여러분을 불편하게 하는 목사님이나 교회를 바꿀 수 없다면, 교회를 떠나기를 원치 않는다면 스스로 성경을 공부하며 본인의 신앙을 형성해 나가는 방법을 제안합니다. 교회 속에서 만족하지 못하면 불만만 갖지 말고 스스로 찾아 공부하는 것도 장성한 분량으로 신앙이 성장하는 방법이에요. 신앙이란 목사님의 설교에만 의지하는 것이 아니라 자신의 경험과 지식과 지혜를 따라 다양하게 꽃피고 열매 맺기 때문입니다.

그러므로 다른 길을 찾는 일에 주저할 이유가 없습니다.

한 교회를 정해서 다닌다고 해서 우리가 그 교회 목사님의 소유도 아니고 그 교회만 다녀야 할 의무가 있는 것도 아니니까요. 각자는 하나님의 소유로 어느 곳에서나 말씀을 배우고 기도하며 신앙을 성장시킬 자유가 있으니까요. 성경 공부를 한 후에는 나와 맞는 교회를 찾아갈 수도 있고 나와 목사님의 다름을 인정하고 그냥 나에게 주어진 은혜를 교회 공동체를 위해 사용해도 되어요. 저희 교회 어느 집사님 부부는 선교단체에 가입해서 그곳에서 훈련받고 성경을 공부하며 배운 것을 교회에서 베풀고 있어요. 그리고 저도 제가 공부한 것을 설교와 성경 공부를 통해 교인들과 나누고 있고요.

　　다만 성경 공부를 한다고 간 곳이 신천지나 이단일 수 있으니 이 부분은 주변의 교역자나 믿을 만한 신앙의 선배에게 반드시 확인해야 합니다. 예전에 저희 교회 장로님이 순수하게 성경 공부를 하고 싶어서 간 곳이 하필이면 신천지여서 아주 곤혹을 치른 적이 있답니다. 이 개인 공부 방법은 상당한 노력과 시간이 필요하기 때문에 긴 호흡을 가지고 신앙의 성숙을 위한 여정으로 보면 좋을 것 같습니다.

　　목사님이 성경 해석과 무관하게 성희롱 발언이나 성차별적 발언, 한쪽으로 편향된 정치적 발언. 비상식적 발언이나 부적절한 언어를 사용하여 설교 듣기가 불편할 경우는 교회 상황이나 목사님 성향에 따라 다양한 방법으로 대응할 필요가 있다고 생각해요. 이것은 신앙의 문제가 아니라 상식의 문제이니까요. 사실 교회 내에는 목사와 성도 사이에 위계 관계가 존재하기에 성도들이 설교에 관한 의견을 내기 쉽지 않다는 것을 알아요. 하지만 변화를 만들기 위해서 목사와 성도 간의 의사소통은 중요해요.

가장 확실하고 이상적인 방법은 목사님께 직접 말하는 것으로, 설교가 끝난 후 개인적으로 혹은 불편함을 느낀 몇몇 성도와 함께 불편함을 느낀 내용과 이유를 밝히고 정중히 요청하는 것입니다. 저의 경우 목사님이 설교에서 악한 예는 여성 인물만 들고, 좋은 예는 남성 인물만 드는 바람에 마치 여성은 모두 악하고 남성은 모두 신앙적인 것처럼 말씀하신 적이 있었어요. 그래서 예배가 끝난 뒤에 목사님을 찾아가 설교가 이러한 부분에서 여성 차별적이라고 말씀드렸어요.

당신은 신학교 교수니까 가능한 일이라고 말할지 모릅니다. 그런데 목사님이 자신이 여성 차별인지 모르고 설교하는 경우도 꽤 있어서 이런 부분이 불편하다고 말하면 수용하는 상식적인 분들도 많습니다.

그리고 교회에서 여성도의 말을 무시할 수 있는 목사님은 많지 않습니다. 특히 봉사를 열심히 하는 여집사들과 청년들의 의견을 묵살하기는 쉽지 않아요. 그래서 여성을 차별한다고 항의하면 목사님은 싫든 좋든 어느 정도 수용하게 됩니다. 그러니 전체의 유익을 위해 자기 의견 내는 것을 너무 두려워하지 않았으면 합니다. 혹은 같은 생각을 가진 사람들이 의견을 모아 전달하면 더 좋겠지요. 혼자라면 자기 생각을 잘 대변하는 책을 전달할 수도 있고요. 직접 말하는 것이 어려우면 이메일 등 다른 방법으로 전달하는 방법도 있겠지요. 전달하겠다고 마음먹는다면 훨씬 좋은 방법을 찾을 수 있을 것이라 생각합니다. 중요한 것은 불편함을 전달하는 것이고 그래야 교회와 설교가 바뀔 수 있으며 여러분과 목회자가 성장할 수 있어요.

물론 불편함을 말했을 때 항상 좋은 결과가 오는 것은 아니에요. 목사님과 성도 사이에 위계가 존재하기 때문에 권력관계가 작동할 수 있습니다. 목사님에게 무시당할 수도 있고 설교를 통해 저격당할 수도 있고 순종적이지 못하다는 비난을 받을 수도 있고 다른 교인을 통해 공격이 들어올 수도 있습니다. 이런 경우는 목사님이나 교회가 건강하지 못해서입니다. 그렇다면 다른 길을 모색해야 하겠죠. 본인의 생각을 지지해 주는 성도들의 위로를 받으며 교회에 계속 남을지 아니면 다른 교회를 찾을지요.

최악의 경우 교회를 떠나야 할 위험성을 안고도 이런 불편함을 이야기하는 것은 교회를 좀 더 평등하고 평화로운 곳으로 만들고 그곳에서 계속해서 은혜롭고 평화롭게 신앙생활을 하기 위해서입니다. 그곳을 떠나고 싶지 않기에 불편함을 이야기하는 것이지요. 저는 불편함을 이야기하고 변화를 모색하는 사람이야말로 교회를 사랑하는 사람이라고 생각해요. 교회를 사랑하지 않았다면 불편함을 느낀 순간 조용히 교회를 떠났을 것이기 때문이죠.

목사를 섬기는
교회들

일부 목사님이 설교 중 목사의 말에 순종하지 않으면 저주를 받는다는 협박성 발언을 하는데 이는 전혀 성경적이지 않습니다. 성경 어디에도 지도자가 자신의 말을 안 들으면 벌을 받게 된다고 말한 본문은 없어요. 오히려 모세 같은 지도자들은 백성의 잘못도 자신의 죄로 여기며 자신을 벌하고 백성들은 용서해 달라고 기도했어요. 그리고 제사장의 기도를 보면 축복의 기도는 있어도 저주의 기도는 없습니다. 제사장에게는 하나님의 백성을 축복할 권한은 있어도 저주할 권한은 없었던 것이죠. 벌하는 권한은 오직 하나님께 있고 그 벌도 하나님 앞에 범죄했을 때 내리는 것입니다.

그러므로 참지도자는 중보 기도를 하며 하나님의 축복을 빌어 주는 자입니다. 그러므로 이런 설교를 자주하는 목사님은 비성경적이니 멀리하는 것이 바람직합니다. 어느 목사가 성도들의 충성도를 보기 위해 인분을 먹인 사건이 뉴스에 나와 많은 사람을 경악케 한 일이 있었지요. 목사에게 오랫동안 협박당하고 조종당하다 보면 정상과 비정상을 구분하지 못하는 어리석은 상태가 되어 말도 안 되는 행동도 하게 되는 것이죠. 그러므로 목사에게 절대적 충성을 강요하거나 협박하는 교회는 반드시 피해야 해요. 그곳은 하나님을 섬기는 교회가 아니라 목사를 섬기는 교회이기 때문입니다.

현재 교회의 설교는 일방적으로 목사님이 성도들에게

전달하는 방식을 갖지요. 하지만 그 설교를 듣는 성도는 자신의 신앙 정도, 고민, 환경과 성향에 따라 매우 다양하게 설교를 받아들이고 적용합니다. 즉 은혜를 따라 설교가 각 성도에게 적용되는 것이지요. 설교가 끝난 후 설교 내용을 나누어 보면 이것을 분명히 알 수 있습니다. 그러므로 설교를 절대적이라고 보지 말고 하나님이 성도에게 깨달음과 은혜를 주시는 하나의 방편임을 생각하고 은혜롭게 그 시간을 누릴 수 있기를 바랍니다.

너는 — — — 주의

완전한 — — — 딸이라

예쁘다 하면
좋아할
줄 알았나?

안희정 전 충남도지사의 성폭력 사건을 다들 기억하실 겁니다. 당시 담당 판사의 "성폭행 피해자의 진술 신빙성 판단과 사실 인정론"이라는 판결문에서 '성 인지 감수성'이라는 말이 등장 했는데요. 이는 성평등을 추구하는 헌법 가치는 젠더 권력 구조를 직시할 때 달성할 수 있음을 선언한 것입니다(천관율, 〈시사 IN〉, 2019. 3. 14.).

그동안 법정에서는 증거주의에만 입각하여 여성 피해자의 진술을 배척해 온 경향이 많았으나, 성 인지 감수성이 농축된 판결문을 계기로 피해자 진술이 신빙성을 얻게 되었습니다. 우리 사회와 법이 '성 인지 감수성'이라는 개념으로 성별 차이가 주는 불평등 상황을 인식하며 젠더 권력 구조를 개선하는 방향으로 나아가고 있어서 그나마 다행입니다.

교회의
낮은 감수성

수십 년 전, 목사 비서 겸 초등부 전도사로 사역할 때 담임 목사의 여성 비하적이며 성희롱적인 발언이 불편했습니다. 그 목사는 "여자는 머리가 나빠서 칭찬하면 다 좋아해", "우리 교회는 여전도사들이 예쁘지 않으면 안 써요"라고 습관적으로 말했어요. 저는 "여자든 남자든 칭찬하면 다 좋아하잖아요. 그리고 여전도사들을 왜 접대부로 취급하는 겁니까?"라고 담임목사에게 쏘아붙였습니다. 물론 후폭풍은 거셌어요. 목사를 추종하던 여성 사역자들과 성도들의 눈빛이 싸늘해졌으니까요.

　　2019년 총신대 학생 자치회가 공개한 학교 내 성희롱 발언 실태를 보면, 보직을 맡은 ㄱ 교수는 수업 시간에 여성을 '닭'에 빗대어 희롱하는 '영계'와 '노계'라는 말을 썼고, 여자친구의 순결을 '풀어보지 않은 선물'에 빗대기도 했습니다. 또, 모 교수는 "여자의 성기는 모든 걸 받아낼 수 있게 잘 만들어졌다"라고 강의했습니다. 이에 대한 보도가 기독 언론은 물론 공영방송에서도 다뤄지면서 이슈화되기도 했어요.

　　그런데 황당했던 건 학생들이 성희롱 발언을 공개하자 두 교수들이 피해 학생들에게 사과하기는커녕, 오히려 학생들이 자신을 음해한다면서 법적 대응까지 염두한다고 했다는 겁니다. 여성들과 여학생들이 2차, 3차 피해로 얼마나 고통 속에서 신앙생활할까 생각하니 마음이 아팠습니다. 교회 여성들에게 이를 알리고 싶어서 SNS에 글도 쓰고, "보수기독교 내 젠더 인식과 젠더 문제에 관한 연구: 성경적 페미니즘의 필요성을 중심으로"라는 논문도 쓰게 되었어요.

　　몇 년 전, 세미나 강좌를 할 때 청년부를 담당하는 어느 남성 목사가 "교회 여성에게 예쁘다고 말했는데 화를 내었어요.

여성을 어떻게 대해야 할지 모르겠습니다"라며 매우 난처하다는 듯 질문을 했습니다. 저는 "목사님은 여성은 '예쁘다'라는 말을 좋아한다고 생각하고 말했을지 몰라도, 20-40 여성들은 그런 말 기분 나쁘게 생각할 수 있어요. 그래도 불편하다고 표현한 여성이 있어서 오히려 다행이라고 생각해요. 앞으로 페미니즘 관련 책도 읽어 보시고 여성의 견해와 입장을 배려하면서 목회하면 좋겠습니다"라고 답했던 기억이 납니다.

　　제가 2009년 가을학기부터 2013년까지 총신 신학대학원에서 '개혁주의 여성 리더십'과 '교회 여성의 이해와 사역'을 강의할 때, 이 과목은 총신대에서는 유일한 여성 관련 과목이었습니다. 그때, 이런 생각이 들더군요. '교회의 과반수를 차지하는 여성을 알고 이해하기 위한 기독교 여성주의 과목이나 기독 신앙과 성(sexuality)의 중요성을 가르치는 과목도 개설하지 않으면서, 신대원 학생들이 졸업 후에 어떻게 목회를 잘할 수 있다고 생각하는 거지?'라고요.

　　아시다시피 우리 사회는 교육기관(학교와 학원)에 종사하는 자들이면 경찰에 의뢰하여 성범죄 전력을 확인하는 신원 절차를 의무화하고 있잖아요. 그런데 목사 후보생을 양성한다는 총신 신학대학원의 커리큘럼에서는 '성 인지 감수성' 교육이나 '페미니즘(여성주의)' 과목 하나 개설하지 않고서 성범죄 전력 조사 없이 남성 목회자를 배출하고 있습니다. 혹여 성범죄자나 사이코패스들이 쉽게 신학교에 들어가 목사로 배출된다면, 교인의 과반수를 차지하는 여성 교인들에게 얼마나 위험천

만한 일이 될까요?

　　이러한 우려가 현실로 이뤄지고 있습니다. 교회 내 성 인지 감수성의 결핍은 남성 목회자의 그루밍 성범죄나 성폭력 범죄율 증가로 이어지고 있어요. 2014년 국감 때 국회 안전행정위원회 박남춘 의원이 경찰청으로부터 제출받은 자료에 따르면, 5년간 (2010-2014) 강간과 추행의 성범죄를 저지른 전문직 성범죄 3,050건 가운데 성직자의 성범죄가 1위라고 밝혀 충격을 주었습니다. 그런데 목사들의 성범죄 자료와 기사들이 쏟아지기 시작하면서, 그간 숨겨 온 남성 목사나 선교사들의 성추행 소식들이 터져 나오게 되었습니다.

　　통상 성폭력이 일어나는 원인으로서 남녀 위계의 성차별적인 사회구조, 여성을 술자리나 모임에 앉혀 놀려는 남성의 향락적이며 퇴폐적인 성문화, 남성과 여성의 원활하지 못한 의사소통, 성교육 부재, 성폭력에 대한 법적·제도적 장치 미비에 있다고 알려져 있어요. 누구보다도 거룩해야 할 '성직자' (聖職者)라는 정체성을 지닌 목사들의 성폭력 범죄가 증가하는 원인은 뭘까요? 저는 종교의 특수성과 폐쇄성에 기반한 '가부장적인 권력과 언어'에 있다고 보고 있습니다.

　　구체적으로 보자면, 첫째는 남성 목사들은 사회의 간섭을 받지 않는 특수성과 폐쇄성이라는 우산 아래에서, 성 인지 감수성 없는 가부장적 성경 해석과 설교, 그리고 목회의 일환이라는 변명을 핑계로 종교체험과 치유, 설교와 심방, 교육과 상담을 통한 그루밍, 그리고 여성을 기쁨조로 여기는 접대문화를 통해 성추행과 성희롱, 성폭력을 저지르기 쉬운 목회적 분위기가 조성되어 있기 때문입니다. 둘째는 대부분 남성으로 이뤄진 당회, 노회, 총회라는 의사결정 구조에서 남성 목사들이 성범죄를 은폐하기 위해 '성폭력 은닉 시스템'을 작동시키고 있기 때문입니다.

　제가 기독교 반성폭력센터(기반센)에서 1년 동안 공동대표로 일한 적이 있었는데, 내부 보고에 의하면, 성경적이라는 단어를 가장 많이 외치는 보수 교단일수록 남성 목사의 성추행과 그루밍 성범죄 고발 건수가 많았다는 겁니다. 여러분도 잘 아시다시피, 대표적인 사례는 합동 교단에 속한 전병욱 목사의 성추행 사건이었죠. 지금도 남성 목회자의 성추행 사건이 터질 때마다, 사회에서 전병욱 목사 성추행 사건이 소환되는 이유는 성범죄 목사를 오히려 감싸는 교단의 성범죄 은닉 시스템이 작동했기 때문입니다.

　전병욱 목사에 대해 대법원은 성추행 범죄 판결을 내렸으나, 합동 교단에 속한 평양노회와 총회는 "사람은 잘못할 수 있다. 그걸 자꾸 파내서 거룩하신 하나님을 욕되게 하는가?"라며 개인 윤리로 접근하여 성범죄를 덮음으로써, 전병욱은 지금도 떵떵거리며 목회하고 있습니다.

　또 합동 교단에 속한 인천새소망교회 부목사였던 김○○ 목사는 10년간 미성년자를 포함하여 최소 26명에게 '그루밍 성폭력'을 저질렀으나, 교단의 유력 인사로 꼽히는 아버지의 비호 아래, 2015년 헌법재판소의 간통제 폐지를 빌미로 "나는 천

명의 여자와 자도 무죄다"라면서 성폭력이 아니라 '불륜'을 내세워 법정 다툼을 벌였는데요. 처음엔 합동 교단을 탈퇴하여 그루밍 성범죄를 무마하려 하더니, 지금은 다시 합동 교단에 속한 모 노회에 가입하여, 도리어 법원에서 파송한 임시 당회장인 박○○ 목사를 노회를 움직여 회유하고 협박하면서 위력을 과시하고 있으니까요.

　　이 외에도 최근에 합동 교단의 노회장인 최○○ 목사가 청년 다섯 명을 성추행한 사건이 발생하였는데요. 의정부지방법원은 성 인지 감수성에 기반하여 가해 목사를 엄벌하고 피해자들의 증언을 인정하는 판결을 내렸거든요. 그럼에도 합동 교단 소속의 해당 노회는 성추행 노회장 최 목사를 감싸면서 "성폭력으로는 면직 안 돼. …… 총회는 교회법상 할 수 있는 게 없다"면서 고소장을 각하했어요(이은혜, 〈뉴스앤조이〉, 2020. 1. 28.).

그루밍 성범죄의
특징

제가 교회법에 관심을 가지고 연구하는 이유가 여기에 있습니다. 현재 교단 내에서는 성폭력 사건을 접수하기도 어려워 사회법에 호소하는 경우가 대부분인데요. 설령 해당 노회에서 성폭력 사건이 접수되었다 해도, 가해자 인맥 중심의 남성 재판관들에 의해 밀실 재판이 이어지고 있습니다. 여성 피해자가 변호인을 선임하는 권리조차 허용하지 않는 재판에서 남성 재판관들의 2차, 3차 집단적 언어 폭행이 가해지면서 성폭력 피해 여성의 인권은 철저히 유린당하는 현실입니다. 합동 교단에 속한 남성 목회자들은 사도 바울이 음행을 '악독한 누룩'이라 하여 "음행하는 자와 사귀지도 말고 그런 자와는 함께 먹지도 말라 …… 세상 밖으로 내어 쫓으라"(고린도전서 5:1-13)라고 엄히 명한 말씀엔 귀를 닫고 있어요. 결과적으로 교회는 하나님의 이름을 내걸면서 하나님이 원하시는 거룩함과 질서를 스스로 무너뜨리고 있습니다.

그루밍 성범죄는 N번방 사건처럼 온라인상에서, 그리고 학교와 종교단체와 같은 오프라인에서, 교사와 스포츠 지도자, 대학교수와 종교인 등에 의해 대상을 가리지 않고 쉽게 이뤄지고 있어 법조계에서 경각심을 갖는 범죄에 속합니다. 그루밍 성범죄는 신뢰와 친밀한 관계로 돌입하는 가운데 성적 착취가 이뤄지는 특성이 있어요. 기반센 자료에 따르면, 교회 내 그루밍 성폭력은 피해자 고르기(취약점 파악) → 피해자의 신뢰 얻기(관심과 친분 만들기) → 욕구 충족시켜 주기(선물 주기, 진로 상담, 경제적 지원) → 고립시키기(비밀 만들기, 가해자에 대한 의존성 키우기) → 관계를 성적으로 만들기(자연스러운 접촉, 속이기, 훈련 및 학습시키기) → 통제하기(조종, 체념, 협박, 의존성 강화하기)의 특징이 있습니다. 저는 교회 내 그루밍 성범죄가 빈번하게 일어나는 가장 큰 원인은 하나님이 창조한 성을 사적인 친밀감으로 악용하고 있기 때문이라고 생각합니다. 사적 친밀감은 여성을 성적 대상이나 수단으로 여기면서 사적으로 은밀하게, 때론 자신의 권위를 악용하여 위압적으로 자신의 성적 욕구를 채우려는 감정입니다.

　　그루밍 성폭력을 저지른 목사들의 "딸 같아서, 여동생 같아서 예뻐해 준 것뿐이야"라는 변명을 들어 봤을 겁니다. 성을 악용한 사적 친밀감의 폐단이 뭔지 알려 주는 것입니다. 정상적인 아빠라면 사춘기를 지난 딸의 몸을 함부로 만지지 않습니다. 학자들은 창세기 2장 23절에 나오는 '내 뼈 중의 뼈요, 살 중의 살이라'는 극적인 감탄사는 남녀의 '연대성'과 '친밀감'이라는 최상급 표현으로서, 하나님이 보증하시는 가운데 동등한 위치에서 맺는 언약 관계를 나타낸다고 말하고 있습니다. 성이 선사하는 친밀감은 '사적 친밀감'이 아니라 '공적 친밀감'이 되어야 하나님이 창조하신 성의 이유와 목적에 부합할 수 있다고 봅니다.

　　교회가 성을 사적 친밀감으로 악용하면서 이율배반적인 모습을 보이는 경향은 남자 교수나 목사들이 학회나 공공장소, 교회에서 여성과 악수하지 않음을 마치 거룩한 행동인 양 설교하거나 발언하는 데서도 발견할 수 있어요. 이는 여성을 유혹하는 존재로 보고 있음을 암시합니다. 부흥 강사가 호텔에 머물 때, 여성 교인을 보내 의복 관리와 접대를 시킴으로써 성폭력에 노출시키는 일도 '사적 친밀감'에서 연유한 것이에요. 사적 친밀감의 악습을 드러내는 경우는 목사들이 외롭다고 느낄 때 여성 교인에게 전화를 걸거나 SNS를 통해 여성을 그루밍하는 거라고 봅니다. 수십 년 전, 제가 사역을 그만두고 쉬고 있을 때였어요. 30대 싱글 자매가 찾아와 하소연을 하더군요. 그 자매는 "밤늦게 담임목사가 습관적으로 '외롭다', '내 와이프는 초등학교밖에 안 나와서 대화가 안 된다'라는 식으로 전화를 해댔어요. 저도 모르는 사이에 그 목사에 대한 동정심과 친밀감이 들었는데, 어찌 된 일인지 교회에선 아는 체도 하지 않더군요. 그 목사가 꼭 '사탄'처럼 느껴질 때가 있어요"라고 했어요. "그럼 왜 그 목사를 떠나지 않았냐?"라고 물었더니 "그럴 수 없어요"라며 체념하듯 대답했습니다. '왜 나에게 와서 자신의 치부를 드러내는 걸까?', '왜 그 목사를 떠나지 못하는 걸까?' 생각하니 제 마음이 무거웠습니다.

나는 바란다

그루밍 성범죄에 어떻게 대처해야 할까요? 첫째, 하나님이 부여한 성적 권리와 자유를 침해당하지 않도록 여성이 먼저 자신을 지켜야 할 것입니다. 목사가 성추행이나 성희롱을 할 시 녹음하거나 동영상을 찍어 두는 것이 필요합니다. 그리고 교회보다는 경찰에 신고하거나 기반센과 언론에 알려 도움을 요청하고 공론화하는 게 좋습니다.

둘째, 교단에서는 하루속히 성경의 원리와 여성의 경험에 따라 하나님께서 만드신 성(性)을 사적인 영역이 아니라, 공적인 영역으로 가져와야 하며, 남녀 합의된 성 신학과 성 윤리, 그리고 기독 신앙과 성의 관련성 및 성 인지 감수성 교육이 이뤄지도록 해야 합니다.

셋째, 교회 헌법 면직조항에 성폭력 목사에 대한 징계 규정이 마련되어야 합니다. 교단 차원에서 성폭력 대응 매뉴얼을 만들고, 교단 내 여성 윤리위원장을 세워 남성 권력자로부터 자유로운 권한을 부여함으로써, 피해자의 인권 보호를 위한 공정한 심의가 이루어져야 합니다.

　넷째, 남성 목회자들의 사적인 성 착취와 성범죄 은닉 메커니즘이 작동하지 않도록 여성에게도 리더십과 대표직을 부여하여 남녀 평등한 교회 공동체가 이뤄져야 합니다. 이 외에도 여성 설교자와 여성 총대 할당제를 통해 여성 친화적 목회와 교회 정치를 만들고, '핫라인' 설치, 설교 피드백, 여성 커뮤니티, 여성 쉼터 마련을 통해 신고 및 인권 보호, 치유와 평등한 성문화 담론이 이뤄지도록 노력해야 할 것입니다.

　교회는 불평등한 성차별주의가 없어야 합니다(갈라디아서 3:28). 저는 소망합니다. 교회에 참된 인간성과 성 인지 감수성이 살아 숨 쉬고, 남녀의 바르고 자유롭고 평등하며 합리적인 의사소통이 이루어지는 날이 오기를! 그리하여 여성들이 교회에서 존중받으며 자유와 행복을 만끽할 수 있기를!

맨스플레인과
처치걸

요즘 공공장소나 큰 건물에 가면 남자 화장실 수보다 여자 화장실 수가 많습니다. 여성이 남성보다 화장실 사용 시간이 길다는 것을 고려한 정책이지요. 그런데 이런 정책이 시행된 지 오래되지 않았기에 지은 지 오래된 교회는 여성 성도가 많음에도 남녀 화장실 수가 같은 경우가 많아요. 예전에는 여성과 남성의 차이로 인한 불편을 고려하지 않았기 때문이에요.

    요즘 이렇게 여성의 불편을 고려한 정책들이 시행된 것은 '성 인지 감수성'이란 개념 때문입니다. 성 인지 감수성(gender sensitivity)이란 "양성평등의 시각에서 일상생활에서 성별 차이로 인한 차별과 불균형을 감지해 내는 민감성"으로 1995년 제4차 UN 여성대회에서 처음 사용되었습니다. 요즘은 남녀 차이를 전제로 한 말이나 행동에 많이 사용되고 있지요.

    이런 변화가 우리 사회에서 빠르게 진행되었기에 이 변화에 적응하지 못한 세대는 젊은 세대와 갈등을 일으키거나 비난의 대상이 되기도 합니다. 어느 교회에서 성평등 특강을 한 적이 있는데 50대 남자 성도가 자신이 겪은 고충을 토로한 적이 있습니다. 대기업 연수에 강사로 참여했는데 한 여자 신입

사원이 성품도 좋고 연수 과정에 적극 참여하고 좋은 결과를 내었기에 현모양처감이라며 칭찬했다고 해요. 순수한 칭찬이었다고 하더군요. 그런데 연수 후 강사 평가에서 최저점을 받아 다시는 그곳에서 일할 수 없었다며 도대체 뭐가 문제인지 알 수 없다고 억울해했습니다.

이 글을 읽는 여러분은 뭐가 문제인지 바로 파악할 수 있겠죠? 직장인으로서의 유능함을 보여 준 여성에게 좋은 엄마와 아내가 될 것이라고 말했으니 성 인지 감수성이 떨어지는 모습을 보인 것이지요. 이렇게 우리 사회는 공중파나 공적 영역에서 성 인지 감수성이 떨어지는 발언을 하지 않기 위해 조심하는 분위기입니다.

남자들은 자꾸
가르치려 든다

그런데 이런 변화를 가장 따라가지 못하는 곳이 교회입니다. 외모나 옷에 대한 지적, 모성 이데올로기 강요, 여성 차별적 설교, 여성 혐오적 관점 등 이 책에서 다루고 있는 대부분 문제는 교회의 성 인지 감수성이 낮기에 일어난 일이에요. 그러므로 교회에서 여성들이 겪는 불편함은 이상하거나 예민하거나 믿음이 없어서가 아니라 부당함에 대한 당연한 반응이지요. 그렇기에 여성들은 불편함을 이야기하며 남성 중심의 가부장적 교회를 변화시키려 노력하고 있는 것이죠.

하지만 이런 작업이 쉽지 않습니다. 특히 가부장제에

익숙하고 그로 인해 혜택을 받은 남성은 가부장제를 반대하며 양성평등을 주장하는 젊은 세대 여성의 주장을 힘들어하거나 비성경적이라며 거부합니다. 특히 나름 정상적이고 도덕적으로 살았다고 자부하는 남성들은 성 인지 감수성을 지적하면 자신들을 부도덕하게 취급한다고 반발하기도 해요. 자신들이 기준이고 보편이며 상식이라고 생각했는데 자신에게 잘못이 있음을 받아들이기 쉽지 않기 때문이에요.

제 주변에 이런 남성 특히, 목사들이 많습니다. 교회 내 성차별 문제를 개선해야 한다고 하면서도 지금의 속도가 너무 빠르니 자신들의 변화 속도에 맞추어 달라고 요구하는 목사들도 있어요. 변화의 속도에 따라올 생각을 하지 않고 자신들의 속도와 감정에 맞추어 기분이 상하지 않게 말해 달라고 합니다. 이 말은 제가 심심찮게 들은 것이에요. 이렇게 남성이 원하는 방식으로 행동하며 자신들을 설득하라는 말 속에는 이미 남성과 여성의 권력 차이가 전제되어 있어요.

또한 일부 남성 목사는 양성평등을 인정하지만 자기 나름대로 성경적 페미니즘과 성경적이지 않은 페미니즘을 구분하여 이 기준에 따르라고 요구하기도 합니다. 요즘 30-40대 젊은 목회자는 양성평등을 반대하면 시대착오적이란 소리를 듣는다는 것을 알기에 이런 교묘한 방법으로 여성에 대한 권위를 놓지 않으려고 합니다. 이것을 '맨스플레인'(Mansplain, man+explain)이라고 하는데 레베카 솔닛은《남자들은 자꾸 나를 가르치려 든다》에서 이런 현상을 지적하고 있어요. 그러나 그런 남성의 목소리는 참조만 할 뿐 따를 필요는 없습니다. 새로운 문화에 적응하는 것은 그들의 몫이기 때문이죠.

억압받고 고통받던 피해자가 자신을 억압하던 가해자를 배려해야 할 의무는 없기에 교회가 변하려면 교회 안에서 벌어지는 성 인지 감수성이 떨어지는 상황에 대해 그 불편함과 부당함을 말해야 해요. 그래야 무엇이 잘못됐는지 남성들이 알고 변화를 받아들일 수 있기 때문입니다.

그런데 이런 말을 할 때는 용기가 필요해요. 이것은 목사님의 설교가 불편하다고 말할 때와 비슷해요. 우리가 불편함을 말하는 순간 지금과는 다른 상황을 맞이할 위험이 있기 때문이에요. 이런 위험은 모든 조직이나 인간관계에 해당되지만 교회는 타격이 더 큰 것 같아요. 교회는 확대된 가족 같은 공동체이기에 관계 정리가 쉽지 않기 때문이죠.

특히 어려서부터 자라난 교회는 목사님이 부모님 같고, 교회 집사님, 장로님, 권사님들이 이모 삼촌 혹은 할머니, 할아버지 같고, 동료 청년이나 또래 집사들은 형제자매처럼 가깝습니다. 신앙을 배우고 삶을 나누며 많은 도움도 받고 지지도 받고 있죠. 이런 상황에서 목사님을 비판하거나 누군가에 대해 비판하는 건 쉽지 않지요. 성 인지 감수성이나 성차별 문제를 말하는 순간 지금까지 누리던 좋은 관계와 혜택이 사라지지 않을까 하는 두려움을 가질 수 있어요. 그래서 침묵을 택하기도 합니다. 좀 불합리해도, 좀 불쾌해도 지금의 상태를 유지하기 위해 참고 침묵하는 것이죠.

《처치걸》에서 베스 앨리슨 바는 자신의 이런 경험을 잘 묘사하고 있어요. 그녀는 보수적인 남침례교단에서 나고 자라 남침례교 소속 목사와 결혼하여 아이를 낳아 기르는, 중세 역사학을 공부한 학자입니다. '여성의 소명은 어머니와 아내'라는 남침례교의 가부장적 여성관이 옳지 않음을 알았지만 모든 관계와 혜택과 남편의 경력을 위해 침묵했다고 그녀는 고백합니다.

이런 고백은 그녀만의 고백이 아니라 저의 고백이기도 합니다. 저도 신학을 시작하고 박사학위를 받고 학생들을 가르쳤던 총신과의 관계를 깨지 않기 위해 참 많이 참았었거든요. 저도 모르게 그 공동체가 주는 친밀감에 길들여졌기에 그것을 깨고 새로운 삶을 사는 두려움이 컸었죠. 그런데《처치걸》을 읽으면서 이것이 그루밍임을 깨달았습니다. 성범죄가 아니더라도 친밀감을 통해 상대를 지배하고 조종하려는 것도 그루밍에 포함되는 것이죠.

반복적인 정신적 학대로 상대를 지배하려는 것이 가스라이팅이라면, 그루밍은 친밀감을 무기로 상대를 조종하는 것입니다. 그러나 친밀함 때문에 하고 싶은 말을 하지 못하는 곳이라면 결국 문제가 생기게 마련입니다. 내가 그곳에 완전히 동화되지 않는 이상 불편함은 결국 표출되고 문제는 일어나게 되거든요. 베스 앨리슨 바는 결국 여성 리더십 문제로 남편이 교회에서 잘리면서 그 교회와 결별하게 되었고, 저는 여성 안수를 위해 기도한 덕분에 총신과 결별하게 되었습니다.

　　그래서 여성을 차별한다는 생각이 들었을 때 발언을 하려면 용기가 필요하고, 뒤에 일어날 일은 하나님께 맡기는 믿음이 필요해요. 베스 앨리슨 바나 저의 경우 친밀한 공동체와 결별했지만 결국 새로운 사람들과 공동체를 만나서 자유롭게 잘 지내고 있으니 결별을 너무 무서워하지 않았으면 좋겠어요. 안전한 친밀감과 친밀감을 무기로 내 입을 막으려는 그루밍을 구별하는 지혜가 필요합니다.

친밀감이
범죄까지

이런 그루밍이 성범죄에 이용되면 그루밍 성범죄라고 합니다. 그루밍 성범죄는 친밀감이 형성되기 좋은 구조 속에서 주로 일어나죠. 중·고등학교에서는 선생님과 학생, 대학교에서는 교수와 학생, 고아원 등에서는 관리자와 원생처럼 위계를 이용해 돌보는 사람이 돌봄을 받는 사람에게 저지르는 성범죄가 그루밍 성범죄입니다.

　　그런데 이런 그루밍 성범죄에 가장 취약한 공동체가 바로 교회로, 교회 안에서 일어나는 대부분의 성범죄는 그루밍 성범죄예요. 그 이유는 첫째, 교회는 기본적으로 목사와 성도라는 위계를 가진 조직이기 때문입니다. 교회 내에서 목사나 사역자들은 영적 권위를 가지고 있으며 그들이 성경적이라거나 하나님의 뜻이라고 말하면서 설득할 때 일반 성도들이 이를 반박하거나 거부하기는 쉽지 않기 때문이죠.

둘째, 가해자가 주로 심리적·경제적·영적으로 취약한 성도를 고르기 때문입니다. 목사나 사역자들은 여러 문제가 있는 성도들과 상담하고 기도하며 그들에게 도움을 주는 역할을 하다 보니 어떤 성도가 취약한지 파악하기가 어렵지 않아요. 힘든 상황에 있는 피해자 입장에서는 자신을 위로하고 상담해 주고 기도해 주고 때로는 물질적 도움까지 주는 목회자를 전적으로 신뢰하고 더 나아가 인간적으로 좋아하는 마음도 가지게 되지요.

이렇게 친밀감이 형성된 후 가해자는 피해자에게 성적 요구를 하기 시작합니다. 처음엔 가벼운 스킨십으로 시작하는데 이를 둘만의 가벼운 친밀감의 표시라고 설명하며 경계심을 없앱니다. 하지만 여기서 끝나는 경우는 거의 없어요. 그루밍 성범죄는 대부분 성폭행으로 넘어가는데 그 과정에서 피해자가 옳지 못하다고 생각하거나 부담스러워서 관계를 거부하면 가해자는 피해자를 설득하거나 협박합니다. 미혼인 경우 주로 너만 사랑한다는 말과 함께 결혼을 약속하기도 해요. 그런데 미혼 사역자의 그루밍 성범죄는 동시에 여러 여성을 대상으로 하는 경우가 많기에 비밀 유지를 요구합니다.

유부남의 경우는 '너만이 진정한 사랑이다', '사모와는 애정이 없이 의무적으로 산다', '곧 이혼할 거다'라거나 아주 고전적으로는 '너는 사랑하는 라헬이고 사모는 사랑하지 않는 레아다'라는 말로 피해자의 거부감과 죄책감을 덜어 내려고 하지요. 그러나 이런 말은 간음죄를 사랑이라는 말로 덮으려는 악한 행동입니다. 유부남이 아내 외의 여성과 관계를 맺는 것은 하나님이 금하시는 심각한 죄입니다.

　　사랑이 허다한 죄를 덮는다고 하지만 간음죄를 덮지는 못해요. 다윗이 간음죄를 범했을 때 하나님은 그의 목숨은 살려 주셨지만 세 아들을 잃고 나라를 잃을 뻔한 벌을 혹독하게 받았습니다. 비록 세상의 간음죄는 사라졌지만 십계명의 간음죄는 성도들에게 아직도 유효해요. 그렇기에 유부남이 사랑이란 말로 접근하면 뒤도 돌아보지 말고 떠나야 해요.

　　또한 가해자는 피해자의 친밀감을 이성적인 감정이라고 세뇌시킵니다. 즉 가해자를 이성으로 사랑하는 것처럼 조작하는데 가해자에게 의존적이 된 경우 피해자는 이 말에 설득되어요. 그 결과 자신이 피해자인 줄 모르고 서로 사랑하는 관계라고 생각하게 됩니다. 말로 들으면 어이없을 수 있지만 깊은 의존관계에 빠지면 충분히 그럴 수 있습니다. 이런 이유로 그루밍 성범죄는 가해자 처벌이 매우 어려워요. 법률상 성범죄는 강제성을 가장 중요한 범죄 성립 요건으로 보는데 둘이 사랑해서 관계를 맺었다고 주장하면 범죄라고 규정하기 어렵기 때문이고 피해자도 자신이 피해자라는 자각을 하지 못하기 때문입니다.

　　그런데 이런 설득이 먹히지 않으면 가해자는 피해자에게 너와의 친밀한 관계나 도움을 끊겠다고 협박합니다. 가해자에게 의존도가 높을수록 이런 협박은 피해자에게 잘 먹히겠죠. 관계가 끊어지고 다시 홀로 남는 것이 성관계보다 두렵기에 피해자는 자신의 의지와 별개로 성관계를 하게 됩니다. 이렇게 친밀감과 두려움이란 무기로 가해자는 피해자를 성폭행하는 것이에요.

한편, 목회자의 성범죄를 고발하거나 성범죄가 드러났을 때 피해자는 또 다른 차원의 문제를 만나게 됩니다. 그루밍 성범죄가 드러나는 순간 가해자와의 관계를 비롯하여 교회 공동체와의 관계가 대부분 깨지기 때문이죠. 지금까지 교회 담임 목사에 의해 일어난 그루밍 성범죄의 경우 목사가 순순히 죄를 인정하고 처벌받은 경우는 거의 없습니다. 대부분 성범죄를 부인하거나 피해자를 꽃뱀으로 몰며 피해자의 유혹에 넘어간 실수라고 주장해요.

목사가 교회에서 가장 중요하고 권위를 가진 인물이기 때문에 교회 중진들이 교회의 혼란을 막는다는 명목으로 목사를 옹호하고 피해자를 공격하는 경우도 많아요. 2차 가해가 심각하게 이루어져 피해자는 교회 공동체에서 쫓겨나는 경우가 대부분입니다. 이렇게 관계의 깨어짐과 함께 강한 공격을 받기에 이를 두려워한 많은 피해자들이 신고하지 못하고 있는 것이 현실입니다.

그래서 교회는
위험해?

여기서 그루밍 성범죄를 자세히 언급하는 이유는 교회는 위험하니 여성들은 다 떠나라는 말이 아니에요. 현실을 직시하고 이에 대응할 방법을 모색하고 안전한 교회를 만들자는 취지로 말한 것입니다.

안전한 교회를 만들기 위해서는 첫째, 나 자신이나 주변의 여성도들, 특히 취약한 어린 청년들이 이런 범죄의 대상이 될 수 있음을 인식할 필요가 있습니다. 교회 내 그루밍 성범죄는 교회가 가진 가부장적 문화와 목사의 절대적 영적 권위라는 구조적 문제에서 비롯되어 교회 내에서 언제든지 일어날 수 있기 때문입니다.

심각한 수준까지 가지 않더라도 내가 목회자를 존경하고 좋아하는 순진한 마음을 누군가는 악용하고 성적 욕망을 채우는 방책으로 사용할 위험이 있음을 알아야 해요. 교회는 의인의 모임이자 죄인의 모임이며 목회자도 완전한 의인이 아니기 때문이죠. 그리고 성적 욕망은 직업이나 지위를 가리지 않으며 오히려 지위가 높을수록 자신의 지위를 이용하려는 욕구가 강해지는 특징이 있어요. 목사의 권위가 높을수록 성적 욕망도 같이 높아질 염려가 있다는 의미지요. 유명 목회자들 가운데 성 윤리 문제로 불명예를 얻은 사람들이 생각보다 많아요. 그러므로 그렇지 않으면 좋겠지만 우리 교회 목회자도 그럴 수 있음을 기억하세요.

둘째, 목사가 성도와 성관계를 맺는 것은 모두 그루밍 성범죄임을 알아야 합니다. 미국 교회는 목회자가 성도와 성관계를 맺는 것을 그루밍 성범죄로 규정하고 있어요. 왜냐하면 목양하고 돌보는 교회의 특징과 목사와 성도 사이의 위계가 교회 내에서 일어나는 성범죄의 원인이 되는 것을 분명히 인식하였기 때문입니다. 그래서 목사가 아무리 죄가 아니라고 우겨도 건강한 교회와 사회는 이것을 목회자의 죄라고 규정한 것입니다. 목사가 아무리 죄가 아니라고 우겨도 죄인 것이죠. 그러므로 목사가 아무리 성경을 인용하고 영적 권위를 주장하고 하나님 뜻을 운운해도 성범죄를 저지른 목사의 변명을 무시할 수 있는 영적 분별력이 필요합니다. 일반 사회에서 성범죄를 저지르면 더 이상 사회생활을 할 수 없음을 안 사람들이 예전보다 조심하는 것처럼 성범죄를 저지른 목사가 발붙일 수 없는 곳으로 교회를 만들어야 합니다.

마지막으로 혹시 성범죄가 주변에서 일어났을 경우 대처 방법을 알면 좋을 것 같아요. 일반적으로 교회 내 성범죄는 외부에 알리는 게 덕이 되지 않는다거나 세상 법정에 가지 말라는 성경 구절을 들어 교회 안에서 해결하려고 합니다. 하지만 이런 경우 가해자가 제대로 처벌받고 피해자가 회복될 가능성은 매우 적은데 교회는 이런 사건을 덮는 쪽을 선호하기 때문입니다. 그렇기에 일반적인 형사사건(절도, 상해, 살인 등)과 마찬가지로 경찰에 신고하는 것이 좋아요. 대처 방법을 잘 모르겠으면 '기독교 반성폭력센터'처럼 교회 내 성범죄 피해자를 돕는 곳에 도움을 요청할 수도 있습니다.

가장 중요한 것은 피해자 편에 서서 그를 지지하고 응원해 주는 것입니다. 그동안 목회자에 의한 성범죄가 일어나면 가해자의 목소리는 커지는 반면 피해자가 오히려 죄인으로 몰려 교회에서 쫓겨나거나 스스로 나갈 수밖에 없었습니다. 그런데 많은 피해자들은 이런 관계의 깨짐과 배척을 두려워합니다. 그래서 목소리를 제대로 내지 못하는 것이지요. 이때 우리가 피해자의 손을 잡아 주는 사람이 되었으면 좋겠습니다. 그들 편에서 그들의 말을 들어 주고 그들의 심정에 공감하고 그들의 발걸음을 응원하고 동행하면 좋겠습니다.

그들이 혼자 싸우고 있지 않고 수많은 지지자들이 함께 동참하고 있음을 알려 준다면 피해자는 교회를 떠나지 않고 세상을 살아갈 용기를 가질 것입니다. 또한 피해자 편에 서서 목소리를 높여 가해자의 목소리를 잠재울 때 비로소 교회에 성범죄가 발붙일 곳이 없어지게 되고 안전한 교회로 만들어 갈 수 있습니다.

성령을 받는 데 남자 허락이 필요하다?

한국기독교사회문제연구원이 발표한 "2022년 한국교회 평등 인식 보고서"에 따르면, 개신교인 30-40세대는 불평등 분야 가운데 '경제 불평등'을 1순위로 꼽았으나, 20-30세대는 '성 불평등'을 1순위로 꼽았다네요. 이러한 통계를 보면 현재 교단마다 교인 수가 급격히 감소하는 이유는 젊은 여성이 교회의 성차별에 환멸을 느껴 떠나는 것과 관련 있다고 봐요. 젊은 여성이 교회에서 사라지면 젊은 남성도 사라지게 되고, 미래 세대는 찾아보기 어려운 건 자명하니까요. 이제 교회 내 성평등은 생존전략이요, 교회의 지속가능성을 위한 열쇠이지 싶습니다.

성령이 우리 위에

성평등이 실현되어야 할 교회는 어떤 곳일까요? 제가 생각하는 교회는 예수 그리스도를 주님으로 믿고 고백하는 사람들의 모임 또는 공동체입니다. 이 고백 안에는 교회 안에 있는 남녀 한 사람도 예외 없이 그리스도 안에서의 주체성과 평등성, 상호성이 바탕에 깔려 있으니까요.

　신구약 성경에서 성평등을 뒷받침하는 대표적 말씀으로는 첫 번째, 창세기 1장 27절 "하나님이 자기 형상 곧 하나님의 형상대로 사람을 창조하시되 남자와 여자를 창조하시고"입니다. 독일성서공회 개역성경은 "하나님이 하나님의 형상으로 남자와 여자에게 말씀하셨음이 강조된 점이 중요하다. 남자와 여자 둘이 하나인 가운데서만 사람은 하나님의 형상 전체이다"라고 해설함으로써 남녀가 하나일 때, 비로소 하나님의 형상 전체임을 알려 주고 있어요.

　그렇다면 하나님 형상 입음의 의미는 뭘까요? 학자들은 하나님 형상 입음의 의미를 '통치'로 보는 경우가 있으나, 저는 '인격적 존재'로 보고 싶습니다. 하나님의 원형상이신 예수 그리스도는 참 인간이셨으니까요. 그리고 남녀 모두가 인격적 존재라는 데에는 주체성, 대표성, 파트너십이라는 성격이 담겨 있다고 생각하거든요. 그렇게 생각하는 이유는 주체성과 자유가 없다면 인격적인 존재로 보기 어려우니까요. 또한 하나님 형상의 독특함을 드러내려면, 각자의 주체성과 대표성이 확보되어야 하니까요.

　그럼에도 인간 됨의 구성은 남자 없이 여자 없으며, 여자 없이 남자 없기에(고린도전서 11:11), 남녀는 파트너십을 통해서 하나님이 부여한 '창조 세계의 돌봄'이라는 청지기 사명을 감당할 수 있으니까 말입니다.

　두 번째는 갈라디아서 3장 28절 "유대인이나 헬라인이나, 종이나 자유자나, 남자나 여자는 그리스도 안에서 하나"라는 말씀입니다. 헬라어 원문을 보면, 인종을 뜻하는 '헬라인'과 '유대인', 그리고 신분을 뜻하는 '자유자'와 '종'은 '우데'(ouvde)라는 부정 접속사를 사용하는 반면, '남자'와 '여자'를 표현할 때는 등위 접속사(and)인 '카이'(kai)로 연결됨이 주목됩니다. 남자와 여자 모두는 예수 그리스도 안에서 뗄 수 없는 '동등한 하나인 짝'임을 드러내고 있다는 거죠.

　　한국 교회는 갈라디아서 3장 28절의 정신에 따라 세워졌어요. 유대인 남성만이 예수의 제자가 될 수 있었다고 한다면, 그리스도의 복음으로 이방인이었던 한국인 남성들이 목사가 될 수 있었으니까요. 따라서 갈라디아서 3장 28절의 혜택에 따라 인종 차별(유대인과 헬라인)과 신분 차별(자유인과 종)이 무너져 평등을 누리고 있다면, 이제 성차별을 허물어 성평등을 실천해야 하는 건 마땅하다고 봅니다.

　　세 번째는 예수 그리스도께서 우리의 자유와 평화를 위해 오셨고(누가복음 4:18-19; 갈라디아서 5:1-13), 남녀 모두는 그리스도의 몸이라는 겁니다(고린도전서 12장). 남성에게 종속된 존재, 사유재산권, 이혼권, 교육권, 그리고 증인효력도 없었던 열등한 존재로 인식되었던 유대 여성들이 가부장적 편견과 한계의 장벽을 뚫고서 예수님을 따라 증인이 되었으니까요.

　　혼전 임신으로 돌에 맞아 죽을 상황이 될 수 있음에도, "주의 계집종이오니 주의 말씀대로 내게 이루어지이다"를 고백하며 예수를 믿음으로 출산한 엄마 마리아, 예수님의 장례를 위해 가장 귀한 옥합을 깨뜨린 마리아, 로마 군병의 삼엄함 속에

서 꿋꿋이 따라가 십자가와 부활의 첫 증인이 된 막달라 마리아
의 신앙적 행보는 남성의 허락을 받아서 한 일이 아니었습니다.

　　이처럼 복음서는 예수님을 따랐던 여성들이 오롯이 자신
의 주체적 결단과 헌신으로 그리스도 복음 사역의 진정한 증인
이 되었음을 보여 줍니다. 통상 그리스도의 복음 사역은 성육신
탄생, 생애, 고난, 십자가 죽음, 부활, 승천, 그리고 오순절 성령
강림까지를 말합니다. 하지만 남성이었던 열두 제자들은 공생
애 3년간만 예수를 따라다니며 증언했지만, 여성들은 성육신
탄생, 예수의 어린 시절과 생애, 즉 예수의 성육신 탄생부터 어
린 시절, 고난과 십자가 죽음, 부활과 승천, 그리고 오순절 성령
강림 사건 모두에 참여하여 증언한 증인들이었지요. 특히 그리
스도 복음의 절정이라고 할 수 있는 십자가 죽음과 부활의 첫
증인은 열두 제자가 아니라, 여성이었으니까요.

　　그럼에도 남녀 제자들이 함께 예수의 승천과 오순절 성
령 강림 체험을 했다는 건 예수의 복음 전파에서 큰 의미가 있
습니다. 오순절 성령 강림 이후부터 예루살렘과 온 유대와 사마
리아와 땅끝까지 복음을 전하는 남녀 제자의 수가 심히 많아졌
으니까요(사도행전 1:8; 6:7).

　　오늘날도 마찬가지입니다. 여성이 성령을 받아 하나님
나라 복음을 위해 헌신하는 일은 남성들의 허락을 받을 사항이
아니라는 거죠. 그것은 하나님의 직접적인 부르심과 성령의 능
력에 따라 여성이 주체적으로 결단하고 헌신함으로써 이뤄져
야 할 일이니까요. 사실, '여성 안수', '여성 리더십', '목사 사모'

는 남성 중심의 직제 이후에 붙여진 불필요한 단어일 뿐이에요. 오히려 남녀를 가리지 않고, 남녀가 서로를 존중하며 협력하는 남녀 파트너십이야말로 그리스도 복음에 부합하는 것이죠.

지금까지 보수 교회는 "여자는 잠잠하라"(고린도전서 14:34), "남자는 여자의 머리"(고린도전서 11:3), "여자는 남자를 가르치거나 다스릴 수 없다"(디모데전서 2:12)라는 바울의 여성 관련 몇 구절을 만고불변의 진리로 해석하여 남녀 위계 직분 체제를 고수하고 있어요. 이는 바울을 오해하는 겁니다. 신약학자 도널드 거스리(Donald Guthrie)에 따르면, 은사는 성령의 역사로서 하나님의 주권적인 의지에 따라 분배되는 것이기에, 바울도 감독 직분을 경직된 체제로 보기보다는 현실적 고려에 따랐다는 겁니다.

바울 서신을 보면, 그리스도를 경외함으로 피차 복종하라며(에베소서 5:21), 교회의 일원인 각 사람은 전체를 위한 구성원으로서 위아래 없이, 함께 고통받고 함께 즐거워하며 친교를 나누는 지체들(고린도전서 12:26)이라고 합니다. 아울러 바울은 뵈뵈 집사, 유니게 사도, 브리스길라 동역자, 여제자 다비다, 유오디아와 순두게, 그리고 예언자 빌립의 네 딸 등 수많은 여성 동역자들과 선교 사역에 동참했거든요. 우리가 잊지 말아야 할 건 고린도교회 여자들은 성경이 완성되기 이전에 계시의 방편이었던 방언과 예언에 가담했다는 사실입니다.

이로 볼 때, 바울은 남녀 위계와 성차별을 당연하게 여겼던 유대 사회와 그리스-로마의 가부장 사회의 문화를 거부하고, 그리스도 안에서 모든 사람이 차별이 없다는 평등성과 유기적 공동체라는 복음의 급진적인 정신을 실현한 사도임을 알게 됩니다. 저는 바울이 여성을 창조 본래의 존엄한 존재로 대우한 예수님의 여성관을 닮아 가려고 애쓴 사도라고 보고 있어요.

17세기 교육신학자 코메니우스(J. A. Comenius)는 "모든 인간이 소유한 평등한 본성이란 물방울 위에 물방울이 떨어지지 않는 것처럼, 사람 위에 사람 없음을 실천해야 한다"고 말했는데요. 이처럼 바울과 코메니우스가 말하는 인간관계와 남녀 관계에서는 위계나 차별이 들어설 공간은 없고, 오직 평등과 평화뿐임을 알려 주고 있죠.

각자가 성평등을 위해 할 일

그렇다면, 여성 각자는 개인적으로 교회 내 성평등 실현을 위해 어떻게 하면 좋을까요? 첫 번째로, 여성이 주체성과 자존감을 가지는 게 대단히 중요하다고 생각합니다. 주체적 결단과 저항 정신을 가지고, 교회 내 성차별에 대해 '불편하다', '아니요'를 외치면 좋겠어요. "당신은 사랑받기 위해 태어난 사람 …… 태초부터 시작된 그 사랑 지금도 받고 있지요"라는 찬송은 잘도 부르면서, '차별받기 위해 태어난 사람'으로 여성이 느끼도록 만드는 건 위선이라고 생각해요.

야고보서 기자는 "외모로 사람을 취하면 죄를 짓는 것이니 율법이 너희를 범죄자로 정하리라"(야고보서 2:9)라고 말했어요. 남자든 여자든, 누구든 인간을 차별하는 건 죄이니까요. 여성의 역사는 저항과 외침의 역사이며, 여성의 외침이야말로 인류사회의 진보를 이룰 수 있는 멋진 도전이었잖아요. 여성의 외침은 단지 여성만을 위한 게 아니라, 모든 인간의 존엄과 정의를 지켜 내는 일이며, 궁극적으론 평화와 인간성을 도모하는 길이라고 생각합니다.

안타깝게도 가부장제가 강하게 작동하는 교회일수록 여성의 외침은 찾아보기 힘들며, "여자의 적은 여자"라는 말이 많이 통용되는 게 사실입니다. 길들여진 여성들이 동료 여성들을 공격하도록 남성 권력자들이 원인을 제공하여 여성끼리 적대하도록 만들었어요. 그러니 여성들의 자유와 성평등을 위해 연대하여 외칩시다!

두 번째로, 교회에서 당한 성차별 경험을 알리거나 성평등 관련한 글과 책을 쓰면서 외치고 저항을 하는 일이 중요하다고 생각해요. 21세기임에도 교회가 여전히 남녀 불평등하다는 건 무얼 의미하는 걸까요? 가부장적 신학과 교회의 성차별적 문화가 '성경적', '진리', '남녀질서'라는 이름으로 해석되었기 때문입니다. 저도 교회의 이런 가르침과 설교로 인해 '하나님은 남성 편'이라고 생각되어 신앙적으로 깊은 회의와 좌절을 느꼈답니다. 아버지의 모진 핍박을 견뎌 내며 믿음을 지켰건만, 모든 삶과 에너지를 쏟아 교회 중심의 신앙생활을 해왔건만 여성인 내가 교회에서 업신여김을 받는데도 수수방관하신다고 여겨져 하나님도 믿기 싫어졌거든요. 어느 날 저는 하나님께 따지듯,

"내가 여자로 태어나고 싶어서 태어난 것도 아닌데, 왜 교회와 신학교에서 수도 없이 무시와 차별을 받아야 합니까? 만일 하나님이 남성 편에 서서 어떤 위로도 희망도 주지 않는 분이라면, 저는 더는 살고 싶지 않습니다. 저를 데려가 주세요!"라고 결단의 기도를 했더랬어요.

그렇게 홀로 하나님께 저항하며 고통의 시간을 보내던 어느 날, 기도하는 가운데 주님께서는 제 마음을 어루만지며 큰 위로와 확신을 주셨어요. 그때 깨달았습니다. 내가 남성의 하나님을 강조하는 교회에 몸담으면서 남모르게 홀로 아파하며 저항했던 이유는 주님께서 나에게 여성의 하나님을 알리라는 사명을 주셨다는 것을요! 그래서 제 신학적 소신과 경험을 담아 《여성이 만난 하나님》(2016)과 《성경적 페미니즘과 여성 리더십》(2020)을 쓰게 되었답니다.

반가운 일은 나처럼 교회를 떠나 복음주의의 가부장적 가르침을 거부하고 그에 맞서 싸운 미국 여성 교수가 《처치걸》(2023)이라는 책을 썼더군요. 그녀는 서두에 "목사의 아내이자 학자인 한 백인 여성이 남성의 머리 됨과 여성의 복종이라는 복음주의 가르침을 거부한 경험에 관해 쓴 책"이라고 밝히고 있는데요. 이는 남편 목사가 청소년부 지도에 여성 리더십을 허락해 달라고 제안했다는 이유로 교회에서 해고 통보를 받자, 교회를 떠난 후 이 책을 썼기 때문입니다. 그녀는 "복음주의가 말하는 '성경적 여성'은 성경적이지도 복음적이지 않다. …… 예수님이 여성을 해방하셨음을 믿고 자유롭게 나아가라"며 도전을 줍니다.

《처치걸》을 읽으면서, 복음주의 안에 작동하는 가부장
제가 '성경적 여성'이라는 허울 아래, 어떻게 남성성의 특권을
신성화하면서 여성의 종속을 역사적·성경적으로 강화해 왔는
지 그 실상을 알려 줘서 매우 유익했어요.

특히 그녀가 기독교 역사 속 가부장제의 실상에 대해 알
려 준 몇 가지 중요한 통찰이 있어서 여러분과 나누고 싶어요.
첫째, 여성이 여성 리더십을 주장할수록 남성은 여성의 성을
권위로 통제하는 데 몰입했다는 지적입니다. 둘째, '거룩한 가
정', '순결한 여성', '거룩한 결혼'이라는 단어에서도 알 수 있
듯 교회가 가정을 신성화하는 가운데 가부장제가 여성의 종
속을 거룩이라는 이름으로 바꿨다는 지적입니다. 셋째, 오늘
날 우리가 사용하는 영어 성경 역본이 종교개혁의 결과라는 역
사적 실증인데 충격적이었습니다. 이 역본들이 "여성을 그녀
의 남편과 아버지라는 정체성 뒤에 감춤으로써 교회 리더십에
서 여성을 배제하는 가부장적인 '거짓 보편 언어'가 되었다"라
고 증언합니다.

설국열차
속에서

마지막으로 교회 내 성평등을 교단 차원에서 어떻게 이룰 수 있
을지 말해 보려 해요. 교회 내 성차별의 가장 큰 원인은 남녀 위
계적인 직분 제도와 교회 정치에 있다고 할 수 있어요. 영화〈설

국열차)에서처럼, 남성은 상층 칸인 '항존직'에 몰려 있는 반면에 여성은 하층 칸인 '임시직'에 쏠려 있으니까요.

이러한 남녀 직분 위계 구조 안에서 여성은 남성이 정해 놓은 법과 제도에 순응할 수밖에 없는 주체성 없는 존재, 일종의 '교회 노예'가 돼버린 것이죠. 하지만 1981년 유엔에서 발효된 '여성 차별에 관한 협약'(CEDAW)을 비롯하여, 대한민국 헌법과 국가인권위원회법, 남녀고용평등과 일에 관한 법률과 여성 평등 기본법 등이 법으로 여성을 보호하며 남녀평등 실현을 위해 제정되었어요.

또한 우리나라는 2000년 이후 공직선거법에 따라, 국회의원 선거 및 지방의원 선거, 여성 정치 할당제 관련 조항이 제도화되어 현재에 이르고 있답니다. 게다가 세계교회협의회나 아시아교회협의회에서도 여성 대표성 확대 전략 차원에서 남녀동수법을 권장하는 추세에 있거든요.

따라서 교회는 교단 차원에서 남녀 모두에게 평등한 교회 직제와 교회 정치가 이뤄지도록 동등 대표직을 부여해야 합니다. 이를 위해서는 여성에게 성경 해석과 설교권, 의사 결정권과 교수권이 발휘되도록 교회 헌법 개정과 교단 차원의 협력과 지원이 마련되어야 하겠죠. 아울러 여성 안수와 여성 리더십, 여성 할당제 비율 증가와 여성 인적자원 확보, 그리고 교단 차원에서 남녀 파트너십을 위한 지속적인 정책과 문화, 교육 및 제도가 마련되어야 할 것입니다.

교회에서 성평등이 실천되려면, "대접을 받고자 하는 대로 너희도 남을 대접하라 이것이 율법이요 선지자니라"(마태복음 7:12)라는 예수님 말씀에서 그 실마리를 찾을 수 있다고 봐요. 예수님이 이 말씀을 하실 때, 유대 사회 당시 대접을 받았던 부류는 남성 종교인, 부자, 기득권자들이었을 테니까요.

또한, 이사야 선지자가 내다본 하나님나라는 강자인 이리가 이빨을 빼지 않으면 어린 양과의 평화가 결코 이뤄질 수 없으니까요(이사야 11:6). 예수 그리스도께서 비천과 낮음의 대명사인 '이 땅에서의 평화'를 위해 성육신하셨듯, 교회 내 강자인 남성들이 자신의 기득권을 내려놓고 하나님나라의 동반 상속자인 여성을 동등하게 대하고, 남녀가 모두 자신의 은사와 소명에 따라 맘껏 헌신하며, 필요할 때는 서로 도와 파트너십을 발휘할 수 있는 날이 속히 올 수 있기를 소망해 봅니다.

너는   — — —   주의

완전한   — — —   딸이라

에스더가
끝까지
침묵했다면

어느 교회에서 구약 여성에 관한 특강을 했는데 마치고 나서 제가 쓴 책에 사인을 해달라며 울먹이는 청년을 만났어요. 제 책과 특강을 통해 많은 위로를 받았고 다시 신앙생활을 할 수 있게 되었다는 감사의 말을 하더군요. 이전에 다니던 교회는 남성 중심적 교회로 교회 봉사를 할 때 무조건 남성이 리더를 해야 하고 여성은 보조자의 역할만 주어졌다고 합니다. 그런데 자신도 찬양 리더와 성경 공부 리더가 되고 싶었는데 주변에서 그런 마음을 교만이라고 정죄하며 그녀를 억눌렀다고 해요. 자존감이 바닥으로 떨어지고 하나님의 사랑도 의심스러워져 교회를 한동안 떠나게 되었는데 새로운 교회에서 제 책을 읽고 토론하며 하나님은 여성을 차별하지 않으신다는 사실을 알고 위로와 힘을 얻었다고 합니다.

이 청년뿐만 아니라 많은 교회에서 여성들은 남녀평등 문제로 갈등을 겪고 있으며 교회를 떠나기도 합니다. 개신교 교인 수가 주는 원인 중의 하나가 남녀 차별인 것은 누구나 아는 사실이지요.

하나,

일단 버텨 봐요

이런 교회 현실 속에서 우리는 어떻게 하면 좋을까요? '가부장적 문화가 싫으니 교회를 떠나 홀로 신앙생활을 할까?' '그런데 홀로 신앙생활하면 믿음을 지킬 수 있을까?' '그래도 복음을 듣고 신앙을 키우기 위해서는 목회자와 교회의 도움이 필요하지 않을까?' 이런 질문을 하다 보면 그래도 교회를 떠나지 않고 버티며 교회를 변화시키는 쪽이 어떨까 생각을 했어요. 제가 교회에서 버틴 경험이 있기에 이런 제안을 하는 것이에요. 그런데 어떻게 교회를 변화시킬 수 있을까요? 저는 '버티기, 목소리 내기, 친구 만들기' 세 가지를 제안합니다.

첫째, '버티기'는 교회를 떠나지 않는 것입니다. 목사님 설교도 은혜롭고 교회의 가정적인 분위기도 좋고 신앙 성장에 도움도 되는데 가부장적 문화가 불편한 경우가 있습니다. 이 경우 가부장적 문화를 조용히 무시하는 것이지요. 심하게 간섭하거나 강압적이지 않으면 '너는 너, 나는 나'라는 생각으로 조용히 나만의 신앙 색깔을 가지고 교회 생활을 할 수도 있거든요. 앞에서 말한 복음의 자유를 누릴 수 있는 교회라면 굳이 떠날 필요는 없지요. 제가 그런 경우입니다. 보통은 교회에서 조용히 지내지만 틈만 나면 여성 입장을 슬며시 이야기하며 변화를 시도합니다.

하지만 무시가 어렵고 말이 통하지 않고 압박과 갈등이 심하여 신앙생활이 어렵다면 그 교회를 떠나 다른 교회로 옮기라고 제안하고 싶습니다. 주변을 돌아보면 여성을 차별하지 않는 교회도 많아지고 있어요. 담임목사의 특성에 따라 다르긴 하지만 여성 안수를 주는 교단이 여성 안수를 주지 않는 교단보다 기본적으로 여성을 덜 차별하니 확인해 보세요. 또한 요즘에는 남녀 차별을 없애기 위해 의식적으로 노력하고 공부하는 목회자들도 꽤 있습니다. 젊은 목회자들 중에는 여성 차별이 성경적이지 않으며 이런 차별을 없애야 한다고 생각하는 비중이 높은 편이에요.

구약을 강의하러 간 어느 교회의 경우 여성신학자를 모시고 청년들과 함께 기독교 페미니즘 공부를 했다고 목사님이 자랑하시더라구요. 이런 개방적인 교회 방침 덕분인지 그 교회는 남녀 청년들이 코로나 이전보다 더 늘었다고 합니다. 담임목사와 사역자들의 성평등 의식이 교회의 문화를 바꾸고 남녀 청년들 사이의 갈등도 줄이며 여성들도 편안한 교회를 만든 것이지요. 찾아보면 이런 교회들이 제법 있습니다. 교회를 옮기는 결정이 쉽지는 않지만 죄는 아니에요. 우리는 하나님의 자녀이지 목사에게 매인 존재는 아니기 때문이지요. 자신에게 맞는 교회를 찾아가는 것이 교회를 완전히 떠나는 것보다 100배는 더 좋은 선택이라고 생각해요.

둘,
목소리를 내요

둘째는, '목소리 내기'입니다. 우리는 계속해서 다양한 방식으로 성차별로 인한 불편함을 이야기해야 해요. 그래야 변합니다. 불편함과 부당함을 말하지 않으면 교회와 남성들은 전통과 기득권을 절대 버리지 않기 때문이죠.

앞에서 어느 목사님이 설교할 때 딸의 눈치를 본다는 이야기를 했는데요. 설교에서 성차별적 예화나 말이 나오면 딸은 그 주일 저녁 식사에서 여지없이 아빠의 설교를 비판했는데 목사로서 설교 비판을 받아 본 경험이 별로 없었던 목사님은 목사의 권위에 도전하는 것 같아 매우 불편했다고 합니다. 아버지로서 자신은 딸을 너무 사랑하는데 그런 딸에게 신랄하게 비판을 받으니 화도 나고 배신감도 들었다고 하더군요. 그럼에도 딸은 비판을 멈추지 않았고 목사님도 딸의 말을 듣다 보니 불편한 감정은 잦아들고 딸의 말이 옳다는 생각을 하게 되었다고 합니다. 그리고 그 말을 염두에 두고 설교하고 여성도를 대하니 교회 분위기가 훨씬 좋아져 딸에게 고마운 생각마저 들게 되었고 왜 여성 목사가 필요한지 알게 되었다고요.

만일 딸이 사랑하는 아버지의 권위와 마음만 생각하고 아무 말 안 하고 참고 있었다면 이런 좋은 변화를 만들지 못했을 것입니다. 그렇기에 목소리를 내는 것은 참 중요합니다.

전통적으로 교회는 여성에게 '잠잠하라'고 강요하며 여성의 목소리를 막았습니다. 하지만 이런 전통이 정말 성경적이고 하나님의 뜻인지 생각해 볼 필요가 있습니다. 구약에서도 여성에게 '잠잠하라'고 말하는 장면이 나오는데 사무엘하 13장 20절에서 암논에게 성폭행당하고 정의를 세워 달라고 부르짖는 다말에게 오빠 압살롬은 '잠잠하라'라고 말합니다. 지금은 때가 아니며 아버지인 다윗의 눈치도 봐야 하니 입 다물고 가만히 있으라는 것이죠. 다말의 보호자로 암논의 처벌을 가장 강력하게 요구해야 할 압살롬이 혹시 자신에게 불이익이 올까 염려하여 다말에게 입 다물라고 한 것입니다. 결국 압살롬의 침묵으로 다윗은 이 사건을 덮고 다말은 불행한 삶을 살게 됩니다. 그러나 사건은 침묵으로 덮을 수 없었습니다. 후에 압살롬은 자신이 왕이 되려는 야망을 품고 다말 사건이 처벌되지 않은 것을 빌미로 암논을 죽이고 다윗에게 반란을 일으켜 온 이스라엘을 전쟁으로 몰아넣다 결국 자신도 죽음을 맞이합니다.

압살롬이 다말의 목소리를 들었더라면, 다윗이 다말의 목소리를 들었더라면, 압살롬이 암논의 처벌을 요청했더라면 다윗 가정과 나라의 끔찍한 비극은 일어나지 않았을 겁니다. 다윗이 밧세바를 성폭행하고 우리아를 죽인 일에 대한 나단의 심판 선언이 실현된 까닭은 암논의 범죄 때문이 아니라 다말의 정의로운 요청을 묵살했기 때문입니다. 이 사건은 약자의 목소리를 묵살하는 공동체 안에는 평화가 없음을 잘 보여주고 있어요.

또한 에스더서는 말하는 것의 중요성을 강조한 책이에요. 에스더가 살던 페르시아 왕궁은 여성이 목소리를 낼 수 없는 매우 가부장적이고 억압적인 곳이었어요. 왕의 부당한 요구를 거절했다는 이유로 한마디도 못하고 왕후 자리에서 쫓겨난 와스디를 보면 알 수 있습니다. 에스더가 '죽으면 죽으리라'며 목숨을 걸었던 이유도 왕에게 말할 수 있는 기회를 얻기 위해서 였지요. 페르시아 왕궁에서는 왕의 허락이 없이 말하려고 나서 면 죽을 수 있기 때문입니다.

이런 무서운 상황 속에서도 에스더는 잠잠하지 않았고 왕 앞에 나가 말을 했기에 유다 민족을 구할 수 있었습니다. 이 렇게 구약은 여성에게 잠잠하라고 말하는 것이 옳지 않음을 보 여 줍니다.

그럼 신약은 다를까요? 고린도전서 14장 34절의 "여자 는 교회에서 잠잠하라"라는 구절이 여성의 목소리를 막는 근 거 구절로 오랫동안 사용되었지요. 그런데 이 구절이 나온 문 맥을 보면 예배의 질서에 관한 권면으로, 예배 시 방언할 때 통 역자가 없으면 잠잠하고, 예언하는 자는 한 사람씩 하며 다음 사람이 예언하면 잠잠하라고 합니다. 그리고 여자에게 잠잠하 라고 하면서 궁금한 것이 있으면 집에 가서 남편에게 질문하 라고 합니다.

이 구절은 특별히 남편이 있는 여성들에게 한 권면으로, 당시 문화에서 여성이 남편이 아닌 다른 남자와 말하는 것을 부 도덕함으로 여겨 여성들은 남편과만 말할 수 있었기 때문입니 다. 그런데 예배 시 남녀의 자리가 분리되어 있기 때문에 아내 가 남편에게 질문을 하려면 큰 소리를 낼 수밖에 없었고, 일부 여성들이 예배 시간에 궁금증을 참지 못하고 멀리 떨어진 남편 에게 소란스럽게 질문하며 예배 질서를 흐뜨린 것이죠.

요즘 교회 분위기나 학교 교육을 받은 성인 여성을 생각하면 이런 모습이 상상이 안 되지만 당시 정식 교육을 받아 본 적이 없는 대부분의 여성들은 이런 모임에서 어떻게 처신해야 좋은지 잘 몰랐기에 이런 경우가 일어났던 것이지요. 그렇기에 바울이 예배 시간에 '잠잠하라'는 규칙 중 하나로 집에서 질문하기를 넣은 것입니다.

이 외에는 여성들도 예배 중에 방언, 통역, 예언 등을 얼마든지 할 수 있었어요. 14장에서 '형제들아'는 문자 그대로 남성들만을 말하는 게 아니라 교회 남녀 성도를 모두 지칭하는 표현이지요. 고린도전서 11장도 예배 시 공기도에 관한 규칙으로 남자는 머리에 아무것도 쓰지 않고 기도와 예언을 하고 여자는 머리에 수건을 쓰고 기도와 예언을 하라고 합니다.

그리고 결정적으로 예수님은 여성들이 말하는 것을 금지하신 적이 없어요. 오히려 당시 여성과 말하는 것을 금기시한 문화에 대항하여 여성과 대화하시는 모습을 종종 볼 수 있지요(요한복음 4:9). 이렇게 성경은 신구약을 막론하고 교회에서 여성이 말하는 것을 막은 적이 없고 오히려 피해자나 약자에게 침묵을 강요하는 것을 부정적으로 보고 있어요.

요즘은 이런 해석이 정설로 받아들여지지요. 그 결과 여성 안수를 반대하는 소수의 교단을 제외하고 여성에게 잠잠하라고 공공연하게 말하는 교회는 많지 않아요. 이렇게 성경 해석을 새롭게 하며 교회 문화를 바꾼 것은 그동안 끊임없이 부당하다고 말해 온 선배 여성도들과 여성 목사들과 여성 신학자들입니다.

〈뉴스앤조이〉에 나온 "여성 안수 투쟁사"를 보면 여성 안수를 얻기 위해 싸워 온 90년을 '피의 역사'라고 표현하고 있어요(구권효·나수진, "여성 안수 투쟁사", 2022). 이는 선배들이 많은 모욕과 수치와 고난을 당하면서도 말하고 외치며 교회를 바꾸기 위해 노력했다는 의미입니다. 세상에 저절로 변하는 것은 없어요. 누군가 욕을 먹고 땀을 흘리며 목이 터져라 외쳤기에 민주주의도 이루어지고 사회와 교회에서의 여성의 권리도 높아진 것이지요.

이 글을 쓰는 중에 유튜브에 올라온 한 여성의 결혼 사연을 들었습니다. 그녀는 결혼 준비 과정에서 시모의 지나친 간섭과 갑질, 폭언 등을 겪으며 극심한 우울증을 겪고 파혼하려고 했으나 남편이 시가와 일체 왕래하지 않겠다, 아이가 태어나도 시가에 보여 주지 않겠다, 아이는 엄마 성을 따르겠다는 각서를 쓰며 매달렸기에 결국 결혼하고 지금까지 남편이 이 약속을 잘 지켜서 잘살고 있다는 사연이었습니다.

그런데 "저는 페미니스트는 아닙니다"라는 마지막 말이 거슬렸습니다. 선배 페미니스트들의 열렬한 운동으로 여성이 자신이 겪은 부당함을 공공연하게 말할 수 있게 되었고, 시가 중심의 가부장제가 약해지고, 호주제가 폐지되어 아이가 엄마의 성을 따를 수도 있게 제도도 변했지요. 이렇듯 선배 페미니스트들이 피땀으로 일군 열매를 누리면서 자신은 페미니스트가 아니라고 말하는 것이 참 아이러니하다고 생각했어요. 자신이 누리는 삶의 기반을 만들어 준 사람을 부인하는 것은 비겁하다고 생각을 했어요.

여성에게 처음부터 당연하게 주어진 것은 거의 없으며, 현재 우리가 교회와 사회에서 당연하다고 생각하며 누리는 많은 것들은 선배 여성들이 노력한 열매들이라는 점을 기억했으면 해요. 그리고 우리 후배들이 지금보다는 평등한 교회 생활을 할 수 있도록 작은 길이라도 만들겠다고 결심했으면 해요. 사실 이 결심은 저의 결심이며 저의 소명입니다. 이런 노력이 쌓이다 보면 머지않아 평등한 교회를 만들 수 있으리라고 저는 믿습니다.

셋,
친구를 만들어요

마지막으로 세 번째 제안은 '친구 만들기'입니다. 교회 안에서 부당함을 버티는 것도, 말을 하는 것도 혼자는 어려워요. 나와 같은 생각을 하고 나의 말과 행동에 동의하고 지지하고 함께 해주는 친구가 있을 때 가능하지요. 제가 총신에서 나온 이후에도 합동 교단 안에서 교회의 여성관을 변화시키기 위해 활동할 수 있는 이유는 저를 지지해 주고 응원해 주는 친구들이 있기 때문입니다.

현재는 저희 연구소 동료들이 가장 든든한 지지자예요. 워낙 어려서부터 합동 교회에서 자라고 총신에서 20년 넘게 공부하고 가르쳤기에 총신을 나오면 전혀 길이 없을 줄 알았는데 막상 나오니 새로운 길이 열리더군요. 그리고 신학교의 갑갑함을 벗는 순간 더 자유롭게 생각하고 연구할 기회가 생기기도 했고 나와 같은 생각을 하는 동료들과 지지하는 사람들도 생겼어요. 그들은 저에게 다양한 길들을 열어 주며 교수 사역과 연구 사역을 계속하도록 도와주었습니다.

그때 저는 하나님의 강력한 간섭과 도우심을 경험했어요. 그리고 지금도 제가 생각지 못한 방법으로 길을 인도하시는 하나님을 날마다 경험하고 있습니다. 하나님이 저를 지지하고 필요로 하는 사람들을 통해 항상 새로운 일을 주시기 때문입니다. 이건 비단 나만의 경험이 아니라 하나님 앞에 용기를 내어 움직인 모든 성도들의 간증입니다.

저와 달리 직접 친구를 만든 경우도 보았어요. 예전에 여자 청년이 자기 교회 청년회에서 특강을 해달라고 연락이 온 적이 있었는데 당시 강남역 살인 사건으로 인해 페미니즘이 다시 떠오르면서 교회 청년들이 몸살을 앓던 때였어요. 그런데 당시 여자 청년들 몇 명이 강호숙 선생님의 기독교 페미니즘 책과 제 책을 읽고 토론하며 성경적 페미니즘을 모색하던 중 세미나를 해달라고 요청한 것입니다. 그들이 주축이 되어 남자 청년들을 설득하고 굿즈도 만들며 세미나를 홍보한 덕분에 세미나에는 많은 청년들이 참석하였습니다.

그리고 특강과 열띤 질의응답 이후 남자 청년들의 페미니즘에 대한 반감이 줄고 여성의 관점과 목소리의 중요성을 알게 되었죠. 그 과정 속에서 여자 청년을 지지하는 남자 청년들도 생기면서 청년회 분위기가 상당히 좋아졌다고 이후에 전해 들었어요. 그런데 청년들의 이런 독서 모임은 다른 교회에서도 생겼고 그 과정에서 여성들끼리 혹은 여성과 남성의 연대가 형성되곤 했어요. 적극적으로 같은 생각의 사람들을 찾고 그룹을 만들며 교회 안에서 성평등 문화를 만들기 위해 노력한 것이죠. 요즘 교회나 단체에서 성평등을 위한 독서 모임이 열린다는 소식을 종종 듣는데 매우 긍정적인 변화입니다.

하지만 보수적인 목회자나 중직자들이 있는 교회는 이런 모임이 허락되지 않기에 교회 안에서 친구를 찾는 일이 어렵기도 해요. 그런 경우 교회 밖에서 친구를 찾는 것도 좋은 대안입니다. 요즘은 예전과 달리 성평등 혹은 여성 관점으로 성경과 신학을 가르치는 강좌들이 많이 열리고 있어요. 이들 단체에서 여성 신학자들이 쓴 책도 많이 발간하고 있고요. 최근 몇 년 사이에 성평등을 추구하는 교회 여성을 위한 책들이 쏟아지고 있어요. 아주 반가운 일로 교회 여성들의 필요에 대한 응답으로 생각되어요.

그러므로 자기가 다니는 교회 안에서 친구를 못 만들면 교회 밖에서 기독교 여성들과 교류하며 친구를 만드는 것도 좋은 방법입니다. 여러 가지 형편상 교회를 옮기지 못할 경우 교회 밖 활동으로 마음의 갈증과 답답함을 해소할 수 있기 때문이죠. 그리고 이런 교회 밖 활동이 많아지고 활발해지면 결국 한국 교회 전체에 영향을 주어 성평등한 교회 문화를 만드는 데 도움을 주게 됩니다. 성평등을 외치는 교회 밖 목소리가 강해지면 교회도 이 목소리에 응답할 수밖에 없기 때문이죠. 그러므로 이런 모임을 적극적으로 찾아서 교회 안에 머무는 신앙이 아니라 좀 더 넓은 시야를 가진 신앙을 가졌으면 좋겠어요.

여성의 손으로
만들어요

교회의 성차별을 견디지 못하고 많은 여성이 교회를 떠나는 현실 속에서 저는 그래도 교회의 테두리에 남으라는 이야기를 하였습니다. 억울하고 분한 마음 같아서는 여성을 차별하는 교회에서 모든 여성이 나오고 교회는 남성만으로 연명하다 망했으면 좋겠어요. 하지만 이런 바람은 현실적이지도 않고 여성의 신앙에 도움이 되지도 않는다고 생각해요. 차별도 서러운데 그리스도의 구원과 사랑까지 잃으면 이보다 억울한 일은 없을 것 같습니다. 그래서 차별이 적은 교회, 차별이 없는 교회, 여성을 존중하는 교회를 만들자고 하는 것입니다. 그것이 어려우면 그런 교회를 찾아가는 노력이라도 하자는 것입니다. 여성을 차별하지 않고 존중하는 교회에 여성도들이 많이 모인다는 소문이 퍼지게 되면 교회들은 변화를 위해 몸부림칠 게 분명하기 때문입니다. 그런 변화의 동력을 여성의 손으로 만들어 보면 어떨까요. 언제까지 누군가 그런 교회를 만들어 주길 기다릴까요? 우리 손으로 성평등한 교회를 만들어 나가야 하지 않을까요.

믿음을
묻는
딸들에게

세월호 참사, 강남역 여대생 살인사건, 미투 운동, 여가부 폐지 문제, 이태원 참사 등 우리 사회에서 굵직한 사건들이 터졌을 때, 여러분은 기독 시민으로서 어떠했나요?

복음서를 읽어 보면, 당시 종교 지도자들은 사람들의 생명보다는 안식일 규례와 십일조 등 모세 율법과 자신들이 정한 규율에 따라 사람들을 정죄하기에 급급했습니다. 반면 예수님은 "안식일이 사람을 위하여 있는 것이요 사람이 안식일을 위하여 있는 것이 아니니 이러므로 인자는 안식일에도 주인이니라"(마가복음 2:27-28)라며 안식일에 인간의 생명을 구하는 일과 선을 행하는 것이 더 중요함을, 하나님의 형상을 지닌 존재로서의 존귀함이 무엇인지를 보여 주셨어요(마가복음 3:4).

저는 기독 시민의 삶을 가장 잘 보여 주는 성경 말씀은 "이같이 너희 빛을 사람 앞에 비치게 하여 그들로 너희 착한 행실을 보고 하늘에 계신 너희 아버지께 영광을 돌리게 하라"(마태복음 5:16)라는 산상설교 말씀이라고 생각합니다. 예수님이 말씀하신 '착한 행실'이란 뭘까요? 인간관계에서 벌어지는 위계와 억압, 착취와 차별이 난무하는 어둠의 세상에서, 온유와 겸

손, 진실과 평화, 정의와 사랑의 빛을 비추려는 삶의 행위라고
해석하고 싶어요.

어떻게가 아니라
어떠한 존재부터

안타깝게도 한국 교회는 흩어지는 교회와 기독 시민의 삶을 말
하기보다는, 세상은 속되고 교회는 거룩하다는 성속 이분법에
천착하면서, '모이는 교회'와 '교회 중심의 신앙', '정교 분리'를
강하게 외쳐 왔습니다. 하지만 교회가 교인들의 시민적 행동의
자유를 박탈하면서 마치 '하나님의 뜻'인 것처럼 종용하는 건
옳지 않다고 생각해요.

　　　본래 장로교회는 종교개혁의 만인사제설의 영향을 받
아 개인의 존엄과 자유, 정치적 평등사상, 민주적 형태의 교회
체제에 변화를 가져와 '주권이 교인에게 있다'라는 '대의민주
주의 정치'를 교회 정치의 근간으로 삼았습니다. 이에 따라 교
회 헌법은 '양심의 자유'를 우선의 원리로 다루어 누구에게도
방해받거나 간섭받지 않도록 명시하고 있는 것이죠. 그렇기에
교회는 교인들이 정의롭게 공공선을 추구하는지와 관련해 기
독 시민으로서 자유롭게 선택하며 살아갈 수 있도록 장려해야
할 것입니다.

　　　칼뱅은 《기독교강요》 초판본 중 "기독인의 자유"에서 기
독인과 정치의 문제를 거론했는데 '국가와 정치 현실 속에서
기독인들이 어떻게 살아야 하느냐?'라는 방법의 문제가 아니

라, '기독인은 어떠한 존재로서 국가나 사회 속에 살아가야 하느냐?'라는 존재의 문제를 제기하고 있어요. 그는 종교와 정치가 분리되지 않았던 16세기 사람이었지만 국가권력이 책임을 다하지 못하거나 국왕이 전횡할 때, 시민도 국가권력자들과 똑같이 하나님에 의해 지명되어 하나님의 주권으로부터 파생된 권위를 가지고 있기에 '시민 불복종'과 '저항권'을 행사하는 게 마땅하다고 말했답니다.

총신대 총장이었던 김○○ 교수는 로마서 13장 1절에 나오는 "각 사람은 위에 있는 권세들에게 굴복하라"는 말씀을 해석하면서, "3.1운동과 독립운동은 하나님 말씀에 반하는 행위"라는 글을 썼습니다. 나라의 주권을 찾기 위해 죽음도 불사한 독립 선열들의 숭고한 희생을 하나님 말씀에 반하는 행위로 해석했다는 게 이해되지 않습니다. 로마서는 유대 민족이 로마의 지배를 받고 있을 때, 바울이 로마 제국의 동부 지역에서 전도 활동을 끝마친 후 쓴 것입니다.

그러나 오늘날은 자유와 평등 및 인권과 정의가 강조되는 민주시민 사회이기에, 로마서 13장 1절 말씀을 현시대에 맞게 해석하여 적용할 필요가 있습니다. 얼핏 보면, 김○○ 교수의 말이 하나님 말씀을 따르는 것처럼 보이지만, 보수 기독교는 로마서 13장 1절 말씀을 정권이 바뀔 때마다 다르게 적용하기도 했습니다. 2014년에 발생한 세월호 참사 때는 일부 대형 교회 목사들이 정부 편을 들더니, 2020년 코로나19 팬데믹 상황에서 진보 정부가 내린 행정명령인 '비대면 예배'를 '종교 탄압'

이라고 하면서 행정소송도 불사했으니까요.

　　여러분은 세월호 참사 때 일부 대형 교회 목사들이 어떻게 발언했는지 기억하나요? 목사 세습으로 사회적 물의를 일으킨 명성교회 김○○ 목사는 "하나님이 학생들이 탄 배를 침몰시켜 국민에게 회개할 기회를 주셨다"라며, 피해 학생들을 국민을 위한 '희생 제물'이라고 말했습니다. 또 조○○ 목사는 "가난한데 왜 제주도로 수학여행을 가느냐?"라며 천박한 자본주의에 찌든 발언을 내뱉음으로써, 가뜩이나 자식을 잃어 억장이 무너지는 유가족 부모들에게 씻을 수 없는 상처와 신앙적 절망을 안겨 주었어요.

　　이런 목사들의 발언을 맹목적으로 받아들인 교인들은 공공연하게 유가족을 비난했습니다. 세월호 배지를 달고 유가족 편에서 세월호 참사의 진상을 규명하자고 외치면 '좌파'니 '빨갱이'라고 몰아세우며 정죄와 분열을 조장하기도 했어요. 저는 한국 교회가 권력과 부를 거머쥔 자들이 주류가 되다 보니, 강자 독식과 차별, 혐오와 폭력, 그리고 불의와 분열이 판을 치고 있다는 생각을 지울 수가 없습니다.

　　세월호 참사가 터졌을 당시, 총신대 분위기도 세월호 유가족에 대해 냉소적이었어요. 저는 교회나 학교에서 욕을 듣더라도 피해자 편에 서는 게 마땅하다고 생각했기에 강의 후 몇몇 학생들과 함께 세월호 유가족들과 함께하는 예배에 참석했더랬어요. 이런 시민성을 지닌 학생들과 함께 참여할 수 있음에 얼마나 기뻤는지 모릅니다. 시간이 지난 후 세월호 유가족들의 풀리지 않는 신앙적 고뇌와 질문에 여섯 신학자와 목회자가 쓴 위로의 편지인 《세월호, 희망을 묻다》(뉴스앤조이, 2015)라는 책의 필진으로 참여하게 됐어요. 딸을 잃은 엄마가 7년간의 신앙생활을 그만둔 것을 본 저는 "만약 예수님이었다면 이런 불의를 보고 가만히 계셨을까?"라는 질문에 답하기 위해 "교회 안에 갇힌 신앙을 넘어 '선한 사마리아인'으로 살아갑시다"라는 글을 썼고, 그 엄마의 아픔과 억울함을 외면한 한국 교회를 비판했습니다.

우리는
시민이다

코로나19 시기에 한국 교회 주류의 반사회적이며 비윤리적인 모습이 노골적으로 드러나면서, 한국 교회에 대한 신뢰도는 급격히 추락했고, 어느 때보다도 기독 시민성에 대한 비판적 성찰의 요구가 거세졌습니다(《정의로운 기독 시민》, 기윤실, 2023).

　　그나마 다행스러운 건 한국기독교사회문제연구원이 낸 "2022년 주요 사회 현안에 대한 개신교인 인식조사 연구" 보고서를 보면, 개신교인들이 '교회는 시민사회를 구성하는 일부분으로, 좋은 세상을 만들어 나가는 데에 일조해야 한다'라는 문항에 77.5퍼센트가 응답했고, '교회는 세상과 구분된 공동체이며, 세상은 교회를 통해 변화되어야 한다'라는 문항엔 22.5퍼센트만 응답했다고 합니다. 개신교인의 77.5퍼센트가 성속 이원론이나 반공 이데올로기, 그리고 교회 지상주의에 빠지지 않는 시민성을 지니고 있음에 한 조각의 희망이 느껴지더군요.

기윤실이 펴낸《정의로운 기독 시민》을 보면, '시민'이라는 용어는 기원전 6세기경 그리스에서 사용되었지만, 오늘날 민주사회에서 통용되고 있는 주체성을 가진 시민의 개념은 근세부터라고 합니다.

그런데 근세 이후의 시민성도 그 의미가 변화되었다네요. 예를 들어 프랑스 시민혁명(1789) 이후에는 외국인 노동자, 난민 등 국가 밖의 사람들을 분리하는 '배타적 시민성'을 형성했으며, 20세기에는 자본주의 발달로 민족과 국가의 개념이 위협받으면서 주류집단의 가치에 동화하는 '동화주의 시민성'이 대두되었답니다. 그리고 오늘날에는 '세계 시민성' 혹은 '트랜스내셔널 시민성'으로 이어져 오고 있다네요. 시민성의 기본요소로는 사회적·도덕적 책무성, 사회참여, 정치 이해, 민주주의와 정의, 권리와 책임, 그리고 정체성과 다양성을 꼽고 있습니다. 어쨌든 코로나19 팬데믹은 우리 기독인들에게 '시민성'에 대해 큰 교훈과 성찰할 수 있는 계기를 마련해 준 것이 분명합니다.

역사학자 유발 하라리(Yuval Harari)는 "지구의 주인이자 생태계 파괴자인 인간은 책임 의식은 없이 신이 되려고만 한다"라고 일침을 가했습니다. 기독인도 예외가 될 수 없습니다. 코로나 이전에는 자본주의와 대형 교회, 그리고 물질문명의 이기로 무절제와 과소비를 당연시하며 살아왔다면, 코로나 이후에는 인간 생명의 존엄성과 사회정의, 자연 세계와의 평화로운 공존, 그리고 친환경적이며 검소한 생활방식을 통해 우리 자신의

생명과 안전을 지키며, 더 나아가 하나님의 창조 세계를 돌보라
는 메시지를 던져 주었으니까요. 또한 '모이기를 힘쓰라'라는
표어로 '종교적 열정 페이'에만 교회가 몰두했다면, 포스트 코
로나 시기에는 각 사람의 공간적 거리를 존중하고 자유를 줌으
로써, 세상 속에 흩어진 기독인으로서의 빛과 소금의 역할이 얼
마나 중요한지도 알려 줬기 때문입니다.

　　한국 교회가 예수님이 가르친 복음의 정신으로 되돌아
와, 인간의 존엄과 자연 세계, 그리고 삶의 실존적인 고뇌와 물
음 앞에 공감과 사랑, 정의와 평화, 그리고 용기와 희망을 선사
하는 곳이 된다면 얼마나 좋을까요!

행동하는
양심들

그렇다면 기독 시민으로 살아가는 구체적인 삶은 무엇일까요?
기독인은 이 땅에 발을 디디면서 하나님나라를 추구하는 사람
들입니다. 그래서일까요. 카를 바르트는 "한 손엔 성경을, 다른
손엔 신문을!"이라고 말했죠. 하나님의 은혜와 신비성을 간직
하면서도, 시민으로서의 교양과 공공선을 추구할 책임을 지닌
존재라는 걸 의미하는 것입니다.

　　바울은 고린도전서 13장에서 '사랑'에 대해 말할 때, 현실
적이며 인간관계적이고, 정의로우며 교양적이며, 심리적인 요
소를 포함하고 있음을 설파했어요. 저는 고린도전서 13장 13절
"믿음, 소망, 사랑, 이 세 가지는 항상 있을 것인데 그 중에 제

일은 사랑이라"는 말씀에서, '믿음'은 과거에 예수 그리스도께서 우리를 위해 이뤄 놓으신 복음 사역과 약속의 말씀을 믿는 것이며, '소망'은 미래에 이뤄질 일을 바라보는 것이며, '사랑'은 현재를 어떻게 살아야 하는지를 말씀하고 있는데, 바로 '현재'에서 사랑하며 살아가는 게 중요하다고 생각합니다. 그래서 사랑은 우리의 일상의 삶에서 '에로스'(남녀의 사랑), '필리아'(우정), '스트로게'(부모의 사랑)를 행할 때, 비로소 하나님의 사랑인 '아가페'로 이르게 된다는 지극히 현실적인 실천 계명임을 바울이 강조하고 있다고 해석하고 싶어요.

　　　랍비 아브라함 헤셸(A. J. Heschel)은 인간을 향한 동정, 돌봄, 관심은 하나님의 신비 속에 숨어 있는 의요, 거룩하신 하나님과의 동역이라고 말했어요. 정말 멋진 말이요 옳은 말입니다. 미가 선지자도 "사람아 주께서 선한 것이 무엇임을 네게 보이셨나니 여호와께서 네게 구하시는 것은 오직 정의를 행하며 인자를 사랑하며 겸손하게 네 하나님과 함께 행하는 것이 아니냐"(미가 6:8)라고 했어요. 저는 기독 시민으로서의 교양은 타인에게 무례히 행치 않는 데서부터 시작하는 거라 말하고 싶습니다. 타인에게 무례하게 대하면서 허구한 날 "하나님은 당신을 사랑하십니다"라고 외친들 무슨 소용이 있겠어요?

　　　지금 세계는 전쟁과 핵, 차별과 혐오, 기근과 가난, 불평등과 폭력 등 해결해야 할 난제들이 산적해 있습니다. 특히 '전쟁과 핵' 문제는 정치 성향과 관계없이 전 지구적으로 심각하게 다루어야 할 사안입니다. 복음주의 학자 고(故) 존 스토트는 핵이 전쟁 억제제로서 효과가 있다는 일부 과학자들과 신학자들의 견해에 대해, "핵무기는 무제한적 폭력과 무차별적 희생자 그리고 통제되지 않는 황폐화로 인해서, 인류의 역사적 교차로로 데려왔다. 역사상 그 어느 때보다도, 대안은 평화가 아니면 파괴뿐이다. 핵전쟁엔 승자는 없다"라고 하면서 기독인들이 반핵에 나설 것을 종용했어요. 저는 스토트의 견해에 전적으로 동감합니다.

　　기독 시민은 정치적인 입장이 갈리더라도, 상대방과 토론하면서 설득하며, 때로는 설득당할 줄도 알아야 한다고 생각해요. 다름은 인정하되, 틀림을 용납하지 않는 포용과 올바름을 가져야 하니까요. 그렇게 하기 위해선, 시민으로서의 인문학적 소양과 교양을 갖추며, 차별과 불공정, 파괴와 분열, 불의와 폭력, 거짓과 생명 경시와 같은 사회적 이슈에 관심을 가져야 하겠습니다. 꾸준한 성경 읽기와 함께, 뉴스와 정보 습득, 그리고 인문 교양서와 역사서도 읽어야 하겠죠. 아울러 시민 활동을 후원하거나 가입하여 적극적으로 참여해야겠습니다.

　　스웨덴 환경운동가인 그레타 툰베리(Greta Thunberg)를 아시나요? 툰베리는 아버지의 영향으로 기후변화에 관심을 가지게 되면서, 2018년 8월, 스웨덴 의회 밖에서 처음으로 청소년 기후 행동을 시작하여 기성세대에 경각심과 도전을 주었습니다. 저는 소녀 툰베리가 기후 위기를 외치는 행동을 보면서, 행동하는 양심과 실천이야말로 주님을 닮아 가는 삶이요, 어두운 세상을 밝게 비추는 기독 시민의 삶이라는 걸 다시금 깨달게 됩니다.

　　기독 시민의 삶이란 어떤 것인지 모범을 보여 주는 분을 소개하고 글을 마치려 해요.《믿음을 묻는 딸에게, 아빠가》의 저자이신 정한욱 안과 원장인데요. 2008년부터 국제 실명 구호기구 '비전 케어'에 합류해 20차례의 해외 개안 수술캠프에 참여하여 지구촌 이웃들과 빛을 나눠 오셨으며 보수 교단에서 40년째 신앙생활 하는 분이십니다.

　　저자는 교회에서 던질 수 없었던 질문과 회의에 대해 갈증을 풀어 주는 진지한 교양서를 쓰기까지 안과 의사라는 바쁜 일정 속에서도 기독교 전문 서적과 교양서적을 꾸준히 숙독하면서도, NGO 일원으로 참여하여 기독교 정신을 실천하고 계시는 분이죠. 저와 여러분 모두 세상에서 살아갈 때, 하나님의 사랑 안에서 자신의 존엄과 정체성을 잃지 않되, 이웃과 자연 세계를 향해 대화와 포용, 돌봄과 사랑, 그리고 공공선과 평화의 자세를 잃지 않는 기독 시민이 되면 좋겠습니다.

　　지금까지 저의 13개의 긴 편지를 읽어 주셔서 감사합니다. 언젠가 환하게 웃으며 인사할 날이 오길 기대할게요. 여러분이 어디에 있든지, 무엇을 하든지 은혜와 평강의 하나님이 함께하시길 빕니다!

천국만
바라보고
살자고?

2023년 어느 기독교 연구 기관의 설문조사에 따르면 기독교에 대한 신뢰도는 21퍼센트이고 호감도는 가톨릭(24.7%)과 불교(23.4%) 다음으로 기독교인데 16.2퍼센트밖에 되지 않습니다(〈한국기독공보〉, 2023. 2. 19.). 기독교에 대한 신뢰도는 2009년부터 꾸준히 떨어지는 상황이죠. 아마 여러분 중에는 교회에 대한 사회의 인식이 점점 부정적으로 변하는 것에 안타까움을 느끼는 사람도 있을 것이고 환멸을 느끼고 교회를 떠난 사람도 있을 것입니다. 교회를 다니는 사람들 중에도 예전처럼 교회 다닌다고 자신 있게 말하기 어려운 사람도 있을 거예요. 요즘 중·고등학생 말을 들어 보면 학교에서 교회 다닌다고 말하기 어려운 분위기라고 합니다. 왜 이렇게 되었을까요?

교회에 대한 부정적 인식은 코로나19 팬데믹 이후 크게 나빠진 것 같아요. 방역을 위해 공공시설을 셧다운했을 때 몇몇 교회가 종교 탄압이라며 정부를 비판하고 계속 대면 예배를 드렸고 보수적인 교회 연합단체도 이에 동조하여 정부를 비판하는 성명서를 내기도 했었지요. 그 결과 교회를 통한 감염이 확산되면서 마치 교회가 코로나 전파의 진원지인 것처럼 인식되었어요. 대부분 교회가 정부의 방역 정책을 따르며 비대면 예배를 드렸지만 이러한 노력은 그냥 묻혔던 것이지요.

주일성수를 목숨처럼 귀하게 여기는 보수적인 입장에서 보면 아파도 예배드리러 오는 것이 진정한 희생이며 하나님 사랑이라 생각할 수도 있습니다. 한국 사회에 기독교인만 있다면 옳다고 이해할 수 있겠지요. 하지만 대한민국은 기독교인만 사는 교회 공동체가 아니라 다양한 종교와 생각을 가진 사람들이 함께 사는 곳입니다. 그렇기에 대면 예배로 인해 기독교인이 코로나에 감염되면 교회와 기독교인만 피해 보는 것이 아니라 그 주변 사람과 회사, 학교 등 모든 공동체가 영향을 받고 피해를 보게 되죠.

즉 교회는 외딴 섬이 아니라 한국 사회의 관계망 속에 살며 사회와 영향을 주고받는 단체이고 기독교인은 이런 한국 사회의 일원입니다. 이런 사실을 망각하고 교회의 신념이나 이익만 주장하다 사람들에게 비호감 종교가 된 것입니다.

이런 상황 속에서 신앙 좋은 기독교인이자 상식적인 시민으로 사는 것이 불가능한지, 전통 신학에서 말하듯 이 세상은 죄악 되고 헛되므로 세상과 분리되어 사는 것이 하나님께서 원하시는 거룩한 삶인지 생각해 보려고 합니다.

두 나라에 속한
사람들

기독교인은 원래 두 개의 신분이 있지요. 하나는 하나님나라의 시민권이고 또 하나는 각자가 태어나고 자란 나라의 시민권이지요. 우리가 죽어서 하나님나라에 가기 전까지 모든 기독교인은 하나님나라의 시민이자 한 나라의 시민으로 살아갑니다. 우리가 하나님을 믿게 되어 하나님나라의 시민이 되었다고 해서 나고 자란 나라의 시민권을 버리거나 박탈당하는 것은 아니니까요. 그러므로 기독교인은 하나님 백성으로 하나님의 말씀대로 살아야 하지만 또한 현재 한국 사회의 시민으로 그에 걸맞은 책임과 의무를 지며 살아가야 합니다.

성경은 처음부터 하나님 백성의 이중적 성격을 말하고 있어요. 아브라함과 사라가 하나님의 백성으로 부름받고 가나안 땅으로 왔을 때 이들은 하나님의 백성이지만 또한 가나안 땅에서 거류하며 살아가는 거류민이자 이방인이었지요. 하나님은 그런 아브라함에게 너로 인하여 세상 만민이 복을 받을 것이라고 말씀하셨습니다(창세기 12:3). 이것은 아브라함과 그 후손이 하나님과 동행하는 삶을 통해 온 세상에 여호와가 하나님이심을 알리고 하나님이 주시는 복을 누리게 만든다는 뜻입니다.

이런 하나님의 계획은 이스라엘을 선택하셨을 때도 동일합니다. 이스라엘을 애굽에서 구원하신 하나님은 시내산에서 언약을 맺으면서 이스라엘에게 하나님의 소유, 제사장 나라, 거룩한 백성이라고 말씀하셨지요(출애굽기 19:5-6). 여기서 제사장 나라라는 것은 이스라엘이 하나님과 세상을 연결하는 통로가 되어야 한다는 의미입니다. 제사장은 하나님과 이스라엘 백성의 중재자로서 하나님의 말씀을 백성들에게 전달하고 백성들의 죄에 대한 용서를 하나님께 구하는 역할을 하는데 이런 제사장 역할을 이스라엘이 해야 한다고 말씀하신 것이지요.

즉 이스라엘은 하나님의 백성인 동시에 하나님을 세상에 알리는 사명을 가진 세상 속의 사람인 것입니다. 이런 이스라엘 백성의 신분이 바로 우리 기독교인의 신분입니다. 그러므로 기독교인은 세상과 동떨어져 신앙생활만 열심히 하면 되는 것이 아니라 사회 속에서 이웃과 함께 살면서 하나님의 복을 전달할 의무를 가진 하나님나라의 시민입니다.

이스라엘 백성이 세상 속에서 하나님의 백성으로 사는 방식은 하나님의 율법에 순종하는 것인데 율법 속에는 하나님께 예배하는 방법과 절기를 지키는 법, 우상 숭배 금지 등 종교적인 것뿐 아니라 세상 속에서 사람들과 살아가면서 하나님의 정의와 사랑을 드러내는 사회법도 상당히 많이 있습니다. 신명기의 경우 신명기 전체 법에서 이런 사회법이 더 많은 비중을 차지하고 있죠.

이것은 십계명을 보더라도 잘 알 수 있는데 열 개의 계명 중 네 개는 종교적인 계명이지만 여섯 개는 사회적인 계명입니다. 하나님은 이스라엘 백성이 하나님과 친밀한 관계를 갖는 것도 중요하게 보시지만 이웃이나 다른 사람들을 정의롭게 대하는 것도 중요하게 보신다는 것을 알 수 있어요. 왜냐하면 하나님을 잘 모르는 주변 사람들은 이스라엘 백성의 자비롭고 정의로운 모습을 보면서 하나님을 알게 되고 하나님께로 나오게 되기 때문이죠.

하나님 백성인 우리도 하나님의 정의와 자비를 사회 속에서 실천하며 살아야 합니다. 교회 안에서 교인들끼리 사랑을 나누며 즐거워하는 것도 중요하지만 교회가 세상 사람들 보기에 정의로운 곳이 되게 만드는 것도 중요합니다. 우리의 모습을 세상 사람들이 보고 있으며 그 모습을 통해 세상 사람들은 교회와 예수 그리스도의 복음을 평가하기 때문이죠. 이런 의미에서 우리의 삶이 바로 예수님의 말씀이자 편지인 것이죠.

그래서 사람들이 교회를 보면서 하나님의 사랑과 정의를 알게 만들어야 하고, 나아가 교회가 사회의 정의를 위해 말하고 행동해야 합니다. 이웃에 대한 사랑이 바로 나의 이웃인 한국 사회 속에서 정의를 세우는 것이기 때문이죠. 교회의 정의를 세우는 일은 교회의 더러움을 벗고 거룩해지는 일이며 사회를 향해 정의를 외치는 것은 등불을 들어 어둠을 밝히는 일입니다.

여기서 제가 정의를 강조하였는데 정의는 하나님이 세상을 다스리시는 통치 원리이기 때문입니다. 선지서를 보면 하나님은 온 세상의 왕이시기 때문에 하나님은 이스라엘만 심판하시는 게 아니라 주변 나라들도 심판하시죠. 그는 정의로 세상을 다스리시기 때문에, 정의롭지 않고, 약자를 학대하고 착취하며 압제하는 왕국과 왕들에게 심판을 선언하십니다.

이렇게 하나님을 모르는 세상에 대해서도 하나님은 정의를 요구하시고 정의롭지 못한 자들을 심판하세요. 왜냐하면 비록 인간의 죄로 오염되긴 했지만 여전히 세상은 하나님의 아름다운 창조물이고 인간은 모두 하나님의 형상을 가진 귀한 존재이기 때문이에요. 그래서 좋은 통치자가 정의롭게 세상을 다스리길 원하시고 불의한 통치자는 심판하시며 억울하고 약한 자를 보호하시는 것입니다. 이렇게 우리의 왕이신 하나님께서 정의로 세상을 다스리시니 그 백성인 우리도 하나님의 정의를 세워야 하는 것이죠. 그래서 기독교인인 우리가 사회에 관심을 갖고 불의한 문제를 해결하는 데 적극적으로 참여하는 것은 하나님 백성으로서 당연한 의무입니다.

정교분리는
그게 아닌데

그런데 이 세상은 어차피 악하니 아무렇게나 되어도 상관하지 말고 오직 천국만 바라보고 살라는 말을 들어 본 적 있을 것입니다. 세상은 악하고 영적인 것만 선하다는 이분법적 사고는 기독교 사상이 아니라 기독교의 이단인 영지주의 사상이에요. 영지주의는 육에 속한 것, 세상에 속한 것은 모두 악하고 영혼과 영적인 깨달음은 선하다고 생각하였죠. 그래서 육체와 세상은 무시하고 영적인 깨달음과 구원만 강조했어요.

하지만 기독교는 절대 세상을 버리고 천국만 바라보라고 말하지 않고 있어요. 왜냐하면 세상은 지금 비록 공중 권세 잡은 자들이 설치고 있지만 여전히 하나님 통치하에 있으며 하나님나라가 뚫고 들어오는 공간이며 하나님나라를 확장시켜야 할 곳이며 예수님은 이 사명을 위해 이 세상에 오셨기 때문입니다.

그런데 기독교인들이 정의를 위해 사회나 정치 문제에 관심을 갖고 행동하려고 하면 그동안 보수적인 교회는 정교분리를 외치며 교회가 정치에 관여하는 것은 옳지 않으니 기도만 하고 가만히 있으라고 가르쳤지요. 하지만 정교분리란 교회가 정치에 관여해서는 안 된다는 의미가 아니에요. 정교분리란 미국에서 종교의 자유를 보장받기 위해 기독교나 그 외의 어떤 한 종교가 국가의 국교가 될 수 없다는 것과 종교로 인해 정치나 사회 영역에서 불이익을 받는 것을 방지하기 위해 제정된 원칙입니다. 즉 종교의 자유를 보장받기 위한 원칙이죠.

그런데 이 원칙이 우리나라에 들어오면서 불의한 정권을 옹호하기 위해 사용되었습니다. 한 예로 우리나라 일제 강점기에 한국에 들어온 미국 선교사들은 일본과의 갈등을 피하기 위해 교회는 정치와 사회에 관여하지 않고 오직 개인 신앙에 힘써야 한다고 가르쳤지요. 이런 영향으로 초기에 독립운동에 앞장서던 교회가 점차 독립운동 대신 개인 신앙을 강조하였으며 일제 강점기 말에는 신사참배에 참여하는 등 일본 통치에 순응하게 됩니다. 그 후에도 교회는 지지하는 정권을 위해 정교분리를 외치며 불의한 일에도 침묵하였고 성도들에게 정치적 행동을 하지 말라고 가르쳤지요.

그러나 2016-2017년 탄핵 정국을 지나면서 보수적인 교회도 이런 식의 정교분리의 원칙을 버렸어요. 보수적인 몇몇 교회가 공공연하게 탄핵을 반대하며 반대 운동을 열심히 하였었죠. 대통령에 대한 탄핵을 찬성하거나 반대하며 시위에 참여하는 것은 명백한 정치 행위입니다.

사실 탄핵 정국에서 대한민국 국민이라면 누구나 탄핵에 대한 견해를 가지고 있고 이것을 표현하는 것은 당연한 국민의 권리이자 의무였지요. 그리고 탄핵뿐만 아니라 일본의 원전수 방류 문제나 여가부 존폐 문제, 연금 개혁 문제, 대입제도 문제 등 정부의 정책은 전부 우리 삶과 연결되는 정치적 문제입니다.

그리고 이에 대해 시민들은 자신의 목소리를 내며 정부 정책을 찬성하거나 반대하며 활발한 토론이 이루어져야 그 정책들에 대한 사회적 합의를 이끌어 낼 수 있지요. 이것이 민주주의 국가의 모습입니다. 그러므로 정교분리를 외치며 우리의 삶과 직결된 다양한 정부의 정책에 대해 의견을 말하지 못하게 하는 것은 오히려 시민의 권리와 자유를 막는 옳지 않은 모습이라고 생각합니다.

여기는
기독교 국가가 아니죠

하지만 기독교 국가가 아닌 대한민국에서 기독교적 신념을 가지고 살아가는 것은 쉬운 일은 아니에요. 그래서 저는 좋은 시민으로 살기 위한 기독교인이 되기 위한 두 가지 원칙을 제안하고 싶어요.

첫째는 '더불어 살기'입니다. 더불어 살기는 다른 사람을 존중하며 사는 것이지요. 모든 사람은 하나님의 형상을 가진 귀한 존재입니다. 기독교인은 종종 기독교인만 하나님의 형상을 가진 귀한 사람이고 비기독교인은 하나님의 형상이 없는 귀하지 않은 사람이라고 생각하지요. 그래서 비기독교인이나 나와 신앙이나 신념이 다른 사람을 함부로 모욕하고 비하하고 때로는 폭력적인 태도를 보이기도 합니다.

현재 우리 사회는 지나치게 정치화되어 어떤 문제에 대해서도 건강한 토론과 합의보다는 좌우를 나누고 이기기 위해 혈안이 된 것 같아요. 그렇기에 자신과 다른 의견을 가진 사람을 너무 쉽게 타자화하고 악마화하며 공격하고 있지요. 그리고 이런 부분에 있어서는 기독교인도 비기독교인의 모습과 별반 다르지 않은 것 같아요. 심지어 같은 기독교인이라도 의견이 다르면 형제가 아닌 적처럼 대하는 모습을 종종 보여 주고 있지요.

하지만 나와 의견이 다른 사람도 하나님의 형상을 가진 인간이고 대한민국의 국민이며, 내가 국민으로서의 자유와 권리를 가진 것처럼 그도 동일한 자유와 권리를 가지고 있습니다. 그리고 대한민국의 국민은 모두 운명 공동체입니다. 경제가 어려워지면 모두 힘들고, 전쟁이 나면 모두 죽을 수도 있고, 나라가 살기 좋아지면 모두가 행복한 그런 운명 공동체입니다. 그렇기에 우리는 기독교인이든 비기독교인이든, 지지하는 정당이 같든 다르든, 보수든 진보든 모두 더불어 살며 대한민국을 더 나은 사회로 만들어 가야 하는 것이죠.

이를 위해 가장 좋은 방법은 '내가 대접받고 싶은 대로 대접하라'는 성경의 황금률을 실천하는 것이라 생각해요. 내 의견을 존중받고 싶으면 다른 사람의 의견을 존중해야겠죠. 기독교 가치를 말하고 이해받고 싶으면 먼저 기독교인이 다른 사람의 이야기도 듣고 이해해야 하겠지요. 그리고 기독교적 가치를 전하고 싶을 때는 상대방을 존중하는 태도로 부드럽게 상식적이고 논리적인 말과 태도로 말하면 그들도 우리가 전하는 복음에 귀 기울이며 기독교 가치를 이해할 거라 생각해요.

두 번째 원칙은 '덕스럽게 살기'입니다. 하나님의 율법인 신명기를 보면 당시 고대 근동의 윤리보다 한 차원 높은 면들을 발견할 수 있습니다. 특히 약자에 대한 다양한 배려들은 당시 사회에서는 찾아볼 수 없는 것들이죠. 예를 들면 노예나 포로를 사고 파는 것이 당연한 사회 속에서 신명기는 여자 노예나 여자 포로의 경우 일단 주인이 아내로 삼은 경우 마음에 들지 않아 내보내더라도 절대 돈 주고 팔지 말라고 합니다. 이것은 하나님의 형상인 여성의 성 상품화를 반대한 것입니다. 이 율법을 지키기 위해 주인은 경제적 손해를 감수해야 했는데 당시 고대 근동 문화에서 보면 바보 같은 행동입니다.

그리고 예수님은 당시 사람들이 부정하다고 멀리하던 병자, 여성, 죄인, 귀신 들린 자, 세리를 환대하며 이들을 하나님 나라로 초대하셨습니다. 그리고 초대교회는 소유를 나누며 가난한 사람들을 도와주었고 그 소문이 사방에 퍼지면서 그리스도인에 대한 좋은 소문이 나게 되지요. 예수님은 자신의 영광을 버리고 희생하셨고 초대교회는 자신의 이익을 포기하며 가난한 자를 돌보았습니다.

　　이렇게 세상보다 높은 윤리의식, 자기 이익의 포기, 약자 돌봄 등이 성경이 가르치는 성도의 모습입니다. 그렇기에 교회는 자기의 이익을 추구하기보다는 교회가 속한 사회와 더불어 살면서 그들에게 덕을 세울 수 있는 일들을 실천하는 것이 좋다고 생각해요. 교회가 가난한 사람들을 위해 구제 사업을 많이 했는데 요즘은 국가의 복지로 가난한 사람들에 대한 돌봄이 많이 넘어가서 교회의 역할이 약화된 것 같아요.

　　또한 기독교인이 시민으로서의 의무와 권리를 행사할 때는 이웃과 사회에 덕이 되는지 생각하면 좋을 것 같아요. 저는 나의 이익과 약자의 이익이 서로 일치하지 않을 때 가능하면 나의 이익 대신 약자에게 힘을 주는 선택을 하는 것이 기독교 시민으로서 할 수 있는 덕스러운 행동이라 생각해요. 약자에게 혜택이 더 많이 돌아가서 약자도 인간으로서의 존엄을 지키며 살아갈 수 있는 사회를 만든다면 좋은 시민이자 기독교인의 선택이 되지 않을까 생각해 봅니다.

　　결론적으로 교회 다닌다고 말하는 것이 부끄럽지 않은 기독교가 되기 위해 한국 사회의 눈높이에 맞는 상식적인 기독교인이 되는 것이 가장 우선시해야 할 숙제 같습니다. 그리고 한 걸음 더 나아가 함께 있기만 해도 마음 따뜻해지는 사랑의 기독교인이 되기 위해 노력하면 좋겠습니다. 그래서 다음 세대에는 세상의 빛이 되는 교회가 되기를 희망합니다.

너는 주의 완전한 딸이라

Letters to daughters of God

지은이 강호숙 박유미
펴낸곳 주식회사 홍성사
펴낸이 정애주
국효숙 김의연 박혜란 손상범
송민규 오민택 임영주 차길환

2024. 6. 14. 초판 1쇄 인쇄 2024. 6. 28. 초판 1쇄 발행

등록번호 제1-499호 1977. 8. 1.
주소 (04084) 서울시 마포구 양화진4길 3 전화 02) 333-5161 팩스 02) 333-5165
홈페이지 hongsungsa.com 이메일 hsbooks@hongsungsa.com
페이스북 facebook.com/hongsungsa
양화진책방 02) 333-5161

ISBN 978-89-365-1582-9 (03230)